LA CAMARGUAISE

DU MÊME AUTEUR
AUX ÉDITIONS BELFOND

La Promesse de l'océan, 2014
À feu et à sang, 2014
D'eau et de feu, 2013
BM Blues, 2012 (première édition, Denoël, 1993)
Serment d'automne, 2012
Dans les pas d'Ariane, 2011
Le Testament d'Ariane, 2011
Un soupçon d'interdit, 2010
D'espoir et de promesse, 2010
Mano a mano, 2009 (première édition, Denoël, 1991) ; Pocket, 2011
Sans regrets, 2009 ; Pocket, 2011
Dans le silence de l'aube, 2008
Une nouvelle vie, 2008 ; Pocket, 2010
Un cadeau inespéré, 2007 ; Pocket, 2008
Les Bois de Battandière, 2007 ; Pocket, 2009
L'Inconnue de Peyrolles, 2006 ; Pocket, 2008
Berill ou la Passion en héritage, 2006 ; Pocket, 2007
Une passion fauve, 2005 ; Pocket, 2007
Rendez-vous à Kerloc'h, 2004 ; Pocket, 2006
Le Choix d'une femme libre, 2004 ; Pocket, 2005
Objet de toutes les convoitises, 2004 ; Pocket, 2006
Un été de canicule, 2003 ; Pocket, 2004
Les Années passion, 2003 ; Pocket, 2005
Un mariage d'amour, 2002 ; Pocket, 2004
L'Héritage de Clara, 2001 ; Pocket, 2003
Le Secret de Clara, 2001 ; Pocket, 2003
La Maison des Aravis, 2000 ; Pocket, 2002
L'Homme de leur vie, 2000 ; Pocket, 2002
Les Vendanges de Juillet, 1999, rééd. 2005 ; Pocket, 2009
(volume incluant *Les Vendanges de Juillet*, 1994, et *Juillet en hiver*, 1995)
Nom de jeune fille, 1999, rééd. 2007
L'Héritier des Beaulieu, 1998, rééd. 2003, 2013
Comme un frère, 1997, rééd. 2011
Les Sirènes de Saint-Malo, 1997, rééd. 1999, 2006

CHEZ D'AUTRES ÉDITEURS

Crinière au vent, éditions France Loisirs, 2000
Terre Indigo, TF1 éditions, 1996
Corrida. La fin des légendes, en collaboration avec Pierre Mialane, Denoël, 1992
Sang et or, La Table ronde, 1991
De vagues herbes jaunes, Julliard, 1974
Les Soleils mouillés, Julliard, 1972

Vous pouvez consulter le site de l'auteur à l'adresse suivante :
www.francoise-bourdin.com

FRANÇOISE BOURDIN

LA CAMARGUAISE

roman

belfond

Belfond | un département **place des éditeurs**

place
des
éditeurs

Pour Juliette et pour Paulette qui souvent, dans mon enfance, usaient de cette langue provençale et me racontaient l'histoire de la noix avec ses quatre doumaïzeletto dins oun castel, oun zigozounzoun al mièl... *J'espère que* l'arlatenco *de ce livre leur plaira !*

1

La bastide était silencieuse, chaude et familière autour d'elle, avec ses odeurs anciennes et ses peintures défraîchies dont elle apercevait les cloques par endroits. Jordane s'était immobilisée un instant sur le palier du premier étage, guettant par habitude les bruits de la maison. Mais il n'y avait rien, hormis le frottement caractéristique du balancier de l'horloge, jamais réparé, et chacun devait dormir tranquille.

Au lieu de continuer vers le second, la jeune femme fit quelques pas hésitants et alla s'asseoir sur un cantou. Les veilleuses de la cage d'escalier, très insuffisantes, créaient des ombres effrayantes dans tous les coins, mais Jordane connaissait si bien la maison qu'elle aurait pu s'y déplacer dans le noir. Son grand-père avait fait installer, trente ans plus tôt, un système d'éclairage qui répandait de vagues lueurs au long des couloirs. Il en avait décidé ainsi à la naissance de sa première petite-fille car, dès qu'il était question d'améliorer le confort de la bastide, il ne reculait devant rien. Seulement voilà, depuis bien longtemps à présent, et faute de moyens, tout s'était usé, abîmé, dégradé.

Jordane se sentit brusquement oppressée. Certains soirs de fatigue comme celui-là, elle prenait vraiment conscience de ses responsabilités, beaucoup trop lourdes pour une jeune femme seule ; de son avenir précaire qui s'obscurcissait d'année en année ; de ce que les autres femmes de sa famille attendaient d'elle.

Elle avait promis sur tous les tons, répété mille fois qu'elle se chargeait du Biloba, et qu'elle les sortirait de l'impasse. Était-elle capable de tenir ses promesses ? Malgré sa volonté, son imagination ou sa capacité de travail, l'argent manquait de plus en plus.

Et soudain Jordane éclata en sanglots silencieux, recroquevillée sur elle-même comme sous l'effet d'une véritable douleur. Elle remonta ses genoux et replia ses bras autour, se balançant d'avant en arrière. La bastide du Biloba était un héritage empoisonné, un miroir aux alouettes, un chemin de croix.

L'escalier craqua et elle releva la tête. Lionel descendait, les cheveux en bataille, sa robe de chambre flottant autour de lui. Il vint aussitôt vers elle, la regarda avec tendresse, l'attira contre lui.

— Tu n'étais pas dans ta chambre, je me suis inquiété… Des soucis, mon amour ? chuchota-t-il d'une voix rassurante.

— Je ne suis plus ton amour et, des soucis, j'en ai par-dessus la tête !

Il se mit à rire mais recula d'un pas. Les boucles brunes de la jeune femme avaient frôlé son ventre, éveillant un sempiternel et encombrant désir.

— Descendons boire quelque chose, proposa-t-il.

En arrivant de Paris, le matin même, il avait rempli le réfrigérateur de ces bouteilles de champagne dont Jordane raffolait. Il marquait ainsi chacune de ses visites d'attentions et de cadeaux. Il était décidé à reconquérir sa femme, quelle que soit sa résistance. Au pied de l'escalier, ils tournèrent à droite vers la cuisine qui demeurait la pièce la plus accueillante de la trop vaste bastide. Jordane sortit deux verres dépareillés tandis qu'il la détaillait, du coin de l'œil. Ses hanches étaient toujours aussi étroites, sa silhouette haute et gracieuse. Une masse de cheveux brillants, très sombres, dissimulaient un petit front têtu, un visage aux pommettes saillantes, une bouche enfantine. Elle ne se maquillait jamais, restant hâlée en toute saison, et ne cherchait même pas à mettre en valeur son regard doré, profond, scintillant.

— Tu as l'air d'une gamine, dit-il en souriant de convoitise.

Elle se laissa tomber sur le banc, près de lui, puis renversa la tête en arrière pour vider son verre. N'y tenant plus, il la prit par les épaules et l'embrassa dans le cou. Elle sentait le cheval, la poussière, le soleil. Il eut un pincement au cœur, très désagréable. Il n'était pas seulement frustré, il était malheureux. De quel droit l'avait-elle quitté ?

— Tu as besoin d'argent, Jordane ?

Il murmurait, la bouche contre sa peau tiède, la voix altérée. Elle se dégagea d'une secousse, se mit debout pour mieux le toiser.

— Toujours aussi délicat !

Depuis combien de temps n'avaient-ils pas fait l'amour ensemble ? Un an ? Davantage ? Lionel avait ses maîtresses, à Paris, et Jordane menait une vie solitaire au Biloba. Pour ce qu'il en savait, du moins.

— Et puis, de l'argent…, ajouta Jordane d'un air las. Je voudrais bien en gagner, pas t'en emprunter ! Que cette fichue terre se décide à rapporter trois sous ! Grand-père y parvenait mieux que moi, et pourtant je l'ai pris pour un vieil idiot, un…

— Grand-père, grand-père, la singea-t-il. Tu en es toujours là ? Reprends-toi, ma grande, le monde avance ! Essaie de te maintenir dans la course.

Puisqu'elle l'avait repoussé, comme d'habitude, il n'avait plus très envie de discuter. Il bâilla et versa du champagne dans leurs verres. Elle s'empara du sien avant de quitter la cuisine, sans explication. Il l'entendit ouvrir la porte du bureau. Elle allait encore se replonger dans ses comptes, tirer des plans sur la comète toute la nuit. Il éteignit, traversa le hall et s'arrêta un instant au pied de l'escalier. Elle écrivait, la tête penchée sous la lampe bouillotte, le dos voûté, l'air absorbé. Trop agacé pour la trouver attendrissante, il décida que tout ce gâchis ne le concernait pas,

11

qu'il avait sommeil. Il allait s'éloigner, dépité, lorsqu'elle se tourna vers lui. L'ampoule électrique faisait luire ses boucles brunes, cernait ses yeux et creusait ses joues. Elle lui adressa un drôle de petit sourire.

— Jordane...

Non, il ne pouvait pas se résigner à la laisser seule. Le silence de la nuit lui donnait l'impression trompeuse d'une intimité retrouvée. Il l'avait si souvent tenue dans ses bras, possédée, aimée, qu'il refusa brusquement le rôle d'ami auquel elle prétendait le condamner.

— Jordane, répéta-t-il plus bas en s'approchant.

Elle vit sa détermination et sut tout de suite ce qu'il allait faire. Elle posa son stylo, se leva, mais il l'avait déjà prise par la taille. Il était plus grand et plus fort qu'elle. Ils luttèrent quelques instants, elle vraiment furieuse, et lui faisant comme s'il s'agissait d'un jeu. Combien de fois s'étaient-ils amusés de la sorte, à se poursuivre en riant à travers leur appartement de Paris, se défiant comme des gamins ? Et toujours pour finir ils se retrouvaient blottis l'un contre l'autre, soumis au même désir.

Lionel tira d'un coup sec sur le chemisier, arrachant les boutons. Il vit qu'elle ne portait pas de soutien-gorge. Elle se débattait pour de bon, sans prononcer un mot. Comme elle était sportive, musclée, pleine d'énergie, elle lui échappa une seconde mais il la rattrapa par le bras. De la voir à moitié nue avait rendu fou Lionel. Il la plaqua contre le mur qu'elle heurta durement. Il insinua de force un genou entre ses cuisses pour l'empêcher de bouger, pour l'obliger à céder. Au moment où il posait avec avidité ses mains sur ses seins, elle lui envoya une gifle magistrale. Ils reprirent leur souffle, immobiles, avant qu'il accepte de reculer.

— Désolé, marmonna-t-il.

Il la regardait toujours, fasciné, et elle ne chercha pas à rajuster ses vêtements. Au contraire, elle avança pour le provoquer de façon délibérée.

— Mais qu'est-ce que tu es devenu, mon pauvre chéri ? Un vrai satyre ou une simple brute ?

Machinalement, Lionel frotta sa joue, là où les doigts de Jordane avaient laissé une marque rouge.

— Tu veux que j'ouvre mon jean ? poursuivit-elle. Tu veux prendre un petit plaisir, debout contre la porte ? Je peux faire ça pour toi !

— Garce, parvint-il à articuler en baissant les yeux.

— Parce que je n'ai pas envie de toi, je suis une garce ? Tu trouves ? Ah, vraiment, nous n'étions pas faits pour aller bien loin, tous les deux !

— S'il te plaît... Ne dis pas des choses que tu vas regretter...

— La seule chose que je regrette, ce sont les enfants que tu n'as pas voulu avoir !

Il soupira, brusquement calmé. Elle avait sans doute raison de lui en vouloir. Il aurait donné beaucoup pour pouvoir revenir en arrière. Hélas, il avait tout compris trop tard.

— J'ai changé, Jordane, mais tu ne m'écoutes pas. Tu n'écoutes personne...

— Je n'ai pas de temps à perdre ! J'ai cette maison sur le dos, je n'ai plus de vie ! Et tu n'as rien fait pour m'aider, pour que ça s'arrange entre nous. Tu ne penses qu'à toi. Tout ce qui t'intéresse, c'est de me sauter dessus ! Des femmes, il y en a d'autres... Tu m'as donné dix fois la preuve que tu savais où les trouver !

Elle pouvait être sans pitié, il en avait déjà fait l'expérience à ses dépens, et il ne voulut pas en entendre davantage. Il se détourna, mal à l'aise, vaguement en colère, ne sachant que faire.

— La prochaine fois, mets-y les formes, offre-moi des fleurs...

La voix de Jordane, derrière lui, avait soudain une intonation gaie. Il l'aimait pour ça aussi, pour cette joie de vivre qui n'appartenait qu'à elle et qui faisait surface à n'importe quel moment. Il lui jeta un coup d'œil mais elle lui ordonnait de sortir, d'un geste amusé.

— J'ai du travail, rappela-t-elle en désignant son bureau.

Ce n'était plus la peine d'insister, ce serait pour une autre fois. Mais il ne se laisserait pas décourager, quoi qu'elle fasse ou quoi qu'elle dise. Elle était trop belle pour qu'il abandonne la partie, et puis surtout il l'aimait encore beaucoup trop.

Tandis que Jordane alignait d'inutiles colonnes de chiffres, une nuit étoilée brillait sur la Provence. À cinq kilomètres d'Arles, la bastide du Biloba étendait ses soixante hectares de terres arides vers la Crau. C'était une solide construction, typique de la région avec son toit à quatre pans, sa façade de pierre, élégante et sévère, sa terrasse surélevée. Construite cent cinquante ans plus tôt, sous Napoléon III, par un riche bourgeois arlésien pressé d'étaler sa fortune, la bastide était un peu trop grande, un peu trop haute, mais tout avait été mis en œuvre pour la rendre moins austère. Des sculptures, des balustrades, des fenêtres à petits carreaux adoucissaient l'ensemble tout en le chargeant. La demeure avait été érigée, sans nul doute, pour donner une impression de prospérité. Un siècle et demi plus tard, elle avait affreusement vieilli. Les persiennes, autrefois peintes en rose, n'avaient plus de couleur. Aucune huisserie ne fermait bien. Des tuiles manquaient, çà et là des fissures se lézardaient avec le temps. Les joints de la pierre de taille s'étaient desséchés sous le soleil implacable, des vitres fendues n'avaient jamais été remplacées.

À quelques pas de la façade, deux somptueux ginkgos biloba culminaient à près de vingt-cinq mètres. Ces conifères exceptionnels, avec leurs feuilles vert clair en forme d'éventail, avaient voilà longtemps donné son nom à la bastide. De génération en génération, tous les Valence se persuadaient que les deux arbres étaient des emblèmes autant que des porte-bonheur.

Le grand-père de Jordane, François Valence, avait été le dernier propriétaire heureux. C'est avec sa descendance que les ennuis avaient commencé. Il n'avait eu qu'une fille unique, Isabelle, aussi ravissante qu'originale, et dont la naissance juste après la guerre, en 1946, avait coûté la vie à sa mère. En choisissant de rester veuf, François fit son propre malheur. Isabelle, à peine majeure, épousa Hugues, un homme de dix ans son aîné. Délicieux rêveur, aussi far-felu que sa femme, Hugues s'installa au Biloba sans même s'apercevoir qu'il s'agissait d'une propriété agricole. Il vivait derrière l'objectif de son Minolta, l'œil rivé au zoom. Les moutons de son beau-père n'étaient que de simples sujets pour clichés bucoliques. Quant aux chevaux andalous que François venait d'installer chez lui, il les mitraillait sans répit, s'extasiant sur leurs attitudes mais n'imaginant pas un instant que ces animaux avaient besoin de soins constants.

Alarmé par ce qu'il appela d'abord l'originalité puis la paresse de son gendre, François insista auprès de sa fille pour qu'elle conserve le nom de Valence et le transmette à ses enfants. Il espérait des héritiers mâles, il comptait sur eux. Isabelle et Hugues acceptèrent de bonne grâce puis fabriquèrent une première fille, Nora, et Jordane deux ans plus tard. Pas de descendant pour les Valence, une fois encore, rien que des « pisseuses ». Pour oublier sa décep-tion, François s'absorba dans le travail. Il défricha une partie de ses terres et se lança dans la culture des fleurs sans grand succès. Il ne s'en formalisa pas car il restait, avant tout, passionné par ses andalous. C'était un homme de cheval, comme son père l'avait été avant lui. Ce qui signifiait que le petit camarguais, si rustique et maniable soit-il, ne l'intéressait guère. Cavalier hors pair, François avait toujours possédé, pour son plaisir, des chevaux espa-gnols et arabes. Il les dressait avec patience et compétence, tentait les croisements les plus audacieux sans regarder à la dépense lorsqu'il s'agissait de se procurer une pou-linière de qualité. Il poursuivait un but précis : amélio-rer son élevage jusqu'à n'avoir plus aucune concurrence dans la région. La corrida l'intéressait bien davantage que la course libre qu'on pratique volontiers dans le Midi, et il ne manquait aucune feria. Parfois, il s'offrait le voyage jusqu'en Espagne pour assister à des corridas de *rejoneo*, cette tradition tauromachique venue du Portugal qui met face à face le taureau de combat et le cheval. Pas un de ces lourds animaux caparaçonnés qui servent aux picadors, mais des bêtes somptueuses, tout en muscles et en nerfs, que rien ne protège des cornes meurtrières, et qui sont montées par des cavaliers d'exception.

François éprouvait de grands frissons lors de ces spectacles. Il rêvait de voir les mêmes chevaux chez lui, sur ses terres. Dès qu'il rentrait au Biloba, il se penchait sur les origines des étalons et projetait ses saillies de l'année à venir avec le plus grand soin. Il possédait une dizaine de juments qui l'accaparaient entièrement.

À force de se passionner pour les *caballeros en plaza* et tout ce qui s'y rapportait, François fut frappé par une évidence : il y avait des femmes dans ce monde-là... Des femmes à cheval depuis la très célèbre Conchita Cintrón, des femmes capables d'élever des taureaux, et de caracoler en selle devant eux. Alors il commença à regarder ses petites-filles avec moins de mépris.

Hélas, juste au moment de son dixième anniversaire, on découvrit que Nora, l'aînée, était atteinte d'une maladie osseuse. Isabelle se mit à courir les médecins et les chirurgiens. De Marseille à Montpellier, elle traîna sa fille dans tous les services hospitaliers de pointe, essayant de comprendre quelque chose aux noms barbares de l'ostéopathie. François fut consterné, ému, mais aussi très déçu. Nora commença à subir des interventions qui imposaient des convalescences interminables. Hugues consacrait beaucoup de temps à sa fille, l'aidait dans ses rééducations successives avec patience et, n'oubliant pas pour autant ses appareils et ses objectifs, il l'initiait à la photographie. Jusque-là, on n'avait pas beaucoup compté sur lui au Biloba, mais il devint carrément invisible.

Restait Jordane. Celle-là semblait aimer les animaux et jouir d'une santé à toute épreuve. François reprit courage et s'appropria la fillette. Dès qu'elle était en vacances, il l'emmenait avec lui au fond des prés pour observer les poulains qui grandissaient. Il la mit en selle très tôt, et parvint bientôt à lui donner le goût de l'équitation. Il la récompensa même, deux années de suite, par un voyage en Andalousie.

Jordane aimait les chevaux, les comprenait, n'avait peur de rien. François se félicitait de ses progrès, reléguant au second plan les problèmes d'une scolarité médiocre. Elle connut donc une adolescence extravagante au sein d'une famille très marginale. Sa mère et son père n'étaient jamais là et semblaient avoir tout abdiqué, son grand-père ne parlait que de chevaux, sa sœur se languissait sur ses cours par correspondance, incapable de rester dans une école plus d'un trimestre par an.

Le Biloba était un paradis, tant qu'on ne s'intéressait pas à son rendement. Les champs de fleurs, les moutons dans le lointain, les andalous sur leurs pâturages : une véritable image d'Épinal. Sans parler de la bastide elle-même, inépuisable terrain de jeux. Durant l'hiver, pendant les quelques jours froids qui s'abattaient sur la Provence et la Camargue, Jordane et Nora exploraient les greniers, jouaient à cache-cache dans les couloirs, dévoraient des livres au coin du feu. Elles étaient si différentes qu'elles s'entendaient à merveille. Bien qu'elle soit la cadette, Jordane protégeait sa sœur, essayait de la divertir, de lui faciliter la vie. Nora se laissait dorloter, peu pressée de grandir. Sa claudication émouvait les enfants de son âge, mais qu'en serait-il des hommes plus tard ? Jordane riait, affirmait que sa sœur serait guérie d'ici là. C'était faux, elles le savaient toutes les deux.

Lorsqu'elles atteignirent respectivement seize et dix-huit ans, Nora se mit à souffrir de ses complexes latents. Une foule de jeunes gens tournaient autour de Jordane. Grande, mince, sportive, cavalière gracieuse, elle avait tout pour séduire. Son regard noisette était pailleté d'or et François disait qu'elle avait des yeux de tigre. Ses cheveux bruns, rarement coiffés, se répandaient en boucles folles sur ses épaules. Elle pouvait rivaliser avec n'importe quel garçon dans bon nombre de sports et elle savait s'amuser. Nora ne devint pas jalouse, elle devint triste. Elle n'était pourtant ni laide ni sotte, mais sa maladie l'empêchait d'en prendre conscience. Elle aurait voulu monter à cheval, elle aussi, danser le rock, courir sous le soleil ou dévaler les escaliers. Elle se mit à afficher en permanence un petit sourire résigné qui décourageait tout le monde, même sa mère. Ensuite elle se prit successivement pour Marie Laurencin puis pour Camille Claudel avant d'abandonner les formes et les couleurs au profit de la musique. Hugues lui acheta un piano d'occasion et Isabelle dénicha un professeur bénévole. Nora étudia sans relâche durant plusieurs années, devint une assez bonne interprète et se mit à composer.

Pendant ce temps, Jordane apprenait le piaffer, le passage et autres figures de haute école aux andalous de François. Elle commençait à trouver son grand-père un peu tatillon, un peu démodé. Avec l'intransigeance de la jeunesse, elle jugeait les autres et refaisait le monde en une nuit.

Infatigable, Hugues continuait de mitrailler tout ce qui tombait dans son champ de vision. Après avoir usé des caisses de pellicules sur les andalous – déguisant Jordane en Portugaise, en Arlésienne ou en gardiane –, il se prit d'amour pour les marais et leur faune. Les flamants roses et les ragondins furent ses premières cibles, puis l'eau et le soleil lui suffirent. Comme il aimait l'insolite et qu'il savait le capter, il s'aventura de plus en plus loin dans des endroits traîtres et déserts. Un soir d'hiver, il ne rentra pas au Biloba. On le chercha deux jours durant avant de retrouver son corps. Il s'était noyé, tout empêtré de ses appareils et de ses boîtes à objectifs. Jordane venait d'avoir vingt ans, c'était bientôt Noël.

À l'enterrement d'Hugues, Isabelle et Nora se serraient l'une contre l'autre, hagardes. Jordane pleura son père mais elle aimait trop la vie pour se laisser abattre. Le chagrin glissa sur elle tandis que sa sœur se renfermait encore davantage. Isabelle, pour sa part, se mit à courir les brocanteurs, les foires à tout, les antiquaires, comme pour s'étourdir et s'éloigner du Biloba. Au premier étage, sa grande chambre lui faisait horreur. La pièce mitoyenne, qui avait été le labo photo d'Hugues, resta condamnée. Jordane rangea les négatifs, les planches-contacts et les clichés dans des cartons. Elle ouvrit les rideaux noirs, aéra, jeta les produits de développement. En sortant, elle ferma la porte à clef mais laissa celle-ci dans la serrure. Tout le monde pouvait entrer mais personne ne le fit.

François, malgré lui, s'accrocha davantage encore à Jordane dans les mois qui suivirent. Or, elle se sentait lasse de l'autorité et de l'omniprésence de son grand-père, malgré toute l'affection qu'elle avait pour lui. C'est à ce moment-là qu'elle fit la connaissance de Lionel. Elle garda toujours de cette rencontre un souvenir ébloui. Au volant de la très vieille Rover de François, superbe antiquité qui ne démarrait qu'une fois sur deux, Jordane manœuvrait avec prudence dans les rues étroites d'Arles. Lionel les descendait à toute allure, en Parisien inconséquent qu'il était, au volant de son coupé tout neuf. Il parvint à éviter la Rover mais percuta à grand fracas le porche d'un hôtel particulier. Il était dans son tort, ce fut sa première phrase. Jordane aurait pu partir, s'en tenir là, mais elle s'attarda pour lui indiquer un dépanneur, un garagiste qu'ils attendirent ensemble à la terrasse d'un café. Lionel avait trente ans, des cheveux blonds très courts, un regard bleu pâle et beaucoup d'assurance. Il l'invita à dîner place du Forum, au Vaccarès, puis elle le suivit à l'hôtel d'Arlatan où il avait pris une chambre pour le week-end. Il commanda du champagne et lui fit couler un bain chaud. Il la déshabilla lentement, la porta jusqu'à la baignoire, se mit à lui savonner les épaules, la nuque, les seins.

Elle avait connu quelques amourettes sans lendemain, quelques coups de cœur, mais rien de comparable à ce

19

qu'elle ressentit ce soir-là, entre les mains de cet inconnu auquel elle s'abandonna. Elle découvrit le plaisir tel qu'elle ne le connaissait pas encore, ne le devinait même pas. Lionel avait beaucoup d'expérience dans ce domaine. Il aimait l'amour, il courait les femmes, cependant Jordane avait quelque chose de différent qui le retint aussitôt. Bien sûr, il fut d'abord sensible à ses yeux dorés, à ses hanches étroites de garçon, à ses longues jambes musclées. Mais aussi à son irrésistible appétit de vivre, son parfum de soleil, de cheval, de liberté.

Sans façons, elle l'invita à déjeuner au Biloba le dimanche suivant. Il découvrit la famille Valence avec curiosité. Il ne comprenait rien à ces gens-là mais Jordane crut qu'elle pourrait les lui faire aimer. C'est elle qu'il aimait, heureux et surpris d'être déjà si attaché à cette drôle de jeune fille. Il repartit pour Paris mais revint le week-end suivant. Il possédait des parts dans un cabinet d'assurances assez prospère, et il pouvait faire l'école buissonnière de temps en temps.

Jordane avait une amie, une seule, Cécile Marchand. Elles avaient été ensemble au collège puis au lycée, avaient obtenu, un peu laborieusement, leur bac le même jour. Les parents de Cécile tenaient une agence immobilière sur la rive droite d'Arles, à Trinquetaille. Leur fille rêvait de spectacles et d'artistes, ne manquait jamais une seule manifestation culturelle de la saison d'été et avait fini par s'inscrire dans une école privée, à Aix-en-Provence, pour devenir attachée de presse. Jordane lui présenta Lionel. Éblouie au seul nom de la capitale, Cécile pensa aussitôt que ce séduisant Parisien était une aubaine inespérée pour Jordane. Après tout, celle-ci n'avait rien à attendre du Biloba et n'allait pas passer sa vie à traîner dans une écurie ! Jordane écouta ces arguments avec plaisir, confortée dans l'idée que Lionel était l'homme qu'il lui fallait. Il y avait bien sûr son grand-père, sa sœur, ses chers andalous, mais tout sembla se résoudre aisément. Nora poussa Jordane à saisir sa chance, sincèrement convaincue que la cadette était faite pour briller loin d'eux. Elle alla même jusqu'à prétendre que François n'était qu'un vieil ours, accroché à des certitudes ineptes et tout juste capable de conduire la famille Valence à une ruine définitive. L'avenir de Jordane n'était pas d'user ses jeans sur le cuir des selles tandis que le grand-père continuerait de s'extasier devant les prouesses de ses étalons.

Jordane prêta donc une oreille complaisante aux discours de Nora et de Cécile, pressée qu'elle était de passer toutes ses nuits dans les bras de Lionel. Elle chassa les doutes et les appréhensions, crut se mettre à l'abri en parlant mariage. Lionel ne se fit pas tirer l'oreille. Il avait hâte d'exhiber Jordane à tous ses copains. Et puis, à trente ans, l'idée de se marier ne lui déplaisait pas. Il songeait même à un enfant. Mais pas tout de suite car il débordait de projets et d'ambition. Il demanda très cérémonieusement la main de Jordane à François.

Si le vieux monsieur fut un peu choqué de la rapidité avec laquelle la préférée de ses petites-filles décidait de le laisser tomber, il n'en montra rien. Au contraire, il racla les fonds de tiroir pour permettre à Isabelle d'organiser une belle noce. Les Valence ne recevaient plus très souvent, faute de moyens, il fallait donc saisir cette occasion pour épater toute la région. Courtois – et surtout lucide –, Lionel offrit de partager les frais. François accepta sans pour autant changer d'opinion sur le futur mari de Jordane qu'il tenait pour le dernier homme qu'elle aurait dû rencontrer.

Ensuite, tout s'enchaîna. Une très belle réception, les adieux émus de rigueur, le départ pour Paris. Lionel y possédait un appartement agréable, acheté trois ans plus tôt dans de bonnes conditions. De grandes pièces claires, un balcon, une cuisine ultramoderne, un quartier à la mode. Jordane s'y installa tout d'abord avec plaisir. Ils sortaient tous les soirs, faisaient l'amour toutes les nuits. Leur entente physique, qui confinait à la dépendance chez Jordane, était le meilleur atout de leur couple. Pour le reste... Lionel partait vers sept heures, le matin, et rentrait douze heures plus tard. Jordane visitait Paris, faisait les boutiques. Elle n'était pas très douée pour la cuisine et, de toute façon, Lionel n'aimait que les restaurants, le bruit, la foule. L'hiver était morose, pluvieux, sans aucun attrait. Au bout de trois mois, Jordane apprit ce qu'était l'ennui, les jours sans but et sans fin, l'enfermement dans soixante-dix mètres carrés et la tristesse des squares déserts en février. Elle essaya d'aller au cinéma, mais les salles obscures lui donnaient la nostalgie de l'espace et de la lumière ; elle voulut s'intéresser aux amis de Lionel, mais ils parlaient de choses qu'elle ne connaissait pas, ou alors d'argent, de marché, de portefeuille ; elle tenta des incursions dans les instituts de beauté, mais elle n'était jamais si jolie qu'au naturel. Les mois se traînaient, annonçant le désastre.

Que devenait Nora, que faisait Isabelle, comment son grand-père s'en sortait-il seul ? Le soleil devait briller sur Arles, toujours écartelée entre Provence et Camargue. Le cœur de Jordane appartenait bien davantage au Biloba qu'à Lionel. La jeune femme rêvait des poulains qu'elle ne verrait pas naître, des champs d'iris qu'un vent fou de printemps faisait frissonner loin d'elle. En fermant les yeux, elle voyait la bastide, sentait l'air marin.

Lionel comprit que les choses se gâtaient. Jordane avait maigri, perdu son hâle, ses muscles et son sourire. Elle s'accrochait toujours à lui, la nuit, passionnée mais angoissée. Elle dormait mal et s'était mise à fumer. Les disputes ne tardèrent pas. Il en avait assez de l'entendre parler du Biloba et du Midi. Elle était lasse de la pluie, de ses absences, de sa suffisance. Comme elle n'avait rien d'une épouse effacée, disciplinée, elle s'en plaignit. D'abord il se vexa puis il eut peur. Jordane était capable de s'en aller un beau jour, il le devinait. Il n'avait rien à lui proposer mais il ne voulait pas qu'elle parte. Il lui offrit de très beaux bijoux, de grandes soirées romantiques, des week-ends en Italie. Devant le Colisée, Jordane songeait aux arènes d'Arles ; à Venise, elle évoquait les marais et les rizières de sa Camargue. Elle finit par se rendre à l'évidence : on fait plus vite le tour d'un homme que d'un cheval.

Un coup de téléphone de Nora, en pleine nuit, signa la fin de l'histoire. François était mort d'un arrêt du cœur. Le lendemain, Jordane prit le premier TGV. Sur le quai de la gare de Lyon, Lionel sut qu'elle quittait Paris pour toujours.

Jordane retrouva le Biloba avec autant de bonheur que de désespoir. Il y avait tout juste un an qu'elle avait abandonné les lieux. Rien n'avait changé, c'était juste un peu plus abîmé qu'avant, un peu plus à l'abandon. Isabelle errait d'une pièce à l'autre, effarée de ce qui les attendait, Nora et elle. Jusqu'à présent, son père l'avait protégée, s'était occupé de tout. Les moutons, les chevaux, les iris : elle les avait toujours regardés de loin.

Nora, affublée d'une sempiternelle jupe longue qui dissimulait ses cicatrices, vit arriver sa sœur comme le Messie. Jordane connaissait la terre, le fonctionnement de l'exploitation, elle savait ce que mangeaient les bêtes et comment on récoltait les fleurs. Quand Jordane annonça qu'elle était vraiment de retour, et non pas de passage, Nora et Isabelle se mirent à pleurer. Cette scène réconforta Jordane, la fit mûrir d'un coup. Elle avait beau n'être que la cadette, elle était à présent soutien de famille.

L'enterrement de François rassembla tout ce que la Camargue comptait de manadiers et de gardians. Ils lui firent, à cheval, une haie d'honneur jusqu'au cimetière. Jordane ignorait que son grand-père avait tant d'amis. Elle eut droit, pêle-mêle, aux condoléances et aux conseils. Chacun avait son mot à dire sur l'avenir du Biloba, sur la meilleure façon de le gérer, mais les voix étaient unanimes : les Valence devaient garder leur propriété.

Jordane investit donc le petit bureau du rez-de-chaussée pour examiner les registres et les comptes. La situation était pire que prévue car tous les relevés bancaires de François accusaient un découvert. Dans une chemise en carton,

23

étiquetée avec soin, elle trouva une douzaine de factures en souffrance qui allaient du maréchal-ferrant au garagiste en passant par diverses assurances. Épouvantée d'avoir pris la responsabilité d'un pareil gouffre, elle se sentit vaciller. Cependant, parmi tous les papiers et dossiers qui encombraient les tiroirs, elle découvrit une enveloppe à son nom. À l'intérieur, elle reconnut l'écriture ferme de son grand-père. La lettre commençait par une formule ironique : « Si par hasard je meurs… » Suivaient quelques considérations désabusées sur l'exploitation agricole du Biloba et enfin une envolée presque lyrique au sujet des andalous. Le dernier poulain né au domaine avait été baptisé Butaban. Cadeau posthume pour sa petite-fille préférée, ce bébé cheval était l'aboutissement de cinquante années d'élevage. François, avant de signer, avait pris soin de souhaiter bonne chance à Jordane, en provençal.

Elle pleura longtemps, affalée contre le vieux bureau d'acajou, sur son grand-père disparu, sur son mariage raté, sur le fardeau qu'elle avait décidé d'accepter. Ensuite elle fila à l'écurie, fit la connaissance de Butaban, lui promit monts et merveilles puis se mit au travail. Elle comprit rapidement qu'elle avait eu grand tort de mépriser les méthodes de François, de le juger du haut d'une jeunesse intransigeante. Pour moderniser l'exploitation, il aurait fallu d'énormes capitaux, faute de quoi il valait mieux se contenter des moutons, des chevaux et des iris. Pour ces derniers, Jordane voulait la certitude d'une récolte achetée d'avance au lieu d'un démarchage annuel des plus incertains. Elle se promit de faire appel à Lionel pour obtenir une introduction dans le monde clos des parfumeurs, ces gens-là n'ayant jamais assez de fleurs à écraser. En ce qui concernait les chevaux, elle compulsa le fichier clients de son grand-père et décida de vendre la moitié de sa cavalerie. Quant au cheptel des mérinos, il pouvait continuer de paître tranquille sur les terres du Biloba d'octobre à juin, la transhumance s'effectuant sans problème en camion depuis une dizaine d'années. Les trois bergeries étaient un peu écroulées, certes, les clôtures étaient branlantes et le vieux berger Sempion n'avait plus toute sa tête, mais on pouvait continuer comme ça encore un moment.

La plus grande joie de Jordane fut de se remettre en selle. C'était son élément, sa vraie passion. Les andalous durent se plier de nouveau aux figures d'école, il y eut de la poussière, de la sueur et des bagarres, comme par le passé.

Lionel ne décolérait pas. Sa jeune et jolie Arlésienne était retournée jouer au cow-boy en le plantant là comme un objet usagé. Il était blessé dans son orgueil mais, bien pis, elle lui manquait affreusement. Il descendit au Biloba, drapé dans sa dignité de mari abandonné, et retrouva la fille dont il était tombé amoureux deux ans plus tôt, gaie, libre, belle à faire peur. Il se donna un mal fou pour la reconquérir mais buta sur une situation inextricable. Car Jordane finissait par céder à son insistance, dès qu'il était question de câlins et de nuits d'amour. Incapable de résister au désir qu'il lui inspirait encore, la jeune femme se retrouvait volontiers dans les bras de Lionel pour partager quelques heures folles. Mais lorsqu'il parlait de lui faire quitter le Biloba, elle disait non, ayant décidé une fois pour toutes qu'elle resterait là. Elle l'aimait sans l'aimer par-dessus tout, triant dans ce qu'il offrait, acceptant ou rejetant selon ses besoins à elle.

L'attitude de Jordane, avec ce qu'elle impliquait d'indépendance affichée, humiliait Lionel en le cantonnant dans un rôle accessoire. Il essaya diverses tactiques. Il restait des mois absent puis venait cinq ou six fois de suite. Il lui apportait des cadeaux somptueux ou, au contraire, arrivait les mains vides et racontait ses rencontres, ses aventures, ses coups de cœur. Fine mouche, Jordane s'abstenait de manifester une quelconque jalousie, même si elle en ressentait les effets détestables. Elle avait quitté Paris, et elle considérait que Lionel était libre. Elle proposait même un équitable divorce à l'amiable mais il faisait la sourde oreille.

Excédé, il la regardait se débattre dans ses problèmes financiers, sans lui proposer son aide, attendant la chute.

Et puis soudain, dans un élan, il donnait un conseil, souvent judicieux. Elle en tenait compte mais ne se sentait pas pour autant redevable. À bout d'arguments, Lionel saisit alors une opportunité. Sa mère, Alice, habitait à l'autre bout de Paris un vieil appartement au quatrième étage d'un immeuble sans ascenseur. Elle envisageait d'aller finir ses jours dans une maison de retraite, son fils ne faisant que de trop brèves apparitions chez elle. Lionel, pris d'une inspiration soudaine, demanda à Jordane si Alice pouvait s'installer au Biloba. Le climat du Midi conviendrait bien à cette dame âgée qui, c'était convenu, paierait une sorte de loyer à sa belle-fille.

Jordane avait besoin d'argent, et elle gardait d'Alice le souvenir – assez vague – d'une femme austère et bien élevée. Avec l'accord d'Isabelle et de Nora, l'ancienne chambre de François fut dévolue à Alice qui débarqua du train, un beau matin, avec une demi-douzaine de grosses valises. Peut-être s'était-elle préparée à une éventuelle guerre contre Isabelle mais elle n'eut pas le loisir de fourbir ses armes. Isabelle ne faisait que passer au Biloba, courant toujours les routes à la recherche d'objets insolites. Elle connaissait par cœur le calendrier des foires, pouvait dresser une liste exhaustive des brocanteurs de la région et passait toutes ses matinées en compagnie d'un certain Gilbert, antiquaire à Arles.

Nora, insaisissable et diaphane, souriait à Alice sans la voir et restait silencieuse. Jordane était dehors de l'aube au crépuscule. La vieille dame put donc investir le Biloba en toute quiétude. Mois après mois, elle imposa quelques volontés quant à la marche de la maison, pointilleuse dès qu'il s'agissait des repas ou du linge. Nullement troublées par sa présence, les Valence lui abandonnèrent ces prérogatives avec un certain soulagement. Et Lionel put enfin descendre au Biloba quand il le voulait sans avoir l'air de quémander les faveurs de sa femme.

Grâce à ces divers arrangements et au mal que se donnait Jordane à longueur de jour, la bastide continua de vivre, cahin-caha, sans sombrer tout à fait dans la ruine. D'ailleurs, le soleil arrangeait tout, du moins en apparence. Trois années passèrent ainsi.

Jordane s'amusait des coups de tête offusqués de Butaban. Il supportait mal qu'on le bouchonne, et il s'énervait sous la main énergique de la jeune femme. Elle se recula un peu pour souffler, c'est elle qui transpirait à présent. Pourtant l'air était vif, presque froid en cette matinée d'avril. Butaban, comme tous les andalous, avait une forte encolure, un front large et une crinière abondante. Il était élégant, léger et rapide. Il effectuait les airs d'école avec un rien de morgue, et savait se rassembler, esquiver ou démarrer à la perfection. Jordane aurait déjà pu le vendre avec profit, mais elle avait décidé de le conserver, coûte que coûte. Ce cheval était l'ultime cadeau de son grand-père, bien sûr, mais surtout elle avait tissé avec lui des liens particuliers. Il leur suffisait, pour se deviner mutuellement, de la simple crispation d'un muscle, de la moindre rupture d'équilibre. Ils prenaient du plaisir à travailler ensemble, à pousser le jeu toujours plus loin.

En deux ans, Jordane avait vendu quatre andalous à des cavaliers de corrida. Des *rejoneadores* venus de loin qui n'avaient pas lésiné sur les prix. Elle pensait que ces hommes seraient sa meilleure publicité pour l'avenir. Mais hélas ce genre de bouche à oreille pouvait demander un certain temps. François avait pris des risques en se spécialisant dans l'élevage des andalous. Chevaux de pompe et de parade, ils n'étaient plus guère utilisés que dans les arènes ou les cirques, et seuls quelques haras privés, au sud de l'Espagne, perpétuaient cette tradition. François avait attendu, confiant dans l'avenir de la tauromachie malgré la virulence de ses détracteurs. Et il n'avait pas eu le triomphe modeste lorsque le *toreo* à cheval était redevenu à la mode. Aujourd'hui les acheteurs se faisaient moins rares mais restaient d'une exigence folle. Jordane, grâce à son grand-père, n'avait que des bêtes de qualité, aux belles croupes rondes, aux membres secs et solides, aux allures relevées. De plus, elle savait les mettre en valeur lorsqu'elle les présentait pour les vendre, et elle pouvait légitimement espérer tirer un jour le Biloba du marasme financier. Mais quel jour lointain ? Avec combien de sacrifices encore, combien d'heures passées à nettoyer les écuries, à distribuer l'avoine, à graisser des cuirs, à mener une vie de palefrenier ?

Elle était en train de fermer la porte du box de Butaban lorsqu'elle entendit un bruit de moteur au-dehors. Une minute plus tard, Isabelle faisait irruption dans l'écurie.

— Regarde ! Ne me dis pas que ce n'est pas joli !

Tous les chevaux avaient dressé la tête. L'un des mâles se mit à gratter le sol d'un sabot impatient.

— Tu leur fais peur, reprocha Jordane.

Sa mère poursuivit, en baissant la voix :

— Personne ne fabrique plus de dentelles comme ça !

Jordane jeta un coup d'œil distrait à la nappe. Les achats de sa mère l'agaçaient. Pourtant le compte bancaire des Valence, qu'Isabelle partageait avec ses deux filles, accusait rarement ces dépenses. Aux questions de Jordane, Isabelle donnait une réponse évasive, assurant qu'elle « s'arrangeait ». À plusieurs reprises, Jordane s'était même demandé si sa mère ne se livrait pas à une espèce de trafic. Isabelle avait ri et prétendu que son ami Gilbert lui faisait souvent des cadeaux. Jordane n'avait pas insisté, gênée par l'idée d'une liaison entre sa mère et cet antiquaire.

— Ça ne t'intéresse pas, ma chérie...

Déçue, Isabelle repliait la nappe de macramé avec d'infinies précautions. Jordane s'approcha d'elle et l'enlaça d'un geste tendre. Elles quittèrent l'écurie en clignant des yeux, éblouies par le soleil.

— Tu sens le cheval, constata Isabelle en riant.

C'est d'elle que Jordane tenait sa gaieté et son rire perlé. Elles aperçurent Lionel qui descendait de la terrasse en resserrant son nœud de cravate. Il avait vraiment l'air de ce qu'il était : un Parisien égaré.

— Bel homme, quand même, chuchota Isabelle.

Les deux choses qu'elle avait toujours appréciées chez son gendre étaient d'une part ses possibilités financières, et d'autre part son indiscutable pouvoir de séduction.

— Tu préfères vraiment Butaban ? glissa-t-elle à l'oreille de sa fille.

— De beaucoup, mais seulement dans la journée, répondit Jordane sur le même ton complice.

Après avoir adressé un signe de tête à sa belle-mère, Lionel jeta un vrai coup d'œil de maquignon sur Jordane. La sueur avait plaqué la chemise blanche dans le dos de la jeune femme, ses boucles emmêlées brillaient d'un éclat sombre, les chapes de cuir qui protégeaient son jean étaient couvertes de poussière.

— Mon avion décolle à trois heures, l'Arlésienne...

Depuis leur séparation, il lui donnait ce surnom lorsqu'il était d'humeur amoureuse. Il lui avait expliqué qu'elle représentait pour lui l'archétype des visages du Midi, et aussi l'éternelle absente.

— On déjeunera tôt, assura Isabelle en s'éloignant.

Lionel tendit la main vers Jordane mais n'acheva pas son geste. Ils restèrent à un mètre l'un de l'autre, s'observant sans indulgence. Lionel ressentait l'amertume du désir inassouvi. Il avait rendez-vous, le soir même, avec une jolie femme qui ne se refuserait pas, elle. Mais qui n'aurait pas les yeux pailletés de Jordane, ni ses jambes musclées pour se refermer sur lui, ni sa voix rauque et ses mots crus.

— Je t'ai laissé les coordonnées de Wolf sur ton bureau... C'est le type dont je t'ai parlé...

— Le parfumeur ? Ah, très bien !

— Écoute, il n'est pas parfumeur ! C'est un industriel...

— Oui, oui, coupa-t-elle avec impatience. Enfin, il veut mes fleurs, c'est le principal.

— Il ne les veut pas. C'est à toi de les lui vendre. Tu saisis la différence ?

— L'important est qu'il s'occupe de la récolte lui-même. Tu me sors une belle épine du pied, tu sais !

Radieuse, elle le prit par la taille, sans aucune ambiguïté, pour l'entraîner vers la bastide.

— Tu es un amour, Lionel ! ajouta-t-elle étourdiment.

Il s'arrêta net, mit une main derrière sa nuque pour l'empêcher de reculer et l'embrassa comme un hussard. Elle ne se dérobait pas et ils restèrent quelques instants soudés l'un à l'autre.

— Ne me dis pas que c'est ma récompense pour t'avoir trouvé Wolf, je ne te croirais pas, dit-il enfin, un peu essoufflé.

Il l'avait vraiment troublée et elle se sentit rougir. Embarrassée, elle le défia du regard.

— À table, les amoureux ! cria Alice qui s'était avancée sur la terrasse.

Sa réflexion perfide tombait mal, glaçant Jordane et mettant Lionel hors de lui. Si seulement sa femme avait réagi de cette manière la nuit précédente et non pas en plein jour, dehors il aurait peut-être eu la chance de la faire céder. Il était certain qu'elle n'avait rien oublié de leurs étreintes, qu'elle y pensait seule dans son lit. Mais seule pour combien de temps ? Même en ne quittant guère cette propriété isolée qu'était le Biloba, Jordane finirait bien par rencontrer quelqu'un. C'était la solitude qui la rattachait encore à Lionel, rien de plus, il était assez lucide pour le comprendre. Il décida de faire un ultime effort, d'avoir assez d'énergie et d'imagination pour trouver un moyen de la reconquérir. Il n'y avait pas que de l'orgueil, de la jalousie ou du désir dans l'élan qui poussait Lionel. Il avait raté quelque chose d'important en laissant échapper Jordane, parce qu'il l'aimait pour de bon.

— Viens, je meurs de faim !

Et voilà, elle l'avouait, elle allait dévorer sans honte, gourmande à l'excès et jamais difficile, tandis que ce soir, la belle conquête de Lionel chipoterait sans doute sur des plats sophistiqués et hors de prix. Il soupira en pénétrant dans la salle à manger. Sa mère lui jeta un drôle de regard qu'il ignora délibérément. Alice trouvait la situation familiale équivoque, ce qui n'était rien en comparaison de ce qu'il ressentait, lui.

Après avoir déposé Lionel à l'aéroport de Nîmes-Garons, Jordane s'arrêta chez Cécile. Celle-ci louait un petit local dans une rue étroite du centre d'Arles. Dans les quelque quinze mètres carrés dont elle disposait, elle avait installé ses dossiers, son ordinateur et ses deux téléphones-télécopieurs. Diverses affiches étaient punaisées en biais sur les murs. Une épaisse moquette bleu turquoise et trois fauteuils de cuir blanc, autour d'une petite table, constituaient tout le décor. Cécile avait fait graver, sur son papier à lettres et sur ses cartes de visite, la mention : « Organisatrice de spectacles ». Elle ne se débrouillait pas trop mal, surtout depuis ces deux dernières années, et prenait une part active aux festivals d'été.

— J'ai du travail pour toi ! lança-t-elle sans lever la tête d'un épais dossier. Il doit rester du café, sers-toi...

Jordane se laissa tomber dans l'un des fauteuils, jambes croisées sur l'accoudoir.

— Pascal m'a trouvé une dizaine de chevaux pour le défilé des Saintes, le mois prochain. Tu te mettras en tête, comme d'habitude ? Je réengage les mêmes filles, au moins on n'aura pas besoin de retoucher les costumes !

Volubile, débordante d'énergie, Cécile adressa un sourire à son amie.

— Est-ce que je peux compter sur toi après-demain ?
— Pour ?
— Jordane ! Tu as oublié ? Le dîner avec le maire et l'adjoint à la culture !
— Oui, oui...

Amusée, Jordane dévisageait la jeune femme. Elle la connaissait par cœur, mieux que Nora, peut-être, car sa sœur était souvent insaisissable alors que Cécile n'offrait aucun mystère, se livrant tout entière au premier venu.

— Et ce soir, bien sûr, tu dînes avec Pascal ?

— À quoi vois-tu ça ?

— À ton maquillage...

D'un geste vif, Cécile attrapa son sac et en sortit un petit miroir. Elle s'examina une seconde, avant de se mettre à rire. Sa liaison avec Pascal Peyrolles la survoltait depuis plusieurs mois. Jordane avait tenté de la mettre en garde, affirmant que ce garçon était infréquentable et qu'il allait lui en faire voir de toutes les couleurs, mais elle n'en avait tenu aucun compte.

— À propos de maquillage..., commença Cécile.

— Oui ?

— Quand vas-tu faire l'acquisition d'un simple peigne ?

C'était dit gentiment, Jordane ne s'offusqua pas. Elle ne manquait pas de coquetterie mais elle se savait jolie en sauvageonne et elle s'en accommodait très bien.

— Tu as remis ton mari dans l'avion ? Et tu l'as bien fait enrager ?

Cécile considérait que le retour de Jordane était une erreur. Même si elle était heureuse de la savoir toute proche, même si elle avait pu constater, comme tout le monde, à quel point Jordane était redevenue gaie depuis qu'elle avait réintégré le Biloba, il se mêlait parfois, à l'admiration et à l'affection très réelles de Cécile, une pointe de jalousie.

— Pour quelle subvention me vends-tu à la mairie, cette fois ? s'enquit Jordane en riant.

— Ma chérie, lui rétorqua gravement Cécile, je ne te vends pas mais tu es assez décorative... Alors, quand j'ai besoin de convaincre, tu peux bien me rendre un petit service !

Sans méchanceté, elle venait de rappeler à Jordane qu'elle l'aidait financièrement chaque fois que l'occasion se présentait.

— Je veux cinquante mille francs de plus pour mon festival lyrique. J'ai fait mes preuves, non ?

Très facilement susceptible lorsqu'il s'agissait de son activité professionnelle, Cécile tapa du poing sur le dossier, devant elle.

— J'en ai marre de leur politique culturelle à l'économie ! De leurs pièges à touristes ponctuels ! Marre de la routine et de la médiocrité ! Arles pourrait faire aussi bien qu'Avignon ou Orange et...

Elle éclata de rire, consciente de s'être emportée.

— Tu connais mon couplet par cœur, ma pauvre, et tu n'es pas venue pour ça...

Elle se leva pour servir du café mais la sonnerie du téléphone l'arrêta. Elle répondit, sourire aux lèvres, prête à jouer son rôle. Jordane la vit se rembrunir et l'entendit répondre par monosyllabes. Quand elle eut raccroché, elle garda la main sur le récepteur, la tête baissée. Jordane se leva, s'étira comme un chat, fit quelques pas.

— C'était Pascal ? Il te laisse tomber ?

— Ce n'est pas grave, murmura Cécile, je le verrai après-demain... Il a son frère qui débarque, paraît-il... Tu savais qu'il avait un frère ?

— Aucune idée... Ah si, peut-être...

Spontanément, Jordane alla vers Cécile et la prit par les épaules.

— Allez quoi, ma vieille ! Ce n'est pas la première fois qu'il te fait ce coup-là ! Traite-le par le mépris, crois-moi... Viens plutôt manger à la maison ce soir, tu veux ?

Il était inutile d'avoir une nouvelle discussion à propos de Pascal. Cécile en était folle et se rendait très malheureuse. Jordane se demanda combien d'invitations elle refusait chaque semaine afin d'être disponible pour cet abruti.

— Je t'attends vers huit heures, d'accord ?

Elle fit semblant de ne pas voir les yeux trop brillants de Cécile et son menton qui tremblait. En regagnant le Biloba, elle songeait avec amertume que si les femmes gâchent souvent leur existence pour des hommes, la réciproque est rarement vraie.

Après avoir distribué les rations de grain aux chevaux et vérifié les abreuvoirs, Jordane grimpa au second étage de la bastide, là où elle s'était installée depuis son retour. Elle n'avait pas voulu réintégrer sa chambre de jeune fille, tirant un trait sur un passé trop insouciant. Aucune des chambres d'amis disponibles ne la tentait. Elle souhaitait être seule dans un lieu anonyme et indépendant. Elle avait donc passé plusieurs semaines à arranger tant bien que mal l'un des greniers, le tapissant de lambris de bois brut et de liège. Elle y avait monté ses meubles favoris, un lit bateau, un secrétaire à rideau et une profonde bergère de velours écossais. Elle se sentait à l'abri sous le toit de la bastide, loin des bruits familiers du premier étage où Alice, Isabelle et Nora cohabitaient. Dans le fond de la grande pièce, un paravent de laque aux tons fanés dissimulait un entassement de bottes et de jeans. Jordane adorait cette chambre insolite dans laquelle personne ne mettait jamais les pieds. Lionel s'y était risqué, parfois, et lui avait même fait don, l'année précédente, d'un radiateur ultramoderne. C'était lui, également, qui avait payé l'installation d'une douche au deuxième étage, dans un débarras du palier. Pour son confort personnel, sans doute, puisque au moment des travaux il était encore, de temps à autre, l'amant de sa femme.

Jordane sourit à cette idée et se débarrassa de son tee-shirt. Elle n'était pas redevable à Lionel, quoi qu'il arrive. Les cadeaux ou les attentions dont elle était l'objet n'étaient pas désintéressés, elle en était bien consciente. Leur mariage allait inéluctablement vers sa fin, mais les responsabilités étaient partagées, elle n'avait pas failli, elle n'était coupable de rien. Elle ouvrit la porte vitrée et fit couler l'eau chaude qui, comme d'habitude, manquait de pression. Lorsqu'elle se glissa sous le jet, elle frissonna. Les muscles douloureux, elle se savonna longtemps.

Sans se départir de son sourire, Nora écoutait le joyeux bavardage de Cécile et de sa sœur. Avec un peu d'inquiétude, elle voyait approcher la saison d'été qui allait donner lieu à des fêtes, des défilés, des spectacles. Elle préférait l'hiver, les soirées entre femmes, la quiétude de la grande cuisine. Mais, dès les beaux jours, il fallait assurer les allées et venues entre la maison et la terrasse qui devenait le quartier général. Il fallait supporter de voir les autres en short ou en minijupe, décliner les invitations, trouver des prétextes.

— Qui finit les tomates ? demanda Alice d'une voix autoritaire.

Isabelle esquissa un geste de refus et alluma une cigarette. Malgré ses cinquante ans, elle restait belle et appétissante, auréolée d'une joie de vivre que rien jusque-là n'avait pu ternir.

— Vous fumez entre les plats ? s'indigna Alice sans obtenir de réponse.

La vieille dame se renfrogna tout en mastiquant énergiquement une bouchée de sa tomate farcie. Elle se donnait un mal de chien pour varier les menus mais personne ne lui en savait gré. Isabelle et Jordane se seraient nourries de sandwiches avec plaisir. Seule Nora manifestait quelque délicatesse dans son comportement à table.

— Butaban fait toujours merveille dans les défilés, tu le sais très bien !

— Il n'est pas représentatif de la Camargue, Cécile ! Tu n'y connais rien mais quand même ! Tu n'as jamais remarqué que les gardians me boudent ? Qu'ils me regardent comme un cheveu dans leur soupe ?

— Tu es sûre que ce n'est pas plutôt comme les chiens regardent les os à moelle ?

Jordane haussa les épaules avec insouciance. Cécile était têtue et, de toute façon, elle rémunérait bien les prestations équestres qu'elle lui proposait régulièrement.

— Notre région ne vit que de ça, pas d'illusions ! déclara Cécile. C'est le folklore qui attire les touristes. Crin Blanc et l'Arlésienne, Folco de Baroncelli et Mistral, les taureaux et Mireille. Je n'ai rien oublié ? Ah, si, les flamants roses… Comme dirait Pascal, ces saloperies de volatiles détruisent toute la faune des marais à force de grattouiller du bec, mais malheur à qui proférera cette vérité !

— Et les Saintes-Maries-de-la-Mer ? pouffa Jordane.

— Et les santons ? ajouta Nora d'une voix douce.

Ignorant leurs plaisanteries, Cécile rétorqua :

— Je profite de tout ça, je ne m'en cache pas. De quoi veux-tu vivre, ici ? C'est si anecdotique...

Redevenues sérieuses, les trois jeunes femmes échangèrent des regards. Presque toutes leurs conversations finissaient par tourner autour de l'argent. Jordane avait remarqué que Cécile commençait de plus en plus souvent ses phrases par une référence à Pascal Peyrolles.

« Elle est complètement accro, la pauvre... Ça finira dans les larmes... »

Une odeur d'ail et de persil se répandit dans la pièce lorsque Alice ouvrit la porte du four. Isabelle écrasa sa cigarette puis débarrassa le plat de tomates. Alice était une bonne cuisinière et elle passait un temps fou devant les fourneaux. Glissant un coup d'œil furtif vers Nora, Isabelle constata avec plaisir que sa fille se servait largement de poisson. Elle avait gardé l'habitude de la surveiller, après toutes ces années passées à la soigner. Mais sans son père et sans son mari, Isabelle se sentait tellement perdue qu'elle préférait fuir la bastide et ses responsabilités.

— Maman, dit gentiment Jordane, assieds-toi, viens manger...

Avec un grand sourire, Isabelle reprit sa place à table. Jordane était une fille formidable et, tant qu'elle serait là, le Biloba tiendrait encore le coup. Même s'il y avait quelque chose de très égoïste à souhaiter que sa cadette reste seule, Isabelle ne pouvait pas s'empêcher de formuler ce vœu chaque jour. Elle se consolait en pensant que Jordane n'était heureuse que parmi ses chevaux, dans sa propriété, et que dès qu'elle voulait s'en éloigner elle le regrettait. Son expérience malheureuse avec Lionel en était la preuve. Pour la millième fois, Isabelle regretta que son gendre ne se soit pas installé au Biloba lui aussi.

Rassasiée, Jordane but d'un trait son verre de rosé. Nora la resservit aussitôt malgré le regard noir d'Alice. Les relations de la vieille dame avec sa belle-fille n'étaient pas claires. D'une part, Lionel et Jordane ne vivaient plus vraiment ensemble, d'autre part Jordane était une sorte de chef de famille dans cette drôle de maison. Même si Alice ne voulait pas le reconnaître, elle se plaisait au Biloba. Elle prétendait que Lionel s'était débarrassé d'elle, mais en réalité elle jubilait. Elle en avait fini avec la solitude, les repas froids et hâtifs, la grisaille et les hivers frileux. Elle n'avait jamais tant vu son fils que depuis son installation chez les Valence. Elle n'était pas dupe, loin de là, mais elle savait profiter de son bonheur.

— À mon époque, déclara-t-elle, les jeunes femmes ne buvaient pas de pleins verres de vin pur...

Jordane lui adressa un sourire poli, comme si sa belle-mère avait dit quelque chose de drôle, tandis que Nora répliquait :

— C'était il y a si longtemps, Alice !

Isabelle dissimula un sourire tandis qu'Alice se tournait vers Nora pour la dévisager. Elle ne l'aimait pas, ne parvenait même pas à la plaindre. Elle était persuadée que la résignation de Nora, comme sa douceur, n'était qu'apparence. Et elle se méfiait d'elle, connaissant ses répliques cinglantes. Elle préférait encore l'insolence affichée de Jordane ou l'insouciance scandaleuse d'Isabelle.

— Je vais rentrer, décida Cécile. J'ai un travail fou...

Déçue, Jordane devina que Cécile avait hâte d'être chez elle pour y attendre un improbable coup de téléphone de Pascal Peyrolles. Elles sortirent sur la terrasse et descendirent les quelques marches jusqu'à l'allée où Cécile avait garé sa voiture sous l'un des ginkgos. Pendant qu'elle cherchait ses clefs, Jordane s'appuya sur le capot et renversa la tête en arrière pour contempler les branches du biloba.

— Tes porte-bonheur ? murmura Cécile.

— Oui... C'est ce qui se disait dans la famille... Tant qu'ils sont là à veiller sur nous...

La nuit était claire et la lumière provenant des fenêtres de la bastide éclairait Jordane à contre-jour. Cécile l'observa quelques instants.

— Qu'est-ce qu'une belle femme comme toi fait dans ce gynécée ? Tu veux finir vieille fille ? Tu veux épouser Butaban ?

Sa voix désolée démentait la boutade.

— Je veux juste m'en sortir, soupira Jordane. Et puis il y a Nora... et maman...

— Je sais tout ça... C'est vraiment fini, avec Lionel ?

— Pas récupérable, en tout cas.

— Tu le regrettes ?

Secouant ses boucles, Jordane fit quelques pas autour de la voiture puis s'immobilisa devant Cécile.

— Non... Je suis chez moi, ici, dit-elle doucement. C'est là que je suis bien. Sinon, je ne vaux pas grand-chose ! Même en croulant sous des problèmes de fric, j'ai une bonne vie. Alors qu'avec Lionel, dès que le jour se lève, je m'ennuie. Tout ce qu'il fait ou ce qu'il dit ne m'intéresse pas. Il y aura bien un homme, un jour, qui sera de ma planète ? D'ici là...

— D'ici là, tu auras trente ans, puis trente-cinq, et toujours pas d'enfant, et toujours pas d'avenir !

— Et toi ?

Surprise par la brutalité de la question, Cécile hésita quelques instants.

— Eh bien... fonder une famille, je suppose que c'est...

— Vraiment ? Pouponner, roucouler, et adieu le travail, les projets, tout le mal que tu te donnes ! C'est pour passer le temps que tu t'échines à réussir ? Juste un hobby en attendant le prince charmant ?

— Ah, pas du tout ! Mais ce n'est pas incompatible, quand même... Tiens, si je pense à Pascal...

— Tu y penses, oh oui ! Enfin, Cécile, tu n'as pas trouvé pire ?

Vexée, Cécile ouvrit sa portière d'un geste brusque.

— Qu'est-ce que tu lui reproches, à Pascal ?

— De ne pas t'aimer. Il te fait tourner en bourrique depuis six mois. C'est un cavaleur, tout le monde le sait. Tu ne devrais pas te miner pour un mec comme ça ! Il y en a d'autres, qui boivent moins, qui sont moins forts en gueule, et qui seraient prêts à te conduire à l'église demain !

Voilà, c'était dit, et Jordane ne le regrettait pas. Elle avait ces vérités sur le cœur depuis trop longtemps. Tout comme elle était lasse qu'on lui fasse la leçon, sans doute.

— Tu penses qu'il ne m'aime pas ? demanda Cécile d'une voix blanche. C'est possible ! Seulement, moi, je l'ai dans la peau...

Même si elles se connaissaient depuis près d'une vingtaine d'années, il subsistait entre elles une sorte de pudeur. Lorsqu'elles abordaient des problèmes personnels, intimes, elles se réfugiaient toujours derrière l'humour, l'une comme l'autre.

— Rentre vite, alors, soupira Jordane. Tu as peut-être un message sur ton répondeur ?

Elle n'avait plus envie d'insister. Avoir un homme « dans la peau » justifiait les pires erreurs, elle était bien placée pour le savoir. Tout comme elle savait que ce genre de passion n'avait pas beaucoup d'avenir. Elle regarda les feux arrière de la petite voiture de Cécile s'éloigner dans l'allée puis sur la route qui descendait vers la nationale. Elle jeta encore un coup d'œil machinal vers le faîte des deux ginkgos biloba puis elle regagna la terrasse. Nora l'y attendait, assise sur une chaise longue.

— La fraîcheur tombe, lui dit Jordane, tu ne devrais pas rester là... On n'est jamais qu'au mois d'avril...

— J'avais envie de finir cette bouteille de rosé avec toi.

Sa sœur buvait si peu et si rarement que Jordane se mit à rire. Elle alla chercher le vin et deux verres dans la cuisine. Nora veillait tard et se couchait la dernière parce qu'elle n'avait jamais sommeil, manquant d'exercice. Depuis le décès de leur père, elle ne se promenait plus guère. Au moment où elles trinquaient, la lumière de la chambre d'Alice s'éteignit, comme un ultime reproche. Nora leva les yeux vers la façade. À côté de la fenêtre de leur mère, éclairée, la fenêtre de l'ancien labo photo restait noire, comme toujours.

— On devrait mettre des rideaux clairs là-haut, suggéra-t-elle, ce serait moins sinistre vu d'ici...

Jordane ne demanda pas à quoi sa sœur faisait allusion. Elle la savait très marquée par le décès d'Hugues. Elle s'était beaucoup reproché de ne pas l'avoir accompagné, le jour où il s'était noyé. Elle prétendait qu'avec elle il n'aurait pas osé aller si loin, jusqu'à ces marais dangereux, et il ne serait pas mort. Isabelle et Jordane avaient eu beau protester, démontrer, se fâcher, Nora gardait un sentiment de culpabilité. Elle s'était désintéressée de la photographie, avait laissé tomber son père, et c'était son châtiment.

— Où en es-tu avec ton kiné ? demanda Jordane.

— Encore six séances et on se quitte ! Jusqu'à la prochaine...

Prochaine opération, prochaine convalescence, Jordane se demanda qui paierait l'addition cette fois. Les soins médicaux n'étaient pas très bien remboursés, les Valence ayant le statut d'exploitants agricoles. Elle se promit d'appeler ce M. Wolf le lendemain matin au sujet des iris. Après avoir vidé son verre, elle constata que Nora n'avait pas touché au sien. Elle avait un peu sommeil mais elle s'assit à califourchon sur le bras d'un fauteuil. Tous les meubles de jardin auraient eu besoin d'un coup de peinture.

— Cécile s'est complètement entichée de son Peyrolles, elle court à la catastrophe...

— Dis-le-lui. Tu es son amie.

— Je ne lui ai pas mâché mes mots !

— Sûrement. C'est rare que tu ne les serves pas tout crus.

Nora souriait et sa sœur lui envoya une bourrade affectueuse.

— Tu as vu la dernière acquisition de maman ?

— Son horreur en macramé ? *Oun inquets de mail*[1] *!* déclara Jordane.

Sa référence au patois provençal amusait toujours Nora. C'était une façon de rester fidèle à la mémoire de leur grand-père.

— Allez, viens, dit Jordane en tendant la main, on monte se coucher !

À regret, Nora quitta son siège. Elle traversa la terrasse de sa démarche un peu raide. Même si elle se fatiguait très vite, elle se déplaçait sans difficulté. Ce n'était pas cette légère claudication qui la gênait, c'étaient les cicatrices violacées, le long de ses hanches et de ses cuisses, la déformation des muscles, la laideur des jambes.

Jordane éteignit les dernières lampes, chassa un papillon de nuit et ferma à clef, symboliquement, la porte vitrée de la cuisine.

Lorsque Lionel rentra enfin chez lui, il était quatre heures du matin. Épuisé, il se traîna jusqu'au réfrigérateur pour y prendre une dernière bière. Il but debout, à longs traits. Il trouvait sa vie bien compliquée et pas particulièrement exaltante depuis plusieurs mois. Il lui avait fallu deux heures de patience à table, une addition astronomique, puis un dernier verre de champagne dans son salon avant de pouvoir entraîner sa conquête au lit. Elle s'y était d'ailleurs révélée sans génie. Les yeux fermés, il avait invoqué Jordane pour ne pas manquer d'ardeur. Ensuite il avait dû se rhabiller et raccompagner la dame.

Il jeta la canette dans la poubelle et se dirigea vers la salle de bains. Il décida de prendre un bain brûlant et plein de mousse pour chasser la fatigue de la nuit. Après, il choisirait s'il valait mieux faire du café et attaquer la journée ou, au contraire, essayer de dormir deux heures. Il avait des rendez-vous importants dans la matinée. Puis

---

1. Une inutilité de plus.

41

un déjeuner avec un vieux copain, Sydney, qui débarquait de New York.

En ouvrant l'armoire à pharmacie pour prendre sa brosse à dents, il jeta un coup d'œil résigné aux quelques flacons que Jordane avait abandonnés là en partant trop vite. Il hésita, tendit la main et ôta le capuchon d'un atomiseur en cristal. Un parfum de tubéreuse l'enveloppa aussitôt, comme une bouffée de tristesse. L'absence de sa femme était parfois intolérable. Il aurait dû se débarrasser de ses affaires depuis longtemps mais il manquait de courage. Tout comme il faisait la sourde oreille lorsqu'elle parlait de divorce. L'échec de son mariage lui était insupportable car il n'avait pas l'habitude de l'échec.

Avec un frisson, il s'installa dans l'eau très chaude. Jordane ne l'avait pas quitté pour un autre homme, c'était déjà ça ! Tant qu'elle aurait besoin de lui, rien n'était vraiment perdu entre eux. Il se mit à souffler doucement sur la mousse pour la repousser vers les bords de la baignoire. Il lui avait suffi de sentir l'odeur de sa femme pour se retrouver tout excité malgré la nuit agitée qu'il venait de vivre. Il observa son propre corps, sous l'eau bleue, vaguement amusé. Il aurait donné cher pour se retrouver, quelques années plus tôt, à l'hôtel d'Arlatan avec Jordane entre ses bras. Mais il savait que lorsqu'on pleure sur son passé, c'est toujours, égoïstement, sur sa jeunesse enfuie.

Gagné par la somnolence, il ferma les yeux. Il finirait bien par trouver une solution. Ou par oublier. Il n'avait pas d'autre alternative.

L'huissier ne tenait pas du tout à rencontrer qui que ce soit. Il avait personnellement connu François Valence et il se souvenait de ses colères homériques. Or ses descendants, et surtout Jordane, avaient hérité de son caractère, à défaut de tout autre héritage. Mieux valait donc ne pas les affronter. D'ailleurs la mission était désagréable. C'était le genre de corvée dont il avait horreur. Son métier était souvent cruel et parfois même injuste. Personne ne devrait avoir le droit d'acculer son prochain à la ruine pour si peu de chose. Les Valence ne faisaient pas partie des mauvais payeurs qui dépensent leur argent à mener grand train en oubliant leurs factures. Bien sûr, le garagiste de Saint-Martin-de-Crau était à bout de patience, mais l'huissier pensait que, de toute façon, on ne peut pas tondre un œuf.

Il coupa son moteur à cent mètres de la bastide et examina le ciel à travers son pare-brise. Pas de doute, la nuit cédait la place au jour, il pouvait agir légalement. Le carré de papier bleu était posé sur le siège, à côté de lui. Les quatorze mille francs de dette représentaient quatre mensualités impayées sur le petit tracteur vendu à Jordane Valence l'année précédente. La somme était majorée des amendes en vigueur et des frais de justice, ajoutés aux honoraires de maître Léon Carmaux, huissier à Arles.

Après être descendu de voiture, il examina les lieux avec circonspection. Il s'approcha de la maison et constata qu'elle donnait l'impression d'avoir beaucoup vieilli, d'être à l'abandon. À une certaine époque, il avait été reçu ici en ami. C'était avant les ennuis de trésorerie des Valence.

En haut des marches du perron, il hésita. Puis, avec un soupir, il cacheta le pli qu'il avait signé et dûment tamponné la veille, puis le glissa sous la porte, pressé de s'en aller. La dernière fois qu'il était venu au Biloba, cinq ans plus tôt, François avait décroché son fusil. Depuis, il avait eu affaire à Isabelle, par téléphone, et à Jordane dans un échange de courriers incendiaires.

Au moment de redémarrer, l'huissier engloba la façade de la bastide dans un dernier regard de regret. On pouvait comprendre une famille de vouloir rester à tout prix dans un endroit pareil. Mais voilà, ça coûtait très cher, de plus en plus cher.

Gilbert s'approcha de la fenêtre pour examiner le pichet à la lueur du jour. Le soleil venait juste de se lever et ses premiers rayons obliques donnèrent un superbe reflet à l'étain.

— C'est une jolie pièce, déclara-t-il.

Sans tourner la tête, il jeta un rapide coup d'œil à Django. Mais le visage ridé du vieux gitan n'exprimait rien d'autre qu'une attente indifférente.

— Quatre cents, décida Gilbert. Et si tu en trouves d'autres, je suis preneur.

Il n'y avait jamais de discussion entre eux. D'un côté comme de l'autre, les offres étaient à prendre ou à laisser. C'était la meilleure façon de travailler ensemble.

— Entendu pour le prix, accepta Django.

Il ne s'engagea pas sur la suite, et Gilbert ne lui posa pas une seule question. Ils étaient dans l'arrière-boutique, au milieu d'un fatras d'objets hétéroclites. Une forte odeur de térébenthine provenait d'un blutoir en cours de restauration.

— Veux-tu du café ? proposa Gilbert en fouillant dans sa poche.

Le vieux Django ayant secoué la tête en signe de refus, Gilbert extirpa quatre billets froissés qu'il lui tendit. En silence, le gitan recompta. Ils échangèrent un sourire satisfait puis Gilbert ouvrit la porte, jeta un coup d'œil dans la ruelle et s'effaça pour le laisser sortir. Ensuite il rangea le pichet avec soin, au fond d'une armoire. Il n'aurait pas le droit d'être exposé avant quelques mois. Gilbert était toujours très prudent même s'il ne demandait aucun détail aux gitans et même s'il savait fermer les yeux sur la provenance des marchandises. En principe, le rayon d'action du vieux Django était assez large pour éviter les ennuis. Les manouches étaient malins et voyageaient beaucoup.

Gilbert pénétra dans son magasin dont l'élégante façade occupait dix mètres sur le boulevard des Lices. La plus grande partie des vitrines était consacrée à quelques très beaux meubles de noyer du XVIIIe, simples et dépourvus d'ornements, typiques de ce qu'il était convenu d'appeler le premier style d'Arles à cette époque. Près de son bureau, qui lui servait de comptoir, il avait arrangé avec un goût exquis des étagères en verre pour exposer des faïences rares. Il se plaisait beaucoup dans son antre, malgré – ou à cause de – la rareté des clients.

Jetant un coup d'œil à sa montre, il s'aperçut qu'il avait encore une bonne heure devant lui avant de lever le rideau de fer. Le temps de consulter tranquillement un catalogue de salle des ventes reçu la veille. Ensuite il ferait du café, des toasts minces, et attendrait l'arrivée d'Isabelle. Il esquissa un sourire en pensant à elle. Il lui avait déniché une petite merveille de fontaine, à la façon d'Honoré Savy. Une fois nettoyée et restaurée avec soin, ce serait un excellent cadeau d'anniversaire. Le genre de présent devant lequel elle battait des mains, comme une gamine. Une adorable gamine, une belle femme mûre qui savait cacher ses blessures, une sorte d'idéal dont il avait fait sa complice.

En s'asseyant à son bureau, il sentit craquer un bouton de sa chemise et il eut un geste d'agacement. Il se morigénait chaque jour mais ne parvenait pas à se mettre au régime. Il fallait vraiment qu'il réagisse. Il avait cinquante-cinq ans et l'embonpoint le vieillissait davantage. Il ne voulait pas ressembler à un petit notaire replet mais il en prenait le chemin. Il fouilla dans le tiroir, devant lui, et trouva du fil et une aiguille. Avec un soupir, il entreprit de recoudre le bouton.

— Tu te moques de moi, Léon ? Tu ne peux pas sonner quand tu as une bonne nouvelle comme ça, dis ? Et puis, tu aurais fait ton inventaire sur place, ça t'aurait économisé un voyage !

Boucles brunes en désordre, essoufflée parce qu'elle avait dû forcer sa porte, Jordane foudroyait l'huissier du regard. Elle avait hurlé de fureur en découvrant le commandement sur le carrelage du vestibule. Après s'être habillée, avec ce qui lui tombait sous la main, elle avait mis moins d'un quart d'heure pour gagner Arles.

Carmaux eut un sourire las, un peu niais. Puisque l'entrevue était inévitable, il préférait qu'elle ait lieu dans son bureau où il se sentait en sécurité.

— Attends, Jordane, ne t'emballe pas, assieds-toi...

Elle avait bien changé, la petite qui suivait partout son grand-père comme un chien fou. Il fit mine de chercher dans ses dossiers pour se donner un peu de temps.

— Je ne peux pas payer, Léon...

— Alors il faudra que je saisisse le tracteur.

— J'en ai besoin !

— Et s'il ne couvre pas le montant de la dette, continua-t-il imperturbable, je serai obligé de saisir les meubles.

Décidé à rester ferme, Carmaux reprenait de l'assurance.

— Les meubles ? Tu veux que ma mère devienne folle ? Des meubles qui sont dans la famille depuis deux siècles contre un tracteur qui hoquette ? Aux enchères à trois sous, mes meubles ?

— Eh bien, vends-les toi-même ! Trouve de l'argent et paie tes dettes.

Jordane le regarda comme s'il venait de proférer une incongruité.

— Mais qu'est-ce que je t'ai fait ? demanda-t-elle en le dévisageant.

— C'est mon métier, Jordane, même s'il n'est pas toujours rose...

— Joli métier ! Tu vas aider cet escroc de Saint-Martin à me dépouiller ? Son tracteur d'occasion, il me l'a vendu à prix d'or ! Et il ne marche pas mieux que la Rover... En réalité, il ne vaut pas un clou mais il me reste six traites sur cette saloperie ! J'ai une exploitation agricole, Léon, ce n'est pas inscrit sur ma fiche d'état civil ?

— Jordane...

— C'est ce garagiste qu'on devrait traîner en justice pour incompétence, il ne sait même pas réparer les brouettes qu'il vend, il...

— Jordane ! Bon sang, il n'y a pas que lui ! Tiens, au hasard, tes pénalités d'Urssaf ? Et tes retards d'impôts ? Et ce paquet de contraventions ? Tout arrive à mon étude ! Il ne se passe pas de semaine sans que j'entende parler de toi !

Il brandissait une dizaine de procès-verbaux qu'il venait d'extraire du dossier Valence.

— Ah ! çà, dit Jordane radoucie, je ne les paierai jamais !

D'un mouvement souple et brusque de gamine, elle s'était laissée tomber dans un fauteuil. Carmaux l'observa un moment. Elle était belle à couper le souffle, à ôter le sommeil, à perdre la tête. Il eut du mal à détacher son regard des jambes bronzées.

— Tu es devenue bien jolie, tu sais...

Il l'avait dit sans intention précise, c'était une simple constatation en référence au garçon manqué qu'elle avait été.

— Tu trouves ? demanda Jordane d'une voix changée.

Délibérément, elle ouvrit un bouton de son chemisier. Il faillit s'étrangler et se mit à glapir :

— Arrête ça tout de suite !

Hypnotisé, il fixait le décolleté, la naissance des seins, la peau satinée. Il fut obligé de constater qu'elle ne portait pas de soutien-gorge. Au prix d'un effort immense, il releva la tête et croisa le regard doré de la jeune femme.

— Tu es inconsciente ou quoi ?

— Je suis prête à tout, riposta Jordane.

— Mais qu'est-ce que tu veux que j'y fasse ? hurla-t-il. Je n'y peux rien, rien !

Il était tout rouge et il transpirait.

— Un délai, tu peux.

Comme il hésitait encore, elle l'acheva.

— Accorde-le-moi, tu l'aurais accordé à mon grand-père ! Je te promets que je vais y arriver.

Il ouvrit la bouche et se mit à mordiller furieusement le capuchon de son stylo.

— Mets mon dossier sous la pile, dit Jordane. Le tracteur, j'en ai besoin pour le bétail et pour les cultures. Tu crois que je transporte les tas de fumier sur ma bicyclette ?

Carmaux pensa que le monde allait bien mal pour que Jordane Valence soit seule à se battre au Biloba, sans un homme à ses côtés.

— Un mois..., murmura-t-il enfin.

Il la regarda sortir, accablé d'avoir cédé. Cette femme, dans son short, était finalement plus redoutable que François avec un fusil.

Butaban effectua un impeccable demi-tour sur les hanches, pivotant sur un seul postérieur. Jordane lui rendit aussitôt la main et le félicita d'une vigoureuse claque sur l'encolure. Elle ne l'avait travaillé qu'un quart d'heure, pour le plaisir, achevant sa journée avec lui. Elle quitta la piste ronde pour regagner l'écurie. Avec un peu de chance, elle aurait encore le temps de distribuer les rations d'orge et d'avoine, de se doucher, et arriverait à l'heure chez Cécile.

Comme toujours, elle eut quelques difficultés à faire démarrer la Rover, toutefois il était à peine neuf heures lorsqu'elle sonna à la porte de la villa moderne des Marchand. Cécile l'accueillit avec un grand sourire et un clin d'œil.

— Tu es la dernière, mais tu es la plus jolie, chuchota-t-elle. Prends ton courage à deux mains, c'est la soirée des casse-pieds...

Chaque fois que Cécile organisait un dîner, ses parents lui abandonnaient les lieux et allaient se restaurer en ville, de l'autre côté du Rhône. Un métier de relations publiques exigeait beaucoup de mondanités, ils le comprenaient très bien.

— Le maire est là, en compagnie de sa femme, et Pascal a amené son frère qui est a-do-rable !

Souriante, Jordane entra dans le salon et les conversations s'arrêtèrent un instant. À l'autre bout de la pièce,

Robin Peyrolles s'interrompit au milieu d'une phrase. Il dévisageait Jordane avec un air si ahuri que son frère lui toucha l'épaule. Jordane sentit un regard aigu, intense, qui s'attardait sur elle tandis qu'elle échangeait quelques phrases de politesse avec les autres invités. Lorsqu'elle vint serrer la main de Pascal, Robin n'avait toujours pas recouvré ses esprits. Cécile fit les présentations puis abandonna Jordane aux frères Peyrolles. Pascal partit lui chercher une coupe de champagne et Robin articula enfin :

— Vous êtes Jordane Valence, la petite-fille de François, celle qui élève des andalous...

— Oui, mais il n'y a pas de quoi s'évanouir, je suppose, riposta-t-elle avec un sourire éblouissant.

Le jeune homme ne sembla pas gêné par sa remarque. Il la détaillait avec insistance, incapable de trouver quelque chose à dire. Elle finit par froncer les sourcils.

— On s'est rencontrés dans une autre vie ? demanda-t-elle d'un ton suave.

— Impossible, répondit-il gravement, je m'en souviendrais...

Pascal revenait, et Jordane prit la coupe qu'il lui tendait.

— Merci, messieurs ! dit-elle en leur tournant le dos.

Après avoir bu une gorgée, elle rejoignit Cécile qui expliquait, volubile, son grand projet de festival. Le regard de Robin était toujours accroché à elle, Jordane le sentait sur sa nuque. La voix de Pascal couvrit soudain toutes les conversations.

— Même si je dois faire sauter le premier tronçon à coups de dynamite, je vous jure que cette autoroute ne verra pas le jour !

Son interlocuteur avait reculé d'un pas mais Pascal poursuivait, agressif :

— Que les élus, tous les élus, ne soient pas mobilisés là-dessus vingt-quatre heures sur vingt-quatre, ça me dépasse ! Le tracé est inacceptable, vous le savez très bien. Qu'un énarque, au fond d'un ministère parisien, ait pu concocter sur le papier un plan aussi stupide, admettons, il faut bien justifier son salaire et faire semblant d'avoir des idées neuves, mais vous ! Vous ? Sur le terrain, comment pouvez-vous tolérer l'idée d'une Camargue gangrenée, amputée ? À combien estimez-vous la pollution résultant du passage quotidien de vingt mille véhicules ? Quelles seront les retombées sur un milieu déjà complètement fragilisé par toutes les initiatives malheureuses de vos prédécesseurs ?

Le maire avait tourné la tête vers Peyrolles, l'air contrarié.

— Le débat se déroule bien loin d'ici, hélas, commença-t-il. Certaines décisions sont prises en haut lieu et...

— C'est quoi, le « haut lieu » ? Où est-ce ? À huit cents kilomètres ?

Pascal persiflait, volontairement insolent.

— Vous n'êtes pas obligé de servir de carpettes aux gens du « haut lieu » ! En tout cas pas moi. Et comme je ne suis pas le seul, cette autoroute ne sera pas construite, monsieur le maire... En revanche, si quelqu'un est d'accord pour remettre en service le réseau de chemin fer qui a été supprimé dans les années cinquante, on se proposera tous pour le nettoyage des rails !

— Allons, monsieur Peyrolles, dit le maire avec un petit sourire condescendant, ce sont des idées rétrogrades ! Vous savez bien qu'on ne revient jamais en arrière... Comme dit la *vox populi*, on n'arrête pas le progrès !

— Quel dommage ! Il y aurait tant d'erreurs à réparer ! Souvenez-vous des inondations dramatiques de Nîmes, il y a cinq ans. On a déploré toutes les bêtises qui avaient été faites, canaux bouchés, urbanisation sauvage, mais qu'a-t-on décidé, depuis, pour y remédier ? Sans parler des digues de Camargue qui se rompront un jour ou l'autre parce qu'elles sont trop fragiles ; il suffit de les regarder pour s'en rendre compte ! Mais qui s'en soucie parmi nos élus et parmi les gens qui nous gouvernent ? C'est tellement plus simple d'attendre que les eaux débordent, dévastent tout, et ensuite de distribuer des indemnités...

Un silence consterné s'abattit sur le salon. Cécile, affolée, cherchait quelque chose à dire. Elle croisa le regard de Jordane qui vint aussitôt à son secours.

— Je crois que le dîner est prêt et que nous devrions passer à table, suggéra-t-elle en posant son verre sur un guéridon.

Elle se détourna et heurta Robin qui était juste derrière elle. Spontanément, elle le prit par le bras pour l'entraîner vers la salle à manger.

— Si votre frère gâche cette soirée, c'est qu'il est encore plus con que je le croyais, murmura-t-elle entre ses dents.

Au lieu de se vexer, Robin éclata de rire. Cécile, son entrain revenu, indiquait leur place aux convives. Pascal semblait toujours en colère mais chacun évitait de le regarder. De lui-même, le maire remit la conversation sur le projet de festival. Passionné d'opéra, il n'était pas hostile aux propositions ambitieuses de Cécile. Robin se pencha vers Jordane.

— Je crois que nous nous sommes rencontrés une fois, il y a une bonne quinzaine d'années.

— Où ça ?

— À la salle des ventes.

Jordane réfléchit une seconde. C'était possible et, de toute façon, sans aucune importance. Vincent Peyrolles, le père de Pascal et de Robin, dirigeait cette salle depuis trente ans. Isabelle la fréquentait beaucoup et en rapportait régulièrement des horreurs.

— Je suis commissaire-priseur, moi aussi, dit Robin.

— Comme papa ? ironisa Jordane.

Il parut s'amuser de la remarque. Il ne ressemblait pas du tout à son frère.

— Vous venez prendre la relève ? s'enquit-elle.

— C'est à peu près ça, oui. J'ai travaillé longtemps dans le Nord. Aujourd'hui mon père est en âge de passer la main...

L'histoire de la famille Peyrolles restait vague dans la mémoire de Jordane. Vincent était l'une des grandes figures d'Arles. Héritier d'une belle manade, il avait eu les chevaux et les taureaux en horreur dès son plus jeune âge, ne songeant qu'à fuir vers la ville. Il avait d'abord fait gérer ses terres par un bayle-gardian puis, à la majorité de son fils aîné, Pascal, il lui avait cédé la propriété. Ensuite il n'avait plus bougé de son hôtel particulier. C'était un esthète, un citadin, un mondain, qui après trois divorces avait choisi de vivre seul.

— Je n'ai aucun souvenir de votre père mais j'en entends parler de temps à autre... Ma mère est très... comment dire ? Très férue d'antiquités.

Sans la moindre rancune, sans même la juger, Jordane souriait en pensant à sa mère. Elle se tourna carrément vers Robin pour le regarder. Il devait avoir un peu plus de trente ans. Ses mains étaient fines, soignées, il ne portait ni alliance ni montre.

— Vous habitez avec Pascal à la manade ?

— Non...

Il hésitait, craignant de l'ennuyer avec les détails de sa vie.

— Bravo ! Parce que, de vous à moi, votre frère n'est pas un cadeau !

— De vous à moi, riposta-t-il, ce n'est pas lui le pire de la famille.

Intriguée, Cécile surveillait du coin de l'œil leur conciliabule. Elle avait pu constater, comme tout le monde, l'effet incroyable que l'arrivée de Jordane avait produit sur Robin. Être témoin d'un coup de foudre est toujours distrayant.

— Mademoiselle Valence, disait le maire, je me réjouis de vous revoir bientôt dans les rues de la ville sur votre superbe Barbatan !

— Butaban, rectifia Jordane.

— Bien sûr, Butaban, comme le jeu de boules ! Peut-être pourrons-nous faire des photos devant l'hôtel de ville avant le départ du défilé ? Dans la plaquette que la municipalité édite chaque année, il nous manque des images actuelles mais traditionnelles… Une sorte de trait d'union entre le passé et la réalité de notre ville aujourd'hui… Vous voyez ce que je veux dire ?

— Très bien ! assura Jordane poliment.

Pour Cécile, elle pouvait s'autoriser ce genre de mensonge. Les idées de la municipalité ne l'intéressaient pas le moins du monde. Arles était bien plus, à son avis, qu'une simple vitrine folklorique pour estivants. Sentant qu'on l'observait, elle tourna la tête brusquement vers l'autre bout de la table. Pascal Peyrolles lui souriait, une lueur amusée au fond de ses yeux pâles. Il était comme elle, il faisait de la figuration dans ce dîner mondain où il s'ennuyait. Le regard de Pascal effleura ensuite son frère Robin avec la même ironie. Agacée, Jordane consulta discrètement sa montre. La soirée traînait en longueur, lui rappelant les interminables repas qu'elle avait subis durant toute une année à Paris. Lionel aimait discuter sans fin avec ses collègues, ses relations d'affaires. À cette époque-là, elle attendait avec impatience le moment où, rentrés chez eux et enfin seuls, ils pourraient se jeter l'un sur l'autre. Elle avait naïvement cru qu'elle ne serait jamais rassasiée de lui, jamais lasse.

— Vous êtes partie bien loin d'ici, on dirait, chuchota Robin.

— Oui, à Paris.

— Oh… Vous y avez vécu ?

— Trop longtemps à mon goût, mais en réalité moins de deux ans.

Il l'écoutait, attentif et ébloui. Elle pensa qu'elle n'avait aucune envie de le séduire, même pas de le revoir un jour, le pauvre. Aussi, elle fut très soulagée lorsque Cécile se leva pour conduire ses invités au salon où le café était servi. Pascal avait profité du mouvement pour disparaître. Il devait avoir rendez-vous dans un bar avec des copains, comme d'habitude. Au dire de Cécile, il passait infiniment plus de temps à faire la fête qu'à s'occuper d'elle. D'ailleurs celle-ci semblait triste, soudain, comme si l'absence de Pascal lui avait fait perdre tout enthousiasme. Jordane se décida à faire un effort supplémentaire pour que l'ambiance ne devienne pas sinistre. Elle se mit à discuter tauromachie avec la femme du maire qui était une aficionada de fraîche date et qui n'avait pas ouvert la bouche depuis deux heures.

Jordane bougea un peu pour se mettre à l'ombre. L'odeur forte qui se dégageait de la cabane de Sempion ne la gênait pas. En revanche le soleil chauffait vraiment trop pour un jour d'avril.

— Tu veux rire, soupira Jordane, tu te vois sur les routes avec le troupeau ? Tu rêves, Sempion ! Je paierai le camion, bien sûr...

Les idées du berger pour faire des économies étaient plus utopiques les unes que les autres. Jordane le connaissait depuis toujours, et elle ne se le rappelait pas autrement que déjà vieux et ridé. Sempion était sans âge. Elle jeta un regard vers la plaine où le chien allait et venait. Payer le camion pour la transhumance, oui, mais avec quoi ? Et Léon Carmaux, une fois le délai de trente jours écoulé ?

— Je vais pas tarder à commencer la tonte, déclara Sempion. Fait chaud...

— C'est toi qui sais...

La laine se vendait bien, c'était toujours ça.

— Il y a des tas de clôtures écroulées, tu veux un coup de main pour les réparer ? demanda-t-elle d'un air indifférent.

Dix fois par an, elle le lui proposait et il refusait. C'était son travail à lui, même s'il ne le faisait pas, et il ne voulait pas d'aide.

— Occupe-toi des chevaux, petite, lui conseilla-t-il avec indulgence.

Pour ce genre de repartie, elle l'adorait. Il parlait exactement comme François, à coups de phrases brèves comme des sentences. Pas plus que son grand-père, Sempion

54

n'avait jamais manifesté le moindre mépris ou la moindre méfiance parce qu'elle était une femme. Elle avait fait ses preuves et Sempion n'avait pas besoin d'autre chose. Il connaissait les ennuis de trésorerie du Biloba. C'étaient déjà les mêmes du temps de François.

Un bruit de sonnailles retentit tout proche. Deux moutons s'étaient aventurés près de la cabane, la tête au ras du sol, à la poursuite d'une herbe qui se faisait rare. Le griffon surgit, donnant de la voix, et fit détaler les égarés dans un tintement affolé de « picounnes ». Jordane éclata de rire et Sempion la regarda en silence un moment avant de se résoudre à sourire.

— Tu es gaie, toi !

— Plaie d'argent n'est pas mortelle, hein ? Dis, tu penseras aux clôtures ?

— Oui, oui... Après la tonte...

Après, ce serait le départ pour les alpages, Jordane était sans illusions. Depuis la cabane de Sempion, on ne pouvait pas apercevoir la bastide dissimulée par une croupe de terrain sur laquelle s'épanouissait un boqueteau de chênes verts. Malgré la chaleur, Jordane eut un frisson. Il arrivait encore que le paysage lui procure une bouffée d'émotion. Elle aimait chaque hectare du Biloba avec fureur, avec la certitude que tout allait finir par disparaître.

— Il est beau, ton Butaban, dit Sempion en se levant.

Ses rhumatismes l'empêchaient de se tenir très droit. Jordane comprit que ce compliment mettait fin à leur conversation. Il s'était approché de l'andalou pour le détacher. C'était l'heure de sa sieste, qu'il ferait assis au pied d'un arbre, les deux mains sur son bâton. Elle se mit en selle d'un bond léger, agita la main et s'éloigna au pas sous le soleil devenu brûlant.

2

Pour retrouver son calme, Robin se forçait à rester allongé sur son lit. Rien ne s'était passé comme prévu depuis son retour, rien ! Son bref instant de faiblesse oublié, son père l'avait accueilli sans grand enthousiasme. Lorsque Robin avait reçu son coup de téléphone, deux mois plus tôt, il lui avait semblé que Vincent appelait au secours. À mots couverts, il avait évoqué sa fatigue, son envie de retraite. Très touché par la confiance que lui manifestait enfin son père, Robin avait réglé ses affaires le plus rapidement possible. Peu de choses le retenaient à Valenciennes d'ailleurs, et il avait été plutôt content de donner sa démission. Revenir chez lui, à Arles, était exactement ce qu'il attendait.

Il tendit la main vers son paquet de cigarettes et alluma une blonde. Il souffla la fumée de la première bouffée vers le plafond, observant les moulures et les dorures. Quand il avait huit ou neuf ans, ce spectacle finissait toujours par l'endormir. Sa chambre était restée froide et austère, comme dans ses souvenirs. Une vraie chambre de jeune homme, telle que la concevait Vincent Peyrolles, du moins.

Jamais Robin n'avait eu le courage de se rebeller vraiment contre son père, malgré le despotisme dont il avait fait preuve par le passé. Pascal, lui, s'en était beaucoup mieux sorti. Mais Pascal était l'aîné, le préféré, et Vincent avait supporté ses insolences ou ses exigences avec une certaine patience. Quand Pascal avait décrété qu'il n'irait pas à l'université, Vincent s'était incliné. Pour cacher sa déception, il avait cherché un moyen de mettre, malgré tout, son fils en valeur. Il lui avait alors donné la manade, l'immense manade Peyrolles où il ne passait que de rares week-ends. Il avait renvoyé son régisseur, sans scrupules ni états d'âme, dès que Pascal était rentré du service militaire. Il lui avait offert la propriété avec le sourire, décrétant qu'il avait d'« autres projets » pour Robin. Chez le notaire, tous les actes étaient déjà prêts. Connaissant son aîné, Vincent savait qu'il était temps de lui donner une vraie responsabilité. Le calcul n'était pas bête, Vincent ayant constaté de longue date l'amour immodéré de Pascal pour les taureaux, les chevaux et les grands espaces. Le dimanche soir, il fallait toujours le chercher deux bonnes heures avant de pouvoir le faire monter en voiture pour regagner Arles. Pascal n'aimait pas l'hôtel particulier des Peyrolles qu'il trouvait prétentieux et guindé. Il n'avait aucun respect pour les tableaux somptueux ou les objets rares, et c'est Robin qui fit les frais des impertinences de son frère.

Timide, discipliné, il poursuivit les études que son père lui imposa. Tous deux partagèrent, durant quelques années, une étrange solitude. Le vieux maître d'hôtel, résigné, les servait en silence. Vincent avait déjà divorcé trois fois, perturbant l'enfance de ses fils par d'éphémères belles-mères. La première madame Peyrolles, sans se soucier de ses deux garçons, avait disparu depuis longtemps au bout du monde.

La présence de Robin ne tarda pas à indisposer Vincent. Il était encore en âge d'avoir des maîtresses, il aimait sortir et voyager. Il n'avait pas, pour le cadet, la tendresse que lui inspirait encore l'aîné. Avec une habileté diabolique, il orienta Robin vers Paris, puis New York, et parvint à s'en débarrasser pendant six ans. La formation de son fils au métier de commissaire-priseur lui coûta cher mais le laissa libre. Dès que Robin eut achevé ses longues études, Vincent lui trouva une excellente place à Lyon et l'expédia là-bas.

Assez subtil pour comprendre qu'il était de trop sous son propre toit, Robin accepta tout de bonne grâce. Il se plut à Lyon, y rencontra une jeune fille et se maria. Répétant le schéma familial, il divorça l'année suivante et partit s'installer à Valenciennes, une ville qu'il avait choisie tout seul.

Il s'efforça, durant toute cette période, de ne pas en vouloir à Pascal. C'était Vincent qui l'avait repoussé, son frère n'y était pour rien. Même si, tout au fond de lui, Robin songeait parfois avec d'amers regrets à la manade. Personne ne s'était demandé s'il aimait, lui aussi, les taureaux, les chevaux et les grands espaces. Mais il reléguait la question au second plan car il n'était plus temps de se la poser. Il avait un métier intéressant, lucratif, dans lequel il excellait. De là à être reconnaissant...

Chaque mois ou presque, il téléphonait à Pascal, prenait et donnait des nouvelles. Il n'avoua jamais qu'Arles lui manquait et que, lorsqu'on a vécu parmi les toits de tuiles roses, on apprécie peu les corons. Pascal était cordial, parfois ironique, parfois chaleureux. Les deux frères n'évoquaient leur père que de manière conventionnelle. Et puis, un jour, c'est Vincent qui avait appelé. Il envisageait de passer la main, de céder sa charge de la salle des ventes. Robin avait bondi de joie, tout en restant calme au bout de la ligne. Il avait trente ans, il était mûr pour un retour, une réconciliation.

Il écrasa rageusement un mégot dans un cendrier ancien. Vincent l'avait reçu avec une sorte de courtoisie distante. Leur première entrevue, après tout ce temps, avait ressemblé à un entretien d'embauche. Robin en gardait un souvenir pénible. Pas d'effusion, pas de projet déterminé, juste quelques vagues promesses. Robin avait accompagné son père à la salle des ventes le jour même. Vincent y était chez lui, et aucun signe n'annonçait son prochain départ.

Dès le lendemain de son arrivée, Robin s'était rendu à la manade, persuadé que l'accueil de Pascal ne serait pas pire que celui de Vincent. En effet, son frère s'était montré chaleureux, lui avait posé un certain nombre de questions sur sa vie, et avait même écouté les réponses. Puis il l'avait traîné à ce dîner, chez Cécile Marchand, sa petite amie du moment, et Jordane Valence était apparue.

En évoquant la jeune femme, Robin sentit fondre sa mauvaise humeur. Il avait dû se couvrir de ridicule mais c'était bien la première fois de son existence qu'il éprouvait quelque chose de semblable. Un éblouissement, une révélation. Jordane était le type même de la femme dont Robin n'avait pas osé rêver jusque-là. Son visage, sa silhouette, sa voix, son regard doré et son rire : il en était tombé amoureux en un instant.

Contrairement à son frère et à son père, Robin avait besoin d'aimer pour de bon, il ne collectionnait pas les femmes, il n'avait jamais fait l'amour sans être amoureux. Les sentiments primaient de loin le désir, aussi lorsqu'il s'était marié avait-il cru que c'était pour la vie. Il avait déchanté six mois plus tard, et attendu deux ans avant de se jeter dans une autre aventure tout aussi passionnelle. Il ne fonctionnait qu'à grands coups de cœur, et les déceptions étaient à la hauteur de ses engouements.

En revenant à Arles, il avait l'espoir d'y rencontrer enfin une femme de chez lui, une de ces brunes typées à l'accent chantant qui avaient fasciné son adolescence. Mais pas si vite, pas à ce point-là, pas celle-là !

Un peu fébrile, il alluma une autre cigarette, passant en revue les moyens dont il disposait pour la revoir. Pas question de lui écrire ni de lui envoyer des fleurs, c'était grotesque et prématuré. Mieux valait forcer le hasard afin de croiser à nouveau son chemin, quitte à mettre Pascal à contribution. Et se renseigner au plus vite sur cette Mme Valence, habituée de la salle des ventes.

Il fut interrompu par un bruit sourd, dans les profondeurs de l'hôtel particulier. Son père avait dû rentrer. Lorsqu'il était jeune, il se sentait toujours vaguement coupable. À présent, c'était fini. Il se leva, bien décidé à avoir une véritable conversation avec Vincent.

*

L'Espagnol donna un coup de poing sur le capot de la longue berline noire dont il venait de descendre, laissant une traînée sur la poussière qui recouvrait la voiture.

— *Suntuoso ! Lo quiero*[1] !

Il éclata d'un rire nerveux, détaillant Butaban de façon avide. Puis il leva les yeux vers Jordane et lui adressa un sourire éclatant. Il était manifestement heureux de ne pas s'être déplacé pour rien. Derrière lui, un autre homme ne quittait pas l'étalon andalou du regard. L'Espagnol tendit la main à Jordane et l'aida galamment à descendre.

— Ce cheval est magnifique..., dit-il d'un air gourmand. Je m'appelle Ramón Carras, je vous ai téléphoné le mois dernier...

— Bien sûr ! répondit très vite Jordane. Je me souviens de notre conversation, monsieur Carras. Vous êtes en France depuis longtemps ?

Elle n'avait pas vraiment espéré la visite de l'Espagnol avant l'été, mais elle avait tout fait pour le convaincre, par téléphone, de venir voir de près son élevage. Elle connaissait de réputation cet excellent cavalier qui signait des contrats dans de nombreuses arènes. Tandis qu'il flattait d'une main experte le poitrail de Butaban, Jordane murmura :

— Celui-ci n'est pas à vendre, monsieur Carras. Il est à moi...

Il fronça les sourcils, soudain inquiet, et elle se hâta de le rassurer.

— Butaban est un cadeau de mon grand-père et j'y suis attachée pour des raisons... sentimentales. Ses frères le valent largement, vous allez voir !

— Où sont-ils ? Dans l'écurie ?

Sa précipitation l'amusa. Il avait un accent très prononcé qui ajoutait au comique de ses phrases. Elle se redressa

---

1. *Superbe ! Je le veux !*

60

de toute sa taille et secoua ses boucles en passant devant lui pour lui montrer le chemin.

— Cette propriété est magnifique, dit-il dans son dos.

Lorsqu'elle eut ouvert la porte de l'écurie, elle lâcha Butaban qui gagna tranquillement son box. Il ne faisait pas trop chaud dans le bâtiment car les ouvertures étroites, orientées au nord, ne laissaient guère entrer le soleil. L'allée centrale se relevait de part et d'autre d'une rigole d'évacuation, et les murs étaient passés chaque année à la chaux. Deux rangées de six vastes boxes se faisaient face. François avait très bien conçu l'aménagement de l'écurie, vingt ans plus tôt, et Jordane essayait de la maintenir en bon état. Elle observa Ramón Carras qui allait d'une grille à l'autre, comme dans un zoo. Enfin il s'immobilisa devant elle, et parut soudain s'apercevoir que son interlocuteur était une séduisante jeune femme.

— Mademoiselle Valence... Je crois que j'ai bien fait de venir jusqu'ici !

Gardant ses distances, Jordane lui adressa un sourire poli.

— Par lequel commençons-nous ? demanda-t-elle.

— C'est une question d'âge. Pour moi, à quatre ans c'est parfait. Mais ça dépend du dressage qu'ils ont reçu, bien sûr. En ce qui concerne les robes, je n'ai aucune préférence.

Malgré l'accent, son français était impeccable. Jordane décrocha une bride et débloqua le verrou d'une grille. Après Butaban, il lui fallait présenter un bel animal, et surtout mettre en évidence le travail qu'elle menait avec tant de patience depuis si longtemps.

— Voici Milagro, dit-elle en ajustant l'enrênement sur la tête d'un superbe gris pommelé. Voulez-vous l'essayer vous-même ?

Ravi, l'Espagnol hocha la tête à plusieurs reprises.

— Ma selle est dans la voiture, dit-il simplement.

Ils sortirent en file indienne, l'étalon entre eux. L'autre homme qui les attendait toujours, près de la limousine, ouvrit le coffre. Ramón Carras sella le cheval en un tournemain, sous le regard attentif de Jordane. Avec Milagro, elle ne craignait pas grand-chose. C'était un animal très soumis, aux allures amples, et qui répondait à la moindre sollicitation.

— Ce sont des clients ? chuchota Nora derrière elle.

La jeune femme s'était approchée doucement. Elle arborait son sempiternel petit sourire. Jordane lui répondit, à mi-voix :

— En principe, oui. Le type à cheval vient de loin et il a les moyens. Croise les doigts pour qu'on fasse affaire !

— Tu voudras les garder à dîner ?

— Non… Ne mélangeons pas les genres…

Jordane répondait distraitement, absorbée par le spectacle qu'offrait Ramón Carras. Cavalier exceptionnel, il avait compris Milagro en quelques tours de piste. À présent, il était passé aux choses sérieuses. Il y avait bien longtemps que Jordane n'avait pas vu une si subtile démonstration. Elle se promit de ne plus manquer les corridas portugaises lorsqu'il s'en donnerait à Nîmes ou ailleurs. Mais elle n'avait jamais le temps et d'ailleurs le prix des places était prohibitif.

Hormis le bruit des sabots sur le sable et les quelques syllabes gutturales que l'Espagnol laissait échapper pour encourager l'andalou, il régnait un silence presque recueilli. Même Nora s'était tue. Milagro esquissa une feinte, un démarrage, s'immobilisa puis fit brusquement demi-tour. Superbe d'arrogance, Ramón regardait loin devant lui, arborant un sourire involontaire. Jordane se mit à penser aux palabres qui allaient suivre. À combien estimait-elle Milagro ? Et les autres ? Elle jeta un coup d'œil vers l'homme toujours immobile près de la voiture, qui regardait son patron caracoler. Elle passa les chevaux en revue, dans sa tête, et décida que ce serait ensuite au tour d'Aupiho.

— À la santé de Ramón Carras !

Elles levèrent ensemble leurs verres qui s'entrechoquèrent bruyamment au-dessus de la table. Il restait deux bouteilles de champagne sur les quatre achetées en hâte par Isabelle dans l'après-midi. Les Espagnols s'étaient attardés longtemps, l'un en selle et l'autre regardant. Jordane s'était contrainte à rester impassible, comme eux, se bornant à donner le nom et l'âge de chaque andalou. Carras en avait essayé cinq, en prenant son temps chaque fois. Puis, après avoir enfin rangé sa selle dans le coffre de la voiture noire, il avait commencé à discuter.

Jordane gardait, de ces trois heures de palabres, une grande satisfaction d'orgueil. D'abord, l'Espagnol s'était toujours adressé à elle comme à un homme, sur un pied d'égalité. Ensuite il avait donné son verdict sur les chevaux, sans flagornerie inutile et sans dépréciation volontaire. Il hésitait entre deux étalons qui l'avaient séduit sans réserve et il s'était renseigné longuement sur leurs origines, puis sur le dressage qu'ils avaient subi. Ce dernier, il l'avait apprécié en cavalier, en connaisseur. Les rares critiques qu'il s'était permises étant justes, Jordane s'était juré d'en tenir compte sans tarder. Elle avait tout à gagner des conseils d'un professionnel tel que Carras.

C'est Nora qui avait suggéré à Isabelle de trouver du champagne. Une boisson bien française à servir glacée sur la terrasse. Par tous les moyens, depuis longtemps, Nora tentait d'aider sa sœur. Elle était restée embusquée derrière la fenêtre de la cuisine pendant des heures, surveillant les visiteurs, essayant de déchiffrer le visage de Jordane. Confiante, elle avait la conviction qu'ils ne repartiraient pas sans avoir fait affaire. Lorsqu'elle avait enfin vu sa sœur se diriger vers la maison, suivie des deux hommes, elle s'était précipitée pour les accueillir. Ils avaient vidé ensemble deux bouteilles. Nora, poliment, avait parlé en espagnol, une langue qu'elle maîtrisait très bien, tandis que Jordane s'adressait à Carras en français. À force d'hésiter — et de boire —, le cavalier s'était décidé pour les deux andalous qui lui plaisaient, Milagro, le gris pommelé, et un bai. Il avait signé un chèque, émis sur une banque française, et promis d'envoyer un camion trois semaines plus tard, pour leur transport.

Après le départ de la longue voiture noire, Jordane avait laissé éclater sa joie. Le chèque, conséquent, la payait d'innombrables efforts, de centaines d'heures de travail, mais il allait surtout lui permettre de régler quelques factures urgentes, d'apaiser le banquier et surtout de tenir la promesse faite à Léon Carmaux. Ce soir-là, même Alice avait partagé la gaieté de la famille, trinquant elle aussi, à la santé de ce Ramón Carras dont elle n'avait jamais entendu parler auparavant.

Au moment de prendre congé, l'Espagnol n'avait pu se retenir d'interroger Jordane. Comment prospérait son élevage ? Où étaient les employés ? Pourquoi n'avait-elle pas de taureaux sur ses terres, afin d'accoutumer les chevaux à leur présence ?

— Il était dévoré de curiosité, en fait !

Jordane riait maintenant, soulagée d'avoir mené l'affaire à bien.

— À propos de quoi ? demanda Isabelle.

— De ce que nous faisons, comment et pourquoi. Il était en extase devant la maison, le paysage, l'écurie, tout ! Il trouvait ça très... qu'est-ce qu'il a dit, déjà ? Très différent, voilà.

— Il a raison, il a trouvé le mot juste. Ici, c'est effectivement différent..., constata Alice d'un ton aigre.

Ignorant sa remarque, Jordane poursuivit :

— Je lui ai dit que c'était une propriété de famille, une famille de femmes, et que d'ailleurs nous étions au bord de la ruine. Il ouvrait de ces yeux ! Et puis, à la fin, il n'a pas pu résister, il m'a demandé si c'était à vendre ! Comme pour Butaban !

Même si elle s'amusait beaucoup à cette idée, elle devait bien admettre que la proposition de l'Espagnol n'était pas dénuée de bon sens. Il lui avait déclaré, très sérieusement, qu'elle aurait tout intérêt à transformer le domaine en hôtel, que l'endroit était un véritable paradis, que les clients se damneraient pour passer un week-end là.

— Et que lui avez-vous répondu, ma petite Jordane ? interrogea Alice.

D'un mouvement brusque, Jordane tourna la tête pour dévisager sa belle-mère. La plupart du temps, elle ignorait les réflexions d'Alice ou les tournait en dérision. Mais, à cet instant précis, elle se sentit attaquée, blessée.

— Répondu ? À quoi ? Quand il a proposé d'acheter la bastide ? Mon cheval ? Vous êtes sérieuse ? Je lui ai vendu ce qu'il était venu chercher : des andalous.

— Pourquoi vous fâchez-vous ?

Sans aucune indulgence, les deux femmes se défiaient du regard.

— Je ne me fâche pas, dit lentement Jordane. Je suis contente d'avoir gagné de l'argent aujourd'hui. Je me donne beaucoup de mal, vous savez…

Alice approuva d'un signe de tête, mais ne put se retenir d'ajouter :

— Combien de temps tiendrez-vous encore ?

Le sujet était rarement abordé. Les comptes déficitaires du Biloba faisaient partie de la vie quotidienne. Alice effectuait un petit virement bancaire, chaque mois, ainsi qu'elles en étaient convenues. C'était une sorte de loyer ou d'indemnité, un apport indispensable mais tout à fait insuffisant. Fréquemment, et sans trop le faire remarquer, elle payait aussi les courses. Elle appelait ça « faire un ravitaillement ». Elle proposait à Isabelle de l'accompagner jusqu'au supermarché, et elle remplissait un chariot de provisions en tous genres. Isabelle ne faisait aucun commentaire quand Alice, à la caisse, sortait son chéquier. Sur la route du retour, dans la vieille Rover, les deux femmes ne parlaient jamais d'argent.

La sonnerie du téléphone dispensa Jordane de trouver une réponse à l'angoissante question crûment posée par sa belle-mère. Elle ignorait combien de temps elle pourrait tenir le Biloba à bout de bras, mais elle n'imaginait rien d'autre que cette difficile survie. La voix de Lionel lui fit plaisir. Elle allait pouvoir lui raconter la vente des chevaux.

À six heures, Jordane coupa sa radio d'un geste las. Elle avait très mal dormi, d'un sommeil traversé de cauchemars. Chaque fois qu'elle s'était réveillée, en sueur, elle avait songé à Ramón Carras. Pas à sa magnifique prestation équestre, pas à son charme d'hidalgo qui la laissait d'ailleurs indifférente, mais à son idée d'hôtel.

Un hôtel au Biloba… Une éventualité qui ne figurait pas encore au catalogue de toutes les absurdités que Jordane avait pu évoquer, parfois, pour redresser ses affaires. Un hôtel ? Elle referma les yeux, essaya d'imaginer une piscine, des massifs fleuris, des transats rayés et des serviteurs en veste blanche sous les ginkgos. Il y avait sans doute de quoi frémir, mais pas plus qu'à la vue de son dernier relevé bancaire. Et même le chèque de l'Espagnol ne pourrait pas masquer le gouffre bien longtemps.

L'avion de Lionel atterrissait à onze heures. Elle avait le temps de sortir deux ou trois chevaux, de prendre un petit déjeuner et une douche, de faire la route jusqu'à l'aéroport si la Rover acceptait de démarrer.

Un bruit discret de vaisselle heurtée la fit se redresser dans son lit. La porte s'ouvrit doucement et Nora entra, tenant avec précaution un plateau.

— Je voulais te faire une surprise ! protesta-t-elle déçue en découvrant sa sœur éveillée.

— C'en est une… Viens !

Jordane s'était adossée au mur, pour lui faire de la place. Elle jeta un coup d'œil sur la cafetière, les toasts, les ramequins de confiture.

— J'ai trouvé Alice détestable, hier soir, murmura Nora en versant du café dans les deux tasses.

— Comme d'habitude ! J'ai été mal inspirée le jour où je l'ai acceptée ici.

Jordane souriait, cependant, et Nora ajouta :

— Remarque, elle rend des services...

Elles rirent ensemble, complices, sachant qu'elles lui abandonnaient volontiers la responsabilité de la cuisine. Du vivant de leur grand-père, c'était Isabelle qui préparait les repas, et c'était rarement délicieux.

— Puisque son fils chéri vient passer le week-end, elle va se surpasser !

Après avoir beurré un toast, Nora y ajouta un peu de marmelade d'oranges amères et l'offrit à Jordane. Elle la regarda manger un moment puis tendit la main et caressa les boucles brunes de sa sœur.

— J'ai toujours adoré tes cheveux...

Embarrassée, Jordane lui adressa un regard tendre. Oui, Nora enviait les cheveux de sa sœur, comme ses longues jambes, ou sa vitalité.

— Il faut absolument que je téléphone à ce M. Wolf, au sujet des iris, j'ai oublié de le faire...

— Veux-tu que je m'en charge ?

Sans jamais se lasser des refus de Jordane, Nora proposait son aide.

— Tu sauras quoi lui dire ?

— Jordane !

— Oui, oui, bien sûr, tu n'as qu'à le faire, s'excusa Jordane. Le numéro est en bas, sur mon bureau.

Un bruit de moteur attira leur attention. Jordane repoussa les draps, et alla regarder par la fenêtre.

— Tiens, l'antiquaire qui vient chercher maman... Ils sont vraiment matinaux !

Le nez contre la vitre, elle souriait, ravie que sa mère ait trouvé un ami, même si la bastide s'emplissait peu à peu d'invraisemblables brocantes. Derrière elle, Nora l'observait. La silhouette nue de Jordane se découpait sur le ciel, à contre-jour. Elle poussa un bref soupir et détourna son regard.

— Un autre toast ?

— S'il te plaît...

67

Jordane revint vers le lit, s'assit et prit sa sœur par les épaules.

— Je sais ce que tu penses, dit-elle en la regardant bien en face. Il existe toujours une solution à tout, ma puce ! Pour tes cicatrices, puisque tu t'en fais un monde, il y a la chirurgie esthétique, non ? Et puis…

— Tu te moques de moi ? explosa Nora.

Elle s'était dégagée et toisait sa sœur.

— La chirurgie esthétique ? Il me faudra d'abord attendre d'en avoir fini avec le reste, tu ne crois pas ? Je ne suis pas au bout du tunnel et tu ne dois pas me raconter des histoires, je n'ai plus dix ans !

De force, Jordane l'attira vers elle et Nora eut beau résister, elle céda peu à peu, jusqu'à accepter l'étreinte.

— Je suis bien contente que nous n'ayons plus dix ans, chuchota-t-elle, parce que maintenant qu'on est grandes, on fait ce qu'on veut. Écoute-moi, Nora, je déteste qu'on se résigne. Malgré la mort de papa, de grand-père, je n'ai pas baissé les bras… Je te jure que, même s'il te faut encore une demi-douzaine d'opérations, tu en verras le bout ! Tu me fais confiance ?

— J'étouffe, articula Nora.

À regret, Jordane la laissa s'écarter.

— Tu ne peux pas tout résoudre à toi toute seule, lui dit Nora. Évidemment que j'ai confiance en toi ! Mais pas pour cette saloperie de maladie qui me grignote ! Dès que ça va un peu mieux, crac-crac, on retourne à la case départ. On ouvre, on rogne, on ajoute un petit bout de métal et on m'expédie en rééducation ! Ça fait mal, ça coûte cher, c'est laid et c'est décourageant ! Tu comprends ?

Une grosse larme roulait sur sa joue et Jordane eut aussitôt une boule dans la gorge. Non, Nora n'était pas assez naïve pour qu'on lui promette la lune.

— Ah, Nora, soupira Jordane, tu es un vrai bébé…

Elle ne savait que dire. Elle avait eu Lionel, après tout, et aussi l'admiration de son grand-père, et des tas d'hommes pour courir après elle, et Butaban sur lequel parader, et toute une famille qui l'approuvait les yeux fermés quoi qu'elle fasse ! Nora ne possédait rien ni personne, elle n'était qu'une jeune fille effacée, avec un joli visage et une voix douce, qui composait un peu de musique et faisait un peu de ménage. Pas de quoi pavoiser, à la trentaine, ni même être certaine de vouloir continuer.

Jordane posa sa main sur la jupe de Nora et, lentement, se mit à remonter le tissu, découvrant les mollets, les genoux puis les cuisses de sa sœur. Impitoyablement, elle dénuda les jambes jusqu'au slip et les observa en silence. Nora avait fermé les yeux, retenant son souffle. Plusieurs balafres violacées, un peu en relief, se chevauchaient par endroits. La peau était très blanche car le soleil était déconseillé pour les cicatrices.

— Je ne vois rien d'odieux ou d'insurmontable, dit Jordane posément. Que tu ne portes pas de minijupe, d'accord, mais tes frusques de gitane, tu peux les raccourcir de trente bons centimètres ! Tes genoux sont mignons, ils sont tout ronds !

Lâchant Nora, elle se leva d'un bond pour aller farfouiller derrière son paravent de laque.

— Tiens, essaye ça !

Elle brandissait un bermuda bleu clair, en toile denim. Nora secoua la tête mais Jordane insista, péremptoire.

— Mets-le !

À contrecœur, Nora se changea. Quand elle eut fini de boutonner le bermuda, elle jeta un rapide coup d'œil vers la glace. Elle semblait franchement misérable avec ses mollets maigres et blancs.

— Eh bien, tu vas aller bronzer un peu, dit Jordane sans lui laisser le temps de protester. Personne ne viendra te déranger. Même Sempion n'approche jamais de la maison !

— Je suis ridicule, bredouilla Nora.

— Non. C'est dans tes jupes de vieille bonne femme que tu es ridicule ! Quand je vous vois de dos, maman et toi, on jurerait qu'elle est ta fille.

— Charmant...

Devinant l'hésitation de sa sœur, elle insista :

— Viens me voir faire travailler les chevaux. Tu n'auras qu'à t'asseoir au soleil, il n'est pas méchant à cette heure-ci.

En hâte, elle enfila un jean et un tee-shirt, saisit le plateau du petit déjeuner puis ouvrit la porte de sa chambre à la volée. Toutefois elle s'obligea à descendre posément l'escalier.

— Tu sais ce qui te ferait du bien ? demanda-t-elle à Nora. Non ? Une piscine !

Nora se mit à rire et s'arrêta pour souffler sur le palier du premier étage.

— J'aurais plutôt pensé à un ascenseur... Une piscine ! Comme tu y vas ! Il te faudrait bien vendre dix douzaines de chevaux pour nous offrir ça.

— Pas forcément, dit Jordane d'une voix songeuse.

Elle s'était déjà élancée vers le rez-de-chaussée et Nora la suivit, oubliant le bermuda.

— Explique-toi, Jordane !

— Oui, oui... Viens...

Elles traversèrent la terrasse en deux enjambées et se dirigèrent vers les ginkgos.

— Voilà, ici... Regarde autour de toi, Nora. Qu'est-ce que tu vois ?

— La même chose que d'habitude.

— Très drôle. Fais un effort d'imagination, alors, et écoute-moi bien. Je vois une grande piscine bleu turquoise, une allée bordée de fleurs, des tables et des parasols sur la terrasse, une façade ravalée, des volets repeints en gris perle, un petit parking de gravier sur la gauche, plein de voitures rutilantes...

Nora dévisagea sa sœur, suffoquée.

— C'est quoi, ce délire ?

— C'est juste une idée, Nora. Figure-toi un hôtel de luxe au Biloba... De grand luxe !

— Tu veux vendre ? Tu es folle ?

Le visage brusquement fermé, elle n'avait pu s'empêcher de crier. Il y avait longtemps qu'elle redoutait cette phrase-là. Toutes les heures qu'elle passait, allongée sur une chaise longue, étaient hantées par les mêmes questions, la même angoisse. Isabelle était incapable de secourir ses filles et sa maison qu'elle fuyait depuis la mort d'Hugues. Jordane se débattait dans les ennuis de toutes sortes. Nora avait peur. La bastide était un univers sécurisant, familier, qui la protégeait de l'inconnu. Elle y trouvait des consolations, des repères, et aussi des réponses. Lorsqu'elle laissait errer son regard sur le paysage grandiose, elle ressentait toujours le même apaisement. Si elle entreprenait une promenade, à son rythme, le long de ces petits canaux d'irrigation appelés roubines, elle découvrait chaque fois de nouveaux oiseaux à observer. Chevalier arlequin, lusciniole à moustaches, rémiz penduline ou fauvette à lunettes, elle aimait répéter à voix basse ces noms que son père lui avait appris. Ou encore essayer de les reconnaître à l'oreille, distinguant la bouscarle au cri perçant du chant lancinant des cisticoles. Elle ne craignait ni les grenouilles ni les lézards, ni même les serpents. Elle connaissait les bons endroits où s'asseoir pour se reposer. Elle riait seule du culot des ragondins qui ne manquaient jamais de s'approcher si elle restait immobile au bord de l'eau, sous un tamaris. Elle avait alors le sentiment que tout ce qui l'entourait lui appartenait. Que quels que soient ses handicaps ou ses chagrins, le Biloba était un monde où personne ne l'ennuierait jamais. C'était là, sur ces sentiers mal dessinés, que la petite Nora avait couru avant d'être frappée par la maladie, couru comme n'importe quelle gamine de huit ans.

— Nous ne vendrons pas le Biloba ! Tu m'entends ?

Le pluriel, délibéré, indiquait à Jordane la détermination de sa sœur.

— Il n'en est pas question, Nora. Ne sois pas stupide et laisse-moi finir...

Elle reprit sa respiration. Elle avait eu du mal à formuler sa pensée à haute voix. Pour elle aussi le Biloba était sacré. Vouloir le modifier était déjà inconcevable, elle en avait conscience. Mais le perdre était beaucoup plus terrible.

— C'est justement pour éviter le pire. Si nous transformons la maison en hôtel, nous la gardons, Nora... Et nous profitons de tout.

— Tu as pensé à la réaction de maman ?

— Elle s'en moque.

— Oh non ! Tu la connais bien mal. Elle est née ici, elle est attachée à...

— Mais moi aussi, bon Dieu ! explosa Jordane. Plus que tout le monde ! Essaie de comprendre au lieu de te boucher les yeux et les oreilles. Nous ne partirons jamais d'ici, on est d'accord. Seulement il faut trouver un moyen pour rester. Tu saisis ? Tu trouverais plus intelligent d'attendre que les huissiers se l'approprient pour une bouchée de pain ? Dis ? Tu sais qu'on descend un peu plus bas chaque année ? Tu préfères qu'on le mette aux enchères morceau après morceau ?

Pour appuyer sa tirade, elle donna une claque sur le tronc du ginkgo.

— Lui, le biloba majestueux, il y a cent cinquante ans qu'il est là et qu'il grandit en regardant les Valence rapetisser, se rabougrir. Tout va y passer, Nora...

Sa voix s'était cassée sur la dernière phrase. Elle affronta le regard de sa sœur qui étincelait de colère.

— Je t'en empêcherai, dit lentement Nora. Par n'importe quel moyen, je te préviens.

Elle tourna le dos et se mit en marche vers la terrasse, très droite. Elle essayait de ne pas boiter, pitoyable et déterminée, toujours affublée du bermuda de Jordane.

Bien entendu, Lionel trouva l'idée de sa femme extraordinaire. À peine fut-il assis dans la Rover qu'elle lui exposa son projet sans reprendre son souffle. Elle n'avait pas besoin de son assentiment, ni même de son avis, mais elle voulait pouvoir parler sans être interrompue, pour mieux se convaincre elle-même.

Heureux de revoir Jordane, à laquelle il avait beaucoup trop rêvé ces temps-ci, Lionel lui jetait de fréquents coups d'œil gourmands. Il la trouvait de plus en plus belle. À l'approche de la trentaine, elle semblait s'épanouir encore. Il avait envie de toucher les boucles brunes, brillantes et soyeuses, de passer ses doigts sur la peau miel, de la faire rire pour voir ses petites dents très blanches, un peu écartées en signe de chance. Chaque fois qu'elle tournait la tête vers lui, il percevait un effluve d'eau de toilette, mélange de jasmin et de tubéreuse.

— Personne ne marchera, tu connais la famille, dit Jordane en souriant.

Il admirait l'aisance avec laquelle elle prenait les difficultés de la vie. Elle était faite pour le bonheur, pour la joie, ce qui le fit se sentir vaguement coupable. Il ne lui avait pas donné ce qu'elle attendait.

— Eh bien moi, je t'approuve, déclara-t-il.

Dans un éclat de rire, elle tourna la tête vers lui.

— C'est très gentil à toi !

Dépité, il se souvint qu'il n'était plus tout à fait son mari, que leurs existences n'étaient plus liées.

— Je fais tout pour t'aider, tu le sais très bien, reprocha-t-il.

Il vit les mains de Jordane se crisper sur le volant. Il pensa avec amertume qu'elle était trop orgueilleuse pour accepter quelque chose sans rien donner en échange. Froidement, il décida d'en profiter.

— Ton projet me paraît d'autant plus judicieux que j'ai déjeuné cette semaine avec quelqu'un que je vais pouvoir te présenter, ma chérie...

À dessein, il avait employé ce mot qu'elle rejetait, en général.

— Un type que je connais depuis longtemps, qui s'appelle Sydney Barthe et qui est une sorte de promoteur pour l'hôtellerie...

Ils avaient presque atteint le Biloba et Jordane s'arrêta sur le bas-côté de la route. Brusquement intéressée, elle

73

préférait poursuivre la discussion sans sa mère, sa sœur, et sans Alice.

— Tu veux rire ?

— Pas du tout. On peut dire que tu es née sous une bonne étoile, toi !

Elle avait coupé le moteur et le bruit des cigales se fit plus présent.

— Je ne plaisante pas, poursuivit-il. Coïncidence ou pas, ça tombe à pic. Si tu veux l'avis d'un professionnel…

Incapable de résister, il avait posé sa main sur le bras de Jordane.

— J'ai envie de toi, avoua-t-il soudain d'un air malheureux.

— Lionel… Est-ce qu'il faut vraiment que tu monnayes tout ?

— Mais non ! s'énerva-t-il. Je fais comme toi, ma grande, je profite d'un instant d'intimité pour parler de choses personnelles. Je te présenterai Sydney de toute façon mais j'ai *aussi* envie de toi. Tu ferais craquer n'importe qui. Je ne comprends même pas que tu puisses faire cent mètres dans les rues sans être harcelée…

Évitant de la toucher, il se pencha et lui déposa un baiser léger sur les lèvres. Il attendit deux secondes sa réaction puis recommença de façon plus appuyée jusqu'à ce qu'elle le repousse. Furieuse, elle haussa les épaules. Elle avait envie de faire l'amour, à présent, avec Lionel ou avec un autre.

— Tu es impossible, déclara-t-elle en remettant rageusement le contact.

La Rover refusa de démarrer et Jordane s'énerva sur la clef.

— Tu vas la noyer, prévint Lionel.

— Très bien ! Alors on finit à pied !

Elle avait déjà quitté la voiture et s'éloignait à grandes enjambées. Lionel l'observa un moment, à travers le pare-brise. Elle était belle à damner un saint dans son petit short et ses tennis de toile blanche. Il voyait les muscles longilignes de ses jambes qui se dessinaient tour à tour sous l'effort de la marche. Il ouvrit la portière.

— Attends-moi ! Sois au moins polie !

Elle agita la main, moqueuse, mais ne ralentit pas.

Après avoir jeté un coup d'œil à la vitrine, en connaisseur, Robin poussa la porte du magasin. Gilbert était assis à son bureau, les faïences formant derrière lui un décor très réussi.

— Gilbert Desombre ? Permettez-moi de me présenter, je suis Robin, le fils de Vincent Peyrolles...

Ils échangèrent une vigoureuse poignée de main en même temps qu'un regard de curiosité mutuelle. Par son père, Robin avait obtenu quelques renseignements. Il avait ainsi appris qu'Isabelle Valence était une originale sans grands moyens et qu'on la voyait souvent, à la salle des ventes, en compagnie de l'antiquaire du boulevard des Lices.

— Vous avez des choses superbes...

Il se dirigea vers un étonnant buffet à glissière qui avait attiré son attention.

— Il en reste encore ?

— De moins en moins, répondit Gilbert en souriant. Ou pas dans cet état-là !

— Fin XVIIIᵉ ?

— Milieu. La date est gravée derrière.

Robin fit coulisser les portes du tabernacle qui permettaient de ne jamais dégager la tablette du meuble, ce qui en faisait à la fois le charme et la commodité.

— Remarquable, apprécia-t-il.

Le prix entr'aperçu sur une petite étiquette, à l'intérieur, lui sembla tout de même excessif.

— On ne trouve rien de tel dans le Nord. J'y ai travaillé quelques années...

— Et vous voilà de retour ? Bienvenue chez vous ! Vous allez reprendre la charge de la salle ?

— Si mon père veut bien céder sa place ! répondit Robin en riant.

Gilbert avait souvent eu affaire à Vincent Peyrolles. Leurs rapports professionnels étaient courtois, sans plus.

— Je suis persuadé que nos métiers sont complémentaires, monsieur Desombre. J'ai toujours essayé de travailler la main dans la main avec les antiquaires, et même avec les brocanteurs. Certaines choses ne peuvent pas passer en salle des ventes. À l'inverse, il est parfois dommage de ne pas mettre aux enchères les pièces rares...

— Ce qui revient à fausser les prix du marché, dit Gilbert sans agressivité.

— Je pense que c'est la loi de l'offre et de la demande qui décide des prix. Oh, ça, c'est superbe... Vraiment magnifique...

En arrêt devant une soupière de la manufacture Veuve Perrin, il paraissait avoir oublié la présence de l'antiquaire. Il souleva l'objet avec d'infinies précautions, l'examina puis le remit en place.

— Votre clientèle doit être triée sur le volet, murmura-t-il.

— Beaucoup de collectionneurs, précisa Gilbert. Je connais tout le monde, depuis le temps ! Je suis un vieil Arlésien...

Robin abandonna son inspection pour faire face à Gilbert.

— Je sais. Je me souvenais très bien de ce magasin. J'aimerais que nous puissions travailler ensemble, à l'avenir, mais pour ça il faut d'abord faire connaissance, n'est-ce pas ?

La phrase était un peu ambiguë mais Gilbert, rompu aux sous-entendus, resta réservé.

— Avec le plus grand plaisir, dit-il poliment.

Robin se demandait comment vaincre la résistance de son interlocuteur lorsque la porte du magasin s'ouvrit. Dans un tintement de bracelets et une odeur de lavande, Isabelle entra. Robin devina immédiatement qui elle était malgré le peu de ressemblance entre la mère et la fille ; tout de même quelque chose dans l'allure et dans le sourire l'avertit. Isabelle était encore une très belle femme, grande et mince, aux yeux bruns d'une exceptionnelle douceur. Gilbert fit les présentations et Robin se jeta sur l'occasion offerte.

— J'ai dîné avec votre fille mardi, chez Cécile Marchand. Je suis ravi de faire votre connaissance, madame Valence !

Son empressement surprit un peu Isabelle mais il se dépêcha d'ajouter :

— Évidemment, depuis, je suis sous le charme de Jordane, comme tout Arles j'imagine...

Isabelle éclata de rire et Robin en reconnut le timbre. Il se troubla, esquissa un drôle de sourire puis détourna son regard. Navrée de l'avoir mis mal à l'aise, elle adressa une mimique interrogative à Gilbert. Celui-ci se contenta de hausser les sourcils, indécis, puis il proposa :

— Et si nous buvions une petite coupe de champagne pour fêter votre retour, monsieur Peyrolles ?

— S'il vous plaît, appelez-moi Robin...

Comme Gilbert n'avait pas du tout envie qu'un étranger mette les pieds dans son arrière-boutique, il s'empressa d'aller chercher des verres. Isabelle en profita pour engager la conversation. Elle trouvait Robin sympathique, timide mais charmant. Les hommes qui fondaient devant sa fille lui semblaient toujours émouvants. Elle supposa que le cadet des fils Peyrolles aurait fort à faire s'il voulait séduire Jordane dont l'écrasante personnalité décourageait bon nombre de soupirants.

Ils trinquèrent en parlant de choses et d'autres, en gens bien élevés, mais sans cesser de s'observer. Robin confia qu'après dix ans d'absence il allait devoir renouer des relations. Ses intentions étaient si claires qu'Isabelle ne put s'empêcher de rire, à deux ou trois reprises. Enfin elle combla ses espérances en l'invitant, d'un ton léger, à passer les voir au Biloba. Il profita aussitôt de l'offre, sans aucun scrupule, promettant de venir dès le lendemain.

Lorsqu'il eut quitté le magasin, Isabelle se mit à plaisanter, imitant le pauvre garçon et l'air innocent qu'il avait voulu se donner pour obtenir un droit de visite. Heureux de la voir s'amuser autant, Gilbert ne la quittait pas des yeux. Avec son rire communicatif et son sens de la dérision, elle était vraiment faite pour la gaieté, comme sa fille cadette.

— Où veux-tu déjeuner ? demanda-t-il d'une voix posée.

— À l'ombre, en tout cas ! Il fait très chaud dehors...

Elle jeta un coup d'œil vers un grand miroir ancien, arrangea une mèche rebelle et passa sa langue sur ses lèvres.

— Sois sans inquiétude, la rassura Gilbert, tu es très, très belle...

Il s'approcha, lui posa la main sur l'épaule et observa leurs deux reflets dans la glace. Il ne pouvait s'empêcher de penser qu'il n'avait rien d'un séducteur avec son début d'embonpoint, qu'elle était beaucoup trop bien pour lui et qu'il n'avait pas les moyens de la rendre heureuse. Malgré lui, il soupira et aussitôt, d'un geste spontané, elle appuya sa tête sur son épaule.

Cécile boudait, assise dans l'immense salle de la manade Peyrolles. Elle regardait sans les voir les têtes de taureaux naturalisées et les divers instruments – fers, crochets et piques – qui ornaient les murs. Elle n'appréciait pas du tout cette décoration typiquement camarguaise. À plusieurs reprises, elle avait suggéré à Pascal des idées pour aménager son mas, mais il s'était contenté de ricaner.

Elle se leva, fit quelques pas vers la grande table de noyer où les reliefs du repas de la veille se desséchaient. La cire des bougies avait coulé sur les hauts chandeliers, le reste du sorbet avait fondu dans son plat, et une mouche tournoyait au-dessus d'une tache de vin. Elle se demanda si elle avait le temps de tout ranger avant le retour de Pascal. Il n'aimait pas tellement qu'elle se comporte en maîtresse de maison, comme s'il redoutait qu'elle puisse se croire des droits sur lui.

Tandis qu'elle prenait sa douche, une heure plus tôt, elle lui avait rappelé qu'il devait la raccompagner à Arles. Il lui avait alors demandé un peu de patience, expliquant qu'il devait d'abord organiser la journée de ses gardians. Ensuite il l'avait plantée là, sans même lui offrir du café, sans dissimuler sa contrariété. Elle avait pourtant proposé, la veille au soir, de prendre sa propre voiture pour monter jusqu'à la manade mais il n'en avait pas tenu compte.

Résignée, elle se mit à empiler les assiettes sales qu'elle porta jusqu'à la cuisine. Là aussi, le désordre régnait. Pascal avait tenu à préparer lui-même le dîner, assez bon d'ailleurs, et il avait refusé son aide. Elle fit couler de l'eau sur la poêle et la casserole, au fond de l'évier. Comme la salle, la cuisine était trop grande à son goût, austère avec ses vieux meubles patinés et ses petites fenêtres sans rideaux. Elle songea que cette maison n'avait guère connu de femmes et elle se radoucit aussitôt. Après tout, Pascal n'avait pas eu de mère, personne ne veillait sur lui et il se débrouillait comme il pouvait.

Une demi-heure plus tard, tout était rangé et elle retourna s'asseoir dans la salle, satisfaite. La plupart du temps, elle se refusait à penser à l'avenir mais, comme elle était désœuvrée, elle laissa son imagination vagabonder et se mit à rêver d'une vie commune. Si seulement Pascal acceptait de se laisser apprivoiser, elle pourrait peut-être vaincre ses réticences. Elle essaya de se persuader que la distance qu'il maintenait entre eux n'était qu'un moyen de défense, pas un manque d'amour. Elle se pencha, fouilla dans son sac et prit une cigarette. Elle serait en retard à ses rendez-vous. Avec un soupir, elle se laissa aller dans le profond canapé. C'est là qu'il l'avait embrassée puis déshabillée, la veille, avec ses manières brusques et son air boudeur. Elle se redressa d'un bond, comme pour chasser ce souvenir. Il la rendait folle, elle n'avait jamais autant désiré un homme.

Péniblement, elle avala sa salive. Elle avait une boule dans la gorge, mais pas seulement parce qu'elle était troublée. Elle aimait Pascal avec une passion rare, intense, qui n'était pas réciproque, il lui fallait bien l'admettre. Elle renifla et essuya ses yeux d'un revers de main rageur. Elle n'allait tout de même pas se mettre à pleurer comme une idiote car, s'il la surprenait dans cet état, il serait plus exaspéré qu'attendri, elle n'en doutait pas.

Se relevant, elle se mit à marcher de long en large. Qu'est-ce qu'il faisait, à la fin, est-ce qu'il l'avait oubliée ? Elle sursauta en entendant la porte. Ce n'était pas Pascal mais l'un de ses gardians. Il enleva son chapeau pour la saluer.

— Je vais vous redescendre jusqu'à Arles, mademoiselle Cécile, le patron est occupé.

Vexée, furieuse, elle ramassa son sac sans un mot et suivit l'homme au-dehors. Il était presque onze heures.

Comme prévu, Alice s'était surpassée. Elle avait consacré sa matinée à préparer une fricassée d'anguilles et une daube aux aromates. Ignorant l'absence d'Isabelle, qu'elle trouvait scandaleuse, elle avait mis un joli couvert dans la salle à manger. C'était toujours le même cérémonial lorsque Lionel arrivait. Délibérément, elle gâtait son fils, le faisait passer avant tout, mais au-delà de cette attitude elle souhaitait en secret qu'il se plaise au Biloba. Elle aurait donné n'importe quoi pour qu'il y reste, qu'il reprenne sa femme en main et qu'il lui donne enfin les petits-enfants dont elle rêvait. Elle était persuadée que Jordane, une fois mère, renoncerait à sa farouche indépendance, à son autoritarisme insupportable, et aussi à ses manières de garçon manqué. Alice avait du mal à croire sa belle-fille lorsque celle-ci prétendait que c'était Lionel qui n'avait pas voulu d'enfants.

La vieille dame se plaisait au Biloba depuis le premier jour. La douceur du climat la séduisait, la lumière, les odeurs merveilleuses, tout comme sa grande chambre, la terrasse ombragée et les superbes proportions de la bastide. Aimant les grandes maisons et les traditions, elle s'y était d'emblée sentie à sa place. Pourtant la situation n'était pas claire. Qu'adviendrait-il si Jordane et Lionel divorçaient ? Elle y songeait souvent, avant de s'endormir, et priait chaque soir pour que son fils soit enfin raisonnable. Son orgueil de mère ne lui permettait pas d'admettre que c'était Jordane qui ne voulait plus de Lionel.

Après le repas, Nora avait débarrassé en silence tandis que Jordane disparaissait vers l'écurie. Alice avait pu savourer un moment de tête-à-tête avec son fils. Elle lui avait servi du café très fort, comme il l'aimait, et s'était alarmée de sa mauvaise mine. Amusé, Lionel avait protesté pour la forme mais avait dû reconnaître qu'en cette fin d'avril le Midi était un paradis alors qu'il ne faisait que pleuvoir sur Paris.

À présent, Lionel ne prêtait plus qu'une oreille distraite à sa mère. Il surveillait du coin de l'œil les allées et venues de Jordane. Même s'il était trop tôt pour qu'elle monte ses chevaux, elle avait toujours mille choses à faire. Il la vit pousser une brouette sur laquelle s'entassaient des sacs de copeaux. Elle avait abandonné la paille, trop onéreuse, depuis un moment. Il se demanda comment elle faisait pour déployer une telle énergie si tôt après le repas et en plein soleil.

— Ta femme se donne beaucoup de mal, constata Alice, conciliante. Mais tout ça ne rapporte pas grand-chose...

— Ben si ! Il y a eu cet Espagnol, ce... Carras ? Il a laissé un beau chèque, je crois ?

— Oui, bien sûr, mais enfin ce n'est pas tous les jours ! Une goutte d'eau dans la mer ! Tu sais, Lionel, cette maison aurait besoin d'un homme, d'un gestionnaire...

Exaspéré par la maladresse de sa mère, il haussa les épaules.

— Je ne suis pas berger, pas cavalier, et pas horticulteur !

Il n'ajouta pas qu'il n'était sans doute pas souhaité non plus, ce qui était le pire. À cinquante mètres de la terrasse, près des écuries, Jordane s'aspergeait avec le tuyau pour se rafraîchir. Il eut soudain envie de la rejoindre et de la prendre dans ses bras pour sentir son odeur.

— Tu devrais y faire plus attention, à ta femme...

Mâchoires crispées, Lionel répondit brutalement :

— Ce n'est plus vraiment ma femme et tu le sais très bien !

Sans se départir de son calme, Alice lui tapota la main.

— Tous les couples connaissent des crises, c'est bien normal. Vous ne pouvez pas vous réconcilier par correspondance ! Il faudrait que tu passes quelques jours avec nous, au lieu d'être toujours entre deux avions.

— J'ai du travail ! protesta Lionel. Je gagne ma vie, moi !

Il n'ajouta pas qu'il avait besoin d'argent parce qu'il considérait que c'était l'un de ses moyens de pression sur Jordane. C'était un raisonnement mesquin et qui ne s'était pas encore vérifié. Mais il ne doutait pas qu'un jour ou l'autre Jordane serait obligée de faire appel à lui.

— Elle voit des gens ? demanda-t-il soudain. Il vient du monde, ici ?

Ayant senti une réelle inquiétude dans la voix de son fils, et peut-être aussi une pointe de souffrance, Alice s'empressa de le rassurer.

— Non. Elle sort parfois avec son amie Cécile mais, le plus souvent, nous dînons toutes les quatre... Elle se lève tôt et elle se dépense beaucoup, tu sais ! Le soir, elle a sommeil.

Lionel poussa un bref soupir de soulagement. Il était grand temps qu'il fasse quelque chose. Leur situation était anormale, ridicule. Il se leva, hésita une seconde puis quitta la terrasse sans un mot. Il se dirigea vers la Rover, garée sous un ginkgo. Les clefs étaient toujours sur le tableau de bord.

— Tu veux vraiment me pousser dehors ? s'enquit Vincent d'une voix glaciale.

Les questions de Robin l'avaient mis à bout. Il ne ressentait aucune tendresse pour son fils cadet et le regardait comme un étranger, sans la moindre indulgence. Depuis qu'il lui avait téléphoné, un soir de faiblesse, il le regrettait. Il avait eu un moment de doute et de cafard parce que sa maîtresse du moment l'avait plaqué, parce que Pascal n'était jamais disponible pour lui, parce qu'il s'était senti trop seul.

— Tu m'as fait revenir pour ça, rappela Robin à mi-voix. Tu voulais tout arrêter, prendre ta retraite...

— Mais oui, nous sommes d'accord ! Seulement j'ai besoin de temps, il faut que je t'explique des choses, que tu fasses tes preuves...

C'était toujours le même langage. Il avait d'ailleurs utilisé les mêmes arguments, des années plus tôt, pour se débarrasser de lui.

— Je crois avoir réussi tout ce que j'ai entrepris jusqu'ici, professionnellement, dit posément Robin.

Vincent le regarda avec attention. L'homme jeune, séduisant et bien élevé qui lui faisait face lui déplaisait. C'était son fils et il l'avait réussi mais il n'éprouvait rien d'autre que de l'indifférence. Peut-être même une vague antipathie car il ressemblait trait pour trait à sa mère. Une femme qui avait fait ses valises, un beau jour, et qui était partie sans laisser d'adresse !

— Je ne peux pas rester un an ou deux à te regarder travailler en me croisant les bras, papa... J'ai démissionné et je suis venu parce que je pensais que tu avais besoin de moi.

— Oh, arrête, arrête ! protesta Vincent en levant les yeux au ciel. Ce côté bien-pensant, bien gentil, c'est insupportable !

Étonné, Robin leva la tête et fixa son père. Il y eut un petit silence pénible. Chacun mesurait l'amertume de l'autre pour ce marché de dupes qu'ils avaient passé.

— J'ai trente ans, et j'ai une bonne situation..., déclara Robin. Si je suis de trop, ne tarde pas à me le dire. Tout le monde a le droit de changer d'avis.

Il traversa le grand salon d'une démarche mesurée et sortit sans claquer la porte. Il avait toujours voulu croire que son père dissimulait son affection sous une apparence volontairement bourrue, mais il en doutait à présent. Tout ce qu'il s'était forcé à imaginer n'était que mensonge. Ainsi qu'il l'avait souvent redouté, enfant, Vincent n'aimait que lui-même et Pascal. Jamais son frère, lui, n'avait eu à faire ses preuves. Pascal avait reçu la manade à vingt ans, ce n'était pas n'importe quel cadeau. Quatre cents hectares de Camargue, six cents têtes de bétail, un mas en parfait état : bon anniversaire, Pascal ! Pour ne pas jalouser son frère, pour ne pas le haïr, Robin avait dû déployer des efforts considérables. Il s'était raccroché à une évidence, Pascal n'avait rien fait pour être le préféré. Au contraire, il avait toujours négligé leur père, ne s'était jamais privé de lui dire ses quatre vérités. Mais Vincent prenait tout ce qui venait de Pascal avec le sourire. Spectateur bienveillant, parfois complice, il lui avait laissé faire les erreurs ou les bêtises qu'il sanctionnait aussitôt chez Robin. Ils avaient vécu dans cette étrange relation, Vincent voulant l'amour de Pascal et Robin celui de Vincent. Finalement, personne n'avait rien eu.

La chaleur de la rue surprit Robin. À l'intérieur de l'hôtel particulier familial, il faisait frais. Dès le printemps, le vieux maître d'hôtel veillait à tirer les persiennes et à fermer les fenêtres. Songeur, Robin observa la façade. Son adolescence à Arles n'avait pas été heureuse. Pourquoi donc être revenu avec tant d'espoirs ? Jetant un coup d'œil à sa montre, il constata qu'il était presque six heures, le moment idéal pour monter au Biloba. Cette idée lui fit oublier son père sur-le-champ.

Il s'arrêta chez un fleuriste, perdit dix minutes à choisir des roses et des liliums puis prit la route, une carte routière déployée sur le siège passager. Au fur et à mesure qu'il approchait du Biloba, il sentait monter une excitation incontrôlable. Il essaya de se raisonner, pensa que peut-être Jordane ne serait pas là, mais rien n'y fit. Lorsqu'il atteignit la bastide, il était dans l'état d'esprit d'un collégien amoureux.

Sa première vision fut encore plus merveilleuse que prévu. Jordane était en selle sur Butaban et, même si on n'était pas amoureux, c'était un beau spectacle. Derrière l'andalou et sa cavalière, la bastide se détachait sur un ciel bleu cobalt barré par les cimes des deux ginkgos. Robin en resta interdit. Il s'extirpa de sa voiture en froissant son bouquet et faillit trébucher sur une souche. Jordane lui fit un grand signe joyeux, dirigeant Butaban droit sur lui au petit galop rassemblé.

— Je ne sais pas quoi vous dire, vous êtes... magnifique.

Il lui tendait les fleurs et elle éclata de rire.

— Gardez-les encore une minute ou je vais avoir l'air d'un caballero faisant son tour d'honneur !

Amusée, elle descendit de cheval, s'approcha de Robin et lui déposa un baiser léger sur la joue.

— Je reviens, le temps de le rentrer...

Comme elle s'éloignait déjà, il resta hésitant, désemparé. Heureusement qu'on l'appelait. Isabelle lui faisait signe de la terrasse. D'autorité, elle s'empara des fleurs, le présenta à Lionel et Nora puis disparut à la recherche d'un vase. Lionel dévisagea Robin avec insistance, se demandant comment Alice avait pu prétendre qu'il ne venait jamais personne.

Dès que Jordane les eut rejoints, Robin se sentit revivre. Pascal lui avait vaguement parlé de Lionel, ce drôle de mari qui vivait à huit cents kilomètres et dont Jordane était plus ou moins séparée. Pour un éternel absent, Robin trouva qu'il avait le regard jaloux et possessif. En revanche, Jordane semblait indifférente, ce qui était très encourageant. Nora faisait les frais de la conversation, relayée par Isabelle, tandis que Jordane fumait. Robin la détaillait sans se lasser.

Ils passèrent plus d'une heure à bavarder et à boire du vin rosé glacé. Fatiguée, Jordane s'était avachie dans son fauteuil de fer forgé, balançant une jambe sur l'un des accoudoirs. De temps à autre, elle rejetait en arrière la masse indisciplinée et soyeuse de ses boucles brunes. Robin se demanda quand il pourrait enfin les toucher. Il essayait de croiser son regard doré le plus souvent possible, d'attirer son attention et de l'amuser.

Lorsqu'il sentit qu'il ne pouvait plus retarder le moment de partir, il chercha désespérément le moyen d'organiser une autre rencontre. Il se souvint que son frère l'avait convié à une grande soirée, le surlendemain, et il n'hésita pas une seconde, en dépit de la présence de Lionel, à inviter Jordane. Elle le considéra en souriant, trouvant qu'il ne manquait pas de culot de la traiter en célibataire devant son mari.

— Les soirées de Pascal ? Ah, vous devez avoir oublié ce que c'est depuis le temps que vous avez quitté Arles ! Votre frère a le sens de la fête...

Elle désignait la bouteille, dans le seau à glace.

— C'est toujours plus ou moins le repas des quatre-vingts chasseurs, d'après ce que Cécile me raconte. Mais j'accepte volontiers, je veux voir ça de près !

Avec un bruit sec, Lionel reposa son verre. Il se leva et quitta la terrasse sans que Jordane lui accorde un coup d'œil. Gêné, Robin toussota avant de se lever à son tour. Jordane le raccompagna jusqu'à sa voiture.

— Je suis désolé si j'ai été maladroit, dit-il d'un air ravi. J'avais cru comprendre que... que...

Il ne savait comment achever et elle haussa les épaules.

— Cécile a dû vous renseigner ? Ou Pascal ?

Jouant avec ses clefs de voiture, il se contenta de hocher la tête. Des renseignements, il en avait cherché partout, il avait interrogé tout le monde.

— C'est loin, après-demain, dit-il très sérieusement. Je passe vous prendre ?

— Vous êtes trop conventionnel, *monsieur* Peyrolles... Je vous rejoindrai directement à la manade, je sais où c'est. Vers quelle heure ?

Au lieu de lui répondre, il la regardait avec intensité. Elle fut presque gênée, soudain, qu'il ne cherche pas à dissimuler un peu son attirance. Elle lui tendit la main et il la prit, d'un geste machinal.

— Neuf heures, dit-il très vite comme s'il avait peur qu'elle ne change d'avis.

Lionel arpentait la terrasse, désignant le siège que Robin avait occupé plus tôt dans la soirée.

— Et ces yeux de merlan frit ! Mais qu'est-ce que c'est que ce type ? D'où sort-il ?

— Du Nord, maman nous l'a dit, répondit Jordane en bâillant.

Même s'il savait qu'il n'avait pas vraiment le droit de se mettre en colère, Lionel parvenait mal à se contrôler.

— Bien sûr, tu as de quoi subjuguer les mecs, ma belle Arlésienne, de là à les encourager...

— Pourquoi pas ?

— Parce que je t'aime.

La phrase avait résonné dans la nuit. Jordane ferma les yeux, sachant à quel point Lionel pouvait être têtu. Il s'était arrêté derrière elle et avait posé les mains sur ses épaules.

— C'est une déclaration idiote mais c'est la vérité. Tu es la femme que j'aime, malgré la distance, malgré nos querelles...

— Malgré tes liaisons ?

— Malgré tout, Jordane. Par-dessus tout.

Il fit glisser ses doigts dans l'échancrure du chemisier. L'air était doux, il y avait d'innombrables étoiles et un calme absolu régnait sur la terrasse. Seul un photophore, à l'autre bout de la table, offrait la flamme de sa bougie aux insectes nocturnes qui venaient mourir avec un petit grésillement. Lionel effleura la peau satinée de Jordane, dans une caresse légère. Elle s'était d'abord raidie mais il la sentit se détendre peu à peu.

— Nous n'avons pas fait attention à nous…, chuchota-t-il. Quand tu m'as laissé, j'ai cru que tu ne m'aimais plus. J'ai voulu t'oublier, te remplacer, mais je n'y arrive pas… C'est toujours à toi que je pense, quand je fais l'amour…

Il avait ouvert le chemisier, à présent, et Jordane frissonna. Lionel la connaissait bien, il savait comment la faire vibrer. Il lui avait tout appris, elle ne l'oubliait pas. Il mit ses mains de part et d'autre du visage de sa femme, l'obligeant à pencher la tête en arrière, et l'embrassa longuement, toujours debout au-dessus d'elle.

— Tu es encore plus belle que le jour où je t'ai rencontrée, dit-il en se reculant un peu.

Il lui massait les tempes, la nuque, d'une main experte, en prenant son temps.

— C'est toi qui avais raison, tu ne peux pas vivre ailleurs qu'ici, tu es une fille du Midi, j'aurais dû comprendre…

Il parlait pour ne pas rompre le charme, pour que dure le silence consentant de Jordane. Il se demandait s'il devait continuer là, sur la terrasse tiède, si sa femme le laisserait faire jusqu'au bout. Mais une lumière s'alluma, à l'étage, et il trouva soudain désagréable de rester sous les fenêtres d'Alice et d'Isabelle.

— Viens…

D'autorité, il l'entraîna vers la maison, la tenant fermement par la taille, l'empêchant de refermer son chemisier. Ils montèrent au second, serrés l'un contre l'autre. Il ouvrit la porte de la chambre, souleva Jordane dans ses bras et la porta jusqu'au lit bateau. Il resta un moment à la regarder avant d'avouer, à voix basse :

— Il y a si longtemps, mon amour, et j'ai tellement envie de toi…

Alors qu'il commençait de se déshabiller, Jordane tendit la main vers sa lampe de chevet. Une clarté diffuse éclaira la grande pièce lambrissée.

— Lionel, il ne faut pas se mentir, commença-t-elle.

— Je t'aime, rien n'est plus vrai !

Sa sincérité ne faisait aucun doute mais elle poursuivit, impitoyable :

— Lionel, on ne peut pas souffler sur des cendres.

Il était nu et il hésitait, déconcerté.

— Tu me plais, j'ai beaucoup de tendresse pour toi, mais ce n'est plus comme avant. Je veux dire que…

— Tais-toi. À cette heure-ci, les mots sont inutiles. Plus comme avant ? Tu en es sûre ?

L'instant était critique et Lionel n'aurait reculé pour rien au monde : il était trop près du but. Ignorant sa remarque, il vint s'asseoir près d'elle, lui enleva son short et se remit à la caresser très doucement. Lorsqu'elle ferma les yeux puis laissa échapper un soupir, il sut qu'il avait gagné.

Deux heures plus tard, Lionel s'écroula, en sueur, contre sa femme. Il avait résisté le plus longtemps possible, l'avait fait jouir à plusieurs reprises, avait été un amant parfait. Cependant elle était restée indifférente, presque lointaine. Il avait attendu en vain qu'elle se laisse aller, qu'elle redevienne la femme amoureuse dont il avait des souvenirs précis. Mais il n'y avait pas eu les mots crus prononcés d'une voix rauque qui le rendaient fou, pas ce regard d'or liquide qui chavirait. Elle avait partagé le désir et le plaisir, elle avait gémi à certains moments, elle s'était donnée sans réserve mais elle ne l'avait pas aimé.

Plus ému qu'il ne l'aurait cru, plus déçu aussi, Lionel se sentait frustré de l'essentiel. Il referma son bras autour d'elle et demanda, le nez dans l'oreiller :

— Tu es bien ?

— Oui… C'est vrai, ça fait du bien !

Elle n'eut pas conscience de l'avoir injurié mais il se redressa d'un bond.

— Merci quand même ! C'était juste un moment de détente ?

Avec un sourire d'excuse, elle étouffa un bâillement.

— Je t'avais prévenu, Lionel. Je ne t'ai pas menti ? Tu le voulais tellement, ce câlin ! Et tu m'as donné envie, à la fin… Les femmes non plus ne sont pas en bois, comme disent les hommes ! D'ailleurs il y avait beaucoup trop longtemps que je n'avais pas fait l'amour. Je ne t'aime plus mais je ne te trompe pas, alors que toi, c'est le contraire… Drôle de vie !

Furieux, il la prit par les épaules, et la secoua sans ménagement.

— Garce !

— Lâche-moi !

Elle se débattit et il eut beaucoup de mal à ne pas lâcher prise.

— Cesse de me harceler ! cria Jordane. Chaque fois que tu débarques ici, tu me renifles comme un chien en rut ! Tu ne m'écoutes pas quand je te parle parce que tu n'as qu'une idée en tête, me baiser ! Ce n'est pas moi que tu aimes, grand romantique, c'est mon cul !

Comme elle lui échappait, il la gifla. Elle resta bouche bée une seconde, puis de toutes ses forces elle lui rendit sa claque. Ils se regardèrent en silence, immobiles et face à face.

— Excuse-moi, dit-il enfin.

— Moi aussi…

Après une ou deux minutes, Lionel baissa les yeux avant de demander :

— Tu ne m'aimes plus ?

Elle le poussa pour qu'il se rallonge et posa sa tête sur lui.

— Tu es beau, mon chéri. Tu es… séduisant. Et tu fais bien l'amour.

— Réponds-moi, Jordane.

— Non, souffla-t-elle à regret. Je suis désolée…

Il se sentit incroyablement malheureux. Il eut l'impression qu'elle venait de le brûler. En hâte, il chercha une idée réconfortante, n'importe laquelle.

— Je savais qu'on se disputerait, ajouta-t-elle. Et je ne voulais pas !

— Et divorcer, tu veux ? demanda-t-il d'une voix blanche.

— On en parlera plus tard...

Avec tristesse, Jordane constatait sa méprise. Elle avait cru que Lionel était, comme elle, enfin détaché. Qu'il ne ressentait qu'un agaçant et sempiternel désir. Or il souffrait pour de bon, le souffle court, recroquevillé sur lui-même.

— Pourquoi m'as-tu cédé ce soir ? Parce que tu voulais que je te présente ce type, Sydney, mon copain qui est dans l'hôtellerie ? Tu as vraiment cru que je te ferais du chantage ? Tu as...

— J'en avais envie, Lionel. C'est aussi simple que ça. Mais si ta proposition tient toujours... ce projet d'hôtel me poursuit, tu sais.

— Je sais. Quand tu as quelque chose en tête, toi... Oh, Jordane !

Elle entendit le sanglot, dans la voix de son mari. Il avait les yeux brillants, au bord des larmes, mais il se dissimula derrière son bras replié.

— On est passés à côté de tout, articula-t-il.

La masse soyeuse des cheveux de Jordane, sur son ventre, le fit frissonner. Un désir incongru s'empara de lui, à nouveau, et Jordane parvint à lui sourire.

— Tu veux dormir là ? proposa-t-elle.

— Non. Mais j'ai quelque chose à te donner avant de te dire bonsoir.

Il sortit du lit, enfila son jean en lui tournant le dos et quitta la pièce. Elle l'entendit descendre et remonter sur la pointe des pieds. Elle n'avait pas changé de position lorsqu'il vint s'asseoir à côté d'elle.

— Cet après-midi, je... Eh bien, je m'étais imaginé que nous vivions sur un malentendu et qu'une réconciliation était possible...

Il tournait et retournait un petit écrin entre ses doigts.

— J'ai trouvé ça, à Arles… Et comme je l'ai choisi pour toi, il faut bien que je te le donne…

— Mais ça n'a pas de sens, Lionel ! C'est un bijou ?

À l'époque où ils s'aimaient comme des fous, Lionel lui faisait parfois des surprises de ce genre. Elle possédait ainsi un certain nombre de bracelets et de bagues, qu'elle conservait dans un coffret car ils la gênaient pour monter à cheval.

— S'il te plaît, insista-t-il.

— Après tout ce que je t'ai dit ?

— Prends-le, à la fin !

Comme il avait jeté l'écrin sur le lit, elle se mit à rire.

— Tu n'es jamais patient très longtemps !

— Pour la patience, ma chérie, on peut faire un concours. Allez, regarde ce que c'est, au moins !

Elle ouvrit la boîte de velours et en sortit un pendentif, en or et en diamants, qui figurait un cheval.

— Autour du cou, tu pourras le porter et garder les mains nues, hein ?

Attendrie, elle ne savait que dire. Elle aimait qu'on s'occupe d'elle, même si elle ne voulait plus que ce soit Lionel qui s'en charge.

— Merci…, murmura-t-elle.

Il se redressa, considéra Jordane en fronçant les sourcils puis déclara :

— Couvre-toi ou je te viole.

D'une main, elle remonta le drap sur elle. Le manque de sommeil se faisait sentir. Elle adressa un sourire à Lionel, une sorte de mimique affectueuse et fatiguée. S'il avait encore eu des illusions, il les aurait perdues à ce moment-là. Il se pencha, éteignit la lampe de chevet.

— Au revoir, Jordane, souffla-t-il dans l'obscurité.

3

La nuit passée avec Lionel laissa un goût très amer à Jordane. Elle s'était fait, jusque-là, une autre idée de l'amour. Elle s'apercevait qu'elle avait changé, mûri, et qu'elle pouvait éprouver des envies de volupté sans les assortir de grands sentiments.

Près de Lionel, elle ne ressentait rien d'autre qu'une tendresse parfois mélancolique, parfois agacée. Celui qu'elle avait pris pour l'homme de sa vie, quelques années plus tôt, était devenu une sorte de grand frère. Bien sûr, les déceptions successives qu'il lui avait infligées avaient agi comme des douches froides. Vingt fois, cent fois, alors qu'ils vivaient ensemble à Paris, elle lui avait réclamé un enfant. Elle avait envie de fonder une vraie famille, de donner des héritiers aux Valence. Mais il remettait à plus tard, l'exhortait à prendre la pilule, affirmait qu'ils avaient du temps devant eux. Il avait commis là sa pire erreur. Occupée à élever des enfants, Jordane n'aurait peut-être pas connu l'ennui des journées vides. Et eux qui ne partageaient rien se seraient peut-être retrouvés au-dessus d'un berceau.

Mais tout cela n'était que suppositions et il était inutile d'épiloguer. Aujourd'hui, elle le considérait froidement. Il était aussi séduisant qu'égoïste, aussi travailleur que superficiel. En fait, il ne savait pas où il allait dans la vie, ce qu'elle jugeait impardonnable. Ses projets tournaient autour de l'argent, ses idées étaient désordonnées. D'ailleurs, son regain de passion n'était-il pas né de son indifférence à elle ? Lionel, fils unique trop gâté par sa mère, ne supportait pas qu'on lui prenne ses jouets.

Fatiguée par les responsabilités qui pesaient sur ses épaules, Jordane n'avait pas de compassion à dilapider. Elle essaya de ne pas s'attrister en vain. Elle rangea le pendentif avec les autres bijoux, raccompagna un Lionel boudeur à l'aéroport et lui rappela, cynique, qu'elle attendait la visite de ce Sydney Barthe puisqu'elle avait, en quelque sorte, payé d'avance. Lionel apprécia modérément son humour grinçant mais promit néanmoins de faire tout son possible.

Comme d'habitude, Jordane passa à l'agence de Cécile avant de regagner le Biloba. Elle la trouva plongée dans des devis. Les pales du ventilateur, au plafond, tournaient doucement en brassant un air tiède. La jeune femme travaillait d'arrache-pied sur le pèlerinage des Saintes-Maries-de-la-Mer qui devait avoir lieu trois semaines plus tard, le 25 mai. Elle hésitait entre deux photographes dont elle soumit les noms à Jordane. Mais celle-ci protesta qu'elle n'y connaissait rien, que son père n'avait été qu'un photographe amateur et qu'il ne lui avait jamais parlé des professionnels.

— Il aurait dû en faire un métier, soupira Jordane. Je crois qu'il avait du talent. Quand j'ai tout rangé, dans son labo, j'ai trouvé des clichés merveilleux un peu partout, dans un affreux désordre. Il faudrait que tu y jettes un coup d'œil, un de ces jours.

— Ta mère accepterait qu'on utilise certaines photos ? demanda Cécile d'un air intéressé.

— Je suppose que ça lui est égal, maintenant. Il y a des oiseaux, des chevaux, des taureaux, des marais et des rizières, souvent de la brume… C'est très poétique.

— Toi qui cherches toujours comment boucler les fins de mois, tu pourrais envisager de les vendre ?

Jordane laissa échapper un interminable soupir.

— Si tu savais comme j'en ai marre de vivre d'expédients… La laine des moutons, les photos de papa, pourquoi

pas, et la collection de bijoux offerts par mon cher mari !
Tout ça pour boucher des trous, non...

Inquiète, Cécile vint s'asseoir près de Jordane, autour
de la petite table ronde.

— Veux-tu un café ? Tu as l'air bien morose.

— Un petit coup de ras-le-bol, ce n'est pas grave...

Le café, trop fort, lui arracha une grimace. Puis elle
planta son regard doré dans celui de Cécile.

— J'ai eu une idée. Je ne sais pas encore ce qu'elle
vaut, mais au moins c'est un truc d'envergure, pas du
rafistolage !

— Tu vas faire un club hippique au Biloba ? plaisanta
Cécile.

— Non, un hôtel.

— Tu veux rire ?

— Pas du tout. Un hôtel de luxe.

— Jordane ! Tu es folle ou quoi ?

— Pourquoi ?

Déçue, Jordane haussa les épaules. Elle avait espéré
que Cécile, qui adorait les grands projets, partagerait son
enthousiasme.

— Attends, attends, demanda Cécile. Ne fais pas cette
tête-là mais laisse-moi te poser une question. Avec quoi ?

— Avec un emprunt, tiens ! Enfin, je ne sais pas, je
n'y ai pas réfléchi, c'est juste une idée pour le moment. Il
doit bien y avoir des spécialistes de l'hôtellerie qui pourront me donner leur avis. D'ailleurs Lionel doit m'en
présenter un...

Lentement, pour se laisser le temps de réfléchir, Cécile
versa de nouveau du café dans leurs tasses. Ensuite elle
releva la tête et considéra son amie, perplexe.

— Remarque... Après tout... Mais tu n'imagines sûrement pas ce que ça suppose...

— Non, pas encore !

Les yeux brillants, Jordane esquissait un sourire.
Depuis bien longtemps, Cécile lui enviait cette capacité de

récupération. Jordane faisait toujours face et ses moments d'abandon étaient rares.

— Et Lionel va t'aider ?

— Oh, Lionel…

La nuance de mépris n'échappa pas à Cécile.

— Il doit seulement me faire rencontrer un professionnel. Je suppose qu'il l'invitera à passer un week-end au Biloba.

— Eh bien, tu vois ! Quoi que tu en dises, il est toujours prêt à te donner un coup de main.

En dépit de leur séparation, Cécile soutenait que Lionel et Jordane s'aimaient encore, que c'était du gâchis de ne pas redonner une chance à leur couple. Elle trouvait Lionel mille fois plus gentil et attentionné que Pascal, et elle était sensible à son prestige de Parisien. Jordane se chargea de la détromper, une nouvelle fois, sans ménagement.

— Ne prends pas sa défense, il n'est pas à plaindre ! Contrairement à ce que tu penses, avec Lionel c'est donnant-donnant.

Cécile la dévisagea puis hocha la tête.

— Toi, tu as quelque chose sur l'estomac… Tu as couché avec lui ? Dis ? Et alors ? C'est encore ton mari ! En plus, il est beau mec et il t'adore. Où est le problème ?

— C'est du réchauffé, c'est écœurant. J'avoue que c'est ma faute. Une envie, une impulsion…

— Encore heureux ! Si on n'avait pas d'envies à nos âges, autant se faire bonnes sœurs !

— Ce n'est pas ça qui me chagrine, dit doucement Jordane, mais j'aurais été mieux inspirée de passer mon caprice avec quelqu'un d'autre. Lionel, je ne l'aime plus. Tu comprends ? C'est un étranger.

— S'il en passait des comme ça tous les jours, je vivrais sur le pas de la porte ! riposta Cécile en riant.

— Sûrement pas. Toi, tu t'en fous, tu n'attends personne : tu es amoureuse. Pour toi, il n'y a que Pascal. Il n'est pas génial mais tu as quand même de la chance parce que, avoir le cœur qui bat, c'est merveilleux…

— Midinette, va !

Cécile souriait encore mais elle ne riait plus. Elle n'était pas certaine d'avoir de la chance, en ce qui concernait Pascal.

— À propos, j'ai appris que tu dînes avec nous demain soir à la manade ? Robin t'emmène ?

Sa nuit mouvementée avec Lionel avait empêché Jordane de penser à l'invitation de Robin.

— Je l'avais oublié, celui-là !

— Je le trouve adorable. Pas toi ? Pourquoi ris-tu comme ça ?

Mais Cécile, gagnée par l'hilarité, ne parvenait pas à garder son sérieux.

— Bon, d'accord, il fait un peu amoureux transi ! Tu lui as tapé dans l'œil, c'est le moins qu'on puisse dire... Comment s'est-il introduit chez toi ?

— Grâce à maman.

— Oh, il est très fort ! Et fais attention, ils sont têtus dans la famille Peyrolles ! Imagine un peu, Jordane, que nous épousions les deux frères ?

Cécile plaisantait sans y croire. Pascal n'était vraiment pas sur la pente du mariage, hélas.

— Robin Peyrolles ne m'intéresse pas pour le moment, déclara Jordane. Mais il faut que je pense sérieusement à divorcer.

Avec un geste fataliste, elle se leva.

— D'ici là, les chevaux m'attendent. Est-ce qu'il faut s'habiller pour ce dîner ?

— Je n'en sais rien, avoua Cécile. En général, c'est assez relax.

Gênée d'admettre qu'elle n'était pas au courant des habitudes ou des intentions de Pascal, elle était redevenue sombre. Jordane préféra ne pas insister et l'embrassa avec tendresse avant de quitter l'agence de sa démarche décidée. Cécile la suivit du regard, songeuse. Malgré tous ses ennuis, Jordane conservait sa gaieté et son indépendance, alors que Cécile perdait son entrain au fil des mois.

Sa liaison avec Pascal l'angoissait sans la rendre heureuse. Elle pensait sans cesse à lui, s'inquiétait des rendez-vous qu'il ne fixait qu'au dernier moment, vivait en permanence dans le doute. Elle avait fait de grands efforts pour ne jamais s'imposer, afin de le rassurer. Mais en avait-il besoin ? Ne se moquait-il pas d'elle, tout simplement ?

À pas lents, elle regagna son bureau mais ne put réussir à se concentrer sur son dossier. Elle aimait son travail mais elle s'y intéressait de moins en moins. Tout ça pour un homme égoïste ou indifférent qui la faisait languir, et devant lequel elle redevenait une vraie gamine.

Le téléphone la fit sursauter et elle décrocha, fébrile.

Le lendemain soir, Jordane qui s'était trompée de chemin arriva avec une demi-heure de retard à la manade. Elle se souvenait mal de la route, ne l'ayant empruntée que deux fois dans sa vie. La première avec son grand-père, dix ans plus tôt, pour une ferrade, et la seconde dans la voiture de Cécile, une nuit d'hiver. La Rover avait calé à plusieurs reprises, en faisant demi-tour dans des ornières, et Jordane était exaspérée. Lorsqu'elle parvint enfin aux abords du mas, une bonne vingtaine de véhicules, garés n'importe comment, l'obligèrent à s'arrêter cent mètres avant l'entrée. Elle descendit, claqua rageusement la portière et passa ses deux mains dans ses boucles brunes pour y remettre un semblant d'ordre. Elle portait une mini-jupe, noire et plissée, qui mettait ses longues jambes en valeur. Sa veste courte, blanche, cintrée, était ouverte sur un tee-shirt noir.

— Vision de rêve ! dit la voix de Robin près d'elle.

Jordane se retourna et le découvrit, appuyé à une barrière.

— J'avais peur que vous ne veniez pas, bien que Cécile m'ait affirmé que vous n'oubliez jamais rien !

Il faisait encore très doux, et dans la nuit tombante Robin la regardait venir comme une apparition.

— Je suis subjugué, dit-il encore. Dans ces conditions, je ne vais rien trouver de spirituel à vous dire, et vous finirez par me prendre pour un abruti, ce qui sera légitime.

Le rire de Jordane résonna dans la demi-obscurité, tandis que Robin lui prenait la main.

— Laissez-vous conduire, la fête est par là...

Il la guida parmi les voitures, heureux de pouvoir respirer son parfum. Des bruits de voix et des bribes de musique se firent plus présents. Tout le rez-de-chaussée du mas était illuminé et, devant une porte ouverte, la silhouette de Pascal se détachait.

— Ah, il ne manquait plus que vous ! On vous a gardé de la sangria mais dépêchez-vous un peu...

Jordane lui serra la main et il la détailla de la tête aux pieds avant de s'effacer pour la laisser entrer. Dans l'immense salle, un joyeux brouhaha régnait, les invités parlant fort pour couvrir le son des guitares. Trois tables d'une quinzaine de couverts chacune avaient été dressées près de la cheminée centrale. Contre le mur du fond, les musiciens s'étaient installés sur des tabourets, face au buffet de l'apéritif, déjà dévasté. Des hommes circulaient, entre la cuisine et la salle, portant des plateaux.

— Vous avez transformé vos gardians en serveurs ? interrogea Jordane avec un sourire ironique.

Pascal lui tendit un verre en répliquant :

— Ce sont mes employés, de toute façon, à cheval ou aux fourneaux !

Sa suffisance donna à Jordane l'envie de lui envoyer une repartie cinglante, mais Robin l'avait prise par le bras et l'entraînait plus loin.

— Il y a des petites choses succulentes à grignoter, venez par là, Cécile nous fait signe...

Effectivement, la jeune femme venait vers eux, une assiette à la main.

— Goûte-moi ça, c'est délicieux !

Jordane prit une petite merguez grillée et l'avala d'une bouchée.

— Génial, apprécia-t-elle. C'est toi qui les as faites ?

— Je n'ai rien fait du tout, je suis arrivée à huit heures.

Ce qui signifiait que Pascal s'était passé d'elle, comme d'habitude. Jordane sourit à Cécile, affectueuse et complice.

— C'est quoi, ça ?

— Pruneau cuit au jambon cru, une merveille.

Robin regardait Jordane, ravi de sa gourmandise, ravi qu'elle soit à ses côtés et qu'elle soit si belle.

— J'ai jeté un coup d'œil sur le plan de table et nous sommes ensemble, ma chérie, dit Cécile avec un clin d'œil.

— Encore heureux que ton macho ne nous ait pas séparées, rétorqua Jordane.

— À table ! dit la voix de Pascal juste derrière elle.

Embarrassée, Jordane se tourna vers lui. Ils échangèrent un regard froid, presque agressif.

— Tant mieux, déclara-t-elle poliment, je meurs de faim !

— À l'heure à laquelle vous êtes arrivée, ça ne m'étonne pas.

Cécile semblait au supplice et Jordane fit un effort pour ne pas répondre. Elle regarda Pascal qui s'éloignait pour tenter de rassembler ses invités.

— J'ai fait une gaffe ? demanda-t-elle d'un air innocent. Macho, ça devrait pourtant lui plaire…

— Sois gentille, commença Cécile.

— Évidemment ! Je ne vais pas gâcher l'ambiance, c'est promis, mais je me demande comment tu peux le supporter. On y va ?

Inquiète, Cécile la précéda jusqu'à l'une des tables. Comme prévu, elles étaient face à face et Robin était à côté de Jordane. Pascal vint s'asseoir entre Cécile et une jeune fille blonde que personne ne connaissait et qui avait l'air stupide. Les gardians s'affairaient joyeusement, déposant des plats fumants sur les tables.

— J'adorais cet endroit quand j'étais enfant, dit Robin à mi-voix.

Il s'était adressé à Jordane mais il regardait la haute cheminée. Gamin, il avait cru naïvement qu'il vivrait là un jour.

— Vous avez des regrets ? demanda Jordane.

— Ce serait bien inutile ! Non, je pensais seulement à tous les bons moments que nous avons passés ici, Pascal et moi...

À présent Pascal s'y amusait seul puisque leur père en avait décidé ainsi. Robin se tourna vers Jordane qui lui souriait et toute sa mélancolie s'évanouit aussitôt.

— C'est bien que vous soyez venue, déclara-t-il avec une désarmante simplicité.

Jordane l'observait, émue malgré elle. Il se comportait comme un gamin de dix-huit ans, ne dissimulant rien, n'essayant pas de tricher. Elle était sur le point de lui poser une question lorsque les guitaristes attaquèrent un flamenco. Tous les convives tournèrent la tête vers eux et se mirent à frapper dans leurs mains.

Deux heures plus tard, l'atmosphère du mas était devenue électrique. La brandade de morue avait été suivie d'un inévitable bœuf gardian, fondant et parfumé à souhait. Un vin rouge corsé de Lirac avait succédé au tavel rosé. Les musiciens s'étaient déchaînés, comme seuls les gitans savent le faire, battant les mesures endiablées avec le talon de leurs bottes. Entre les plats, certains invités s'étaient risqués à danser mais sans pouvoir tenir le rythme fou des guitares. Chacun criait dans l'oreille de son voisin pour se faire entendre.

Jordane avait dévoré, sous l'œil attendri de Robin qui prévenait ses moindres désirs. Cécile était sans doute la seule à s'ennuyer car Pascal l'avait délaissée, préférant aller et venir entre les tables pour parler à ses invités. La jolie blonde stupide, un peu ivre, le suivait pas à pas et s'accrochait à lui sans qu'il réagisse. Robin se pencha vers Jordane et lui demanda si elle voulait danser. Elle secoua la tête, désigna Cécile, et Robin s'exécuta.

Les gardians débarrassaient, efficaces et rieurs, se frayant un chemin entre les danseurs, soulevant les lourds plateaux au-dessus de leurs têtes. Jordane engloutit encore quelques croquants et deux calissons avant d'allumer une cigarette. Robin avait été si prévenant qu'elle n'avait pas prêté une grande attention aux gens qui l'entouraient. Elle en connaissait certains, de vue, mais la plupart lui étaient inconnus. Elle se demanda pourquoi elle sortait si peu. Elle avait tort de passer toutes ses soirées entre sa mère, sa belle-mère et sa sœur. L'ambiance de cette fête lui plaisait, la rendait gaie.

— Votre chevalier servant vous a abandonnée ?

Pascal s'était laissé tomber sur la chaise inoccupée, près d'elle.

— Il s'est dévoué ! Cécile s'ennuyait un peu…

— Cécile s'ennuie toujours, affirma Pascal avec une totale mauvaise foi. Et vous ?

— C'est une soirée très réussie.

Elle était sincère et il esquissa un sourire. Fugacement, il eut un air de ressemblance avec Robin.

— Si le flamenco ne vous fait pas peur, venez.

Sans attendre sa réponse, il l'avait prise par la main. Jordane n'avait pas dansé depuis des années, pourtant elle se leva pour l'accompagner.

— Je n'ai aucune idée de ce qu'il faut faire, prévint-elle.

— Rien ! Ce n'est pas une danse, c'est bien plus drôle ! Commencez par claquer des doigts, le reste viendra tout seul…

Jordane suivit le conseil et se laissa aller, bougeant au rythme des accords. Elle était gracieuse naturellement, sans aucun complexe. Elle rejeta la tête en arrière, faisant crouler ses boucles brunes dans son dos, et sa jupe plissée se mit à virevolter. Un peu saoulée par le bruit et l'alcool, elle ferma les yeux pour se concentrer sur la musique. À la fin du morceau, elle fut très étonnée d'entendre applaudir autour d'elle.

— Une vraie gitane ! apprécia Pascal en la ramenant vers sa table.

La blonde leur barra le chemin pour s'approprier Pascal d'autorité tandis que Jordane s'asseyait. Elle avait très chaud et elle était essoufflée. Robin lui servit à boire sans la quitter des yeux. Les musiciens avaient attaqué une sevillana lente, triste, lancinante. Les lumières s'éteignirent, remplacées par des cierges que les gardians installèrent dans des porte-flambeaux de fer forgé. Jordane observa les danseurs qui se mouvaient dans la pénombre. La blonde était suspendue au cou de Pascal, et Cécile boudait dans les bras d'un homme d'un certain âge. Robin prit sa main entre les siennes.

— Je suis éperdument amoureux de vous, dit-il.

Elle planta son regard doré dans celui de Robin. Sa déclaration ne la surprenait pas et elle n'y était pas tout à fait indifférente. Il semblait tellement inquiet qu'elle esquissa un sourire.

— Vous allez trop vite, répondit-elle simplement. On va commencer par se tutoyer. Tu veux ?

Les accords des guitares sèches résonnaient dans l'immense salle, y insufflant une sorte de langoureuse mélancolie.

— « ... et combien de sanglots pour un air de guitare », récita Robin gravement.

Jordane secoua la tête et en profita pour retirer sa main.

— Non, de la rage, de la fierté, de l'errance, mais pas de sanglots pour les gitans, tu sais bien... C'est nous que cette musique rend tristes. Pas eux !

Ostensiblement, elle regarda sa montre.

— Je vais rentrer, décida-t-elle.

Il ne fit rien pour la retenir, devinant que c'était inutile. Il se leva et la suivit en silence. Dehors, l'air de la nuit était assez frais. Jordane soupira, enfila sa veste, leva la tête vers les étoiles. Un bruit de porte claquée les fit sursauter.

— Je pars aussi ! leur lança Cécile.

Elle les avait dépassés, sans s'arrêter, et se hâtait vers les voitures. Jordane se tourna aussitôt vers Robin.

— Quelque chose ne va pas, je m'en occupe ! À bientôt, Robin, et merci...

Sans lui laisser le temps de réagir, elle lui déposa un baiser léger sur la joue et partit en courant. Elle rattrapa Cécile au moment où elle démarrait.

— Vous vous êtes disputés ?

De grosses larmes coulaient sur les joues de la jeune femme. Jordane se pencha au-dessus d'elle et coupa le contact.

— Attends un peu...

Elle s'accroupit pour être à la hauteur de Cécile qui sanglotait, la tête contre le volant.

— Il ne me regarde même pas... Je n'existe pas... J'aurais pu danser toute nue sur une table ou ne pas venir du tout, il ne s'en serait pas aperçu !

Navrée, Jordane lui caressa les cheveux d'un geste doux.

— Tu l'aimes à ce point-là ?

Cécile se rejeta en arrière, contre son dossier, et prit une profonde inspiration.

— J'en suis malade, Jordane, malade... J'ai honte mais je ne peux rien faire...

— Veux-tu que je te ramène ?

— Non, je suis en état de conduire, ne t'inquiète pas...

Ayant retrouvé un peu de calme, elle esquissa un sourire qui ressemblait à une grimace.

— On se voit demain ?

Jordane comprit qu'elle avait envie de partir, de fuir son humiliation et sa souffrance.

— Sois prudente, murmura-t-elle en se relevant.

Cécile tendit la main pour fermer sa portière mais jeta un dernier coup d'œil vers Jordane.

— Dis-moi, murmura-t-elle, comment se fait-il qu'on soit seules toi et moi, ce soir ? On est si moches que ça ?

Même si elle voulait plaisanter, il y avait une immense amertume dans sa remarque. Elle démarra en faisant crier ses pneus. Jordane resta immobile quelques instants puis elle essaya de repérer la Rover dans l'obscurité.

Après avoir serré la main du dernier gardian, Pascal referma la porte de la cuisine. L'aube se levait sur la manade. Robin jeta son torchon sur la table avec un soupir.

— Je crois que tout est propre...

Il avait proposé son aide, un peu surpris de voir son frère s'attaquer à la vaisselle avec ses employés.

— C'était vraiment magnifique, tu as le sens de la fête, ajouta-t-il.

Pascal haussa les épaules, indifférent, et commença à faire du café. Robin s'assit sur l'un des tabourets. Il laissa errer son regard le long des murs, s'amusant à reconnaître les meubles et les objets familiers.

— Tu n'as rien changé du tout...

— Non. C'était très bien comme ça.

— Combien as-tu d'hommes, ici ?

— Sept.

— Et tu parviens à payer tout le monde ?

Sa bouilloire à la main, Pascal se retourna.

— Évidemment ! Ils ne restent pas pour mes beaux yeux... Pourquoi me demandes-tu tout ça ? Va droit au but, mon vieux...

Ils s'observèrent un long moment avant que Robin se décide à répondre.

— Je ne te reproche rien.

— Toi, non, mais ton regard !

L'odeur du café s'était répandue dans la cuisine. Robin ouvrit un vaisselier et prit deux tasses.

— Je n'ai pas de compte à régler, Pascal, tu te trompes.

Hésitant sur l'attitude à adopter, Pascal finit par s'asseoir en face de lui. Physiquement, ils n'avaient pas grand-chose en commun. Pascal était plus grand et plus athlétique que Robin, avec un visage plus dur et des yeux plus clairs, presque trop clairs, qui lui donnaient une expression étrange, souvent difficile à déchiffrer. Il n'avait pas l'irrésistible sourire juvénile de Robin, et rien de sa douceur.

— Tu veux passer quelques jours ici ? demanda-t-il enfin. Tu es chez toi, tu sais...

— Je n'en suis pas persuadé. Pas plus qu'à Arles, d'ailleurs. Je me sens vraiment en trop chez les Peyrolles ! Papa ou toi ne...

— Ne me mets pas dans le même sac que ce vieux con !

Stupéfait, Robin resta bouche bée. Il était persuadé que son père et son frère s'entendaient comme larrons en foire.

— Quand je dis que tu es chez toi, ce n'est pas pour être poli. Je n'ai pas touché à ta chambre, il y a encore ton jeu de fléchettes accroché au mur ! C'est ta chambre et tu l'occupes si tu veux, je ne vais pas te supplier. Je te donnerai un jeu de clefs si tu le souhaites mais la porte n'est jamais fermée.

— Vous êtes en froid, papa et toi ? demanda prudemment Robin.

— En froid ? Quelle drôle d'idée ! Je ne le vois pas souvent. Je descends déjeuner avec lui une fois par semaine, en théorie. En pratique, c'est moins fréquent. Il m'assomme. Il n'a jamais pensé qu'à lui.

— Et à toi, rappela Robin d'une voix calme.

— Oui, beaucoup trop, admit Pascal.

Il jeta quatre morceaux de sucre dans sa tasse puis adressa un franc sourire à son frère cadet.

— Ne fais pas cette tête-là. Il y a longtemps que tu n'es pas monté à cheval ?

— Dix ans.

Amusé, Pascal siffla entre ses dents. Il but son café avant de déclarer :

— Bon, je vais t'en trouver un qui soit sage comme une image. Tu viens ?

— Où ça ?

— Galoper dans l'eau pour te réveiller. Allez !

Robin suivit volontiers Pascal. Les chevaux lui rappelleraient Jordane, il en était certain. Et aussi d'excellents souvenirs de jeunesse. Lorsqu'il avait douze ans, Robin admirait sans réserve son grand frère. Ils avaient fait les quatre cents coups ensemble, avaient partagé beaucoup de choses. Puis la vie les avait éloignés. La vie et l'attitude de leur père. Par la suite, Robin avait cessé de regarder Pascal avec des yeux éblouis.

Un petit vent frais les fit frissonner et ils coururent jusqu'à l'écurie. Robin y pénétra avec la sensation de redécouvrir un royaume perdu. Il retrouva des gestes oubliés pour seller et brider le camarguais que Pascal lui avait désigné. Puis ils partirent côte à côte, le long du sentier, en direction de la mer.

Gilbert regardait les étains disposés sur une serviette sale, au fond du panier d'osier. Confiant dans sa marchandise, Django arborait un air satisfait. L'antiquaire prit l'un des objets et le retourna entre ses mains. Il finit par découvrir le poinçon qu'il examina avec attention en hochant la tête à plusieurs reprises. C'étaient des pièces rares, d'une grande qualité, mais sans doute faciles à identifier. Ne voulant pas approfondir la question, il se contenta de déclarer :

— Beaux objets… Un peu voyants…

Django comprit l'allusion et eut aussitôt une moue innocente. La plupart des gitans étaient fascinés par les étains et négligeaient volontiers les bronzes. Gilbert ne se faisait aucune illusion sur la provenance de ce qu'il tenait entre les mains. C'était le produit d'un vol, ni plus ni moins. Mais depuis le temps que Django lui ramenait triomphalement ses larcins, Gilbert avait fini par se créer une clientèle de collectionneurs toujours plus exigeants. Un cercle vicieux dont il était difficile de sortir quand on avait besoin d'argent.

— Cinq mille le tout, décida Gilbert.

Après une brève hésitation, Django hocha la tête. Gilbert sortit une liasse de sa poche. Comme tous les antiquaires, il avait toujours beaucoup d'espèces sur lui afin de ne pas rater une opportunité, surtout quand il écumait les petits villages des Alpilles. C'était bien la seule occasion où son embonpoint le servait en inspirant confiance à ses interlocuteurs. Gilbert savait comment parler aux paysans, comment les « débarrasser » de leurs vieux meubles.

107

Django recompta en prenant son temps. Le calcul mental n'était pas son fort et il ne savait sans doute pas écrire, mais il n'était pas question de le berner pour autant. Django n'était qu'un maillon de la chaîne bien organisée des tsiganes chapardeurs, Gilbert le savait d'expérience. Il fit sortir le vieux gitan par la ruelle et referma la porte avec soin. Il avait pris sa décision et ne souhaitait pas conserver les étains chez lui, même dans l'arrière-boutique. Il retourna dans son magasin, sortit le fichier de ses clients et choisit un nom. La transaction s'effectua en quelques minutes, par téléphone. Lorsqu'il raccrocha, il poussa un gros soupir. Il serait délivré de ces étains compromettants le soir même. Aussitôt, il se demanda où il allait inviter Isabelle pour fêter la bonne affaire.

Penser à elle le rendit tout guilleret. En fronçant les sourcils, il regarda la boîte de fruits confits d'Apt qui était ouverte sur le coin du bureau. Il tendit la main pour rajuster le couvercle puis il jeta le tout dans la corbeille d'un geste décidé.

Jordane s'immobilisa dans le vestibule. La mélodie qui lui parvenait, du petit salon de musique où Nora aimait composer, ne ressemblait pas du tout à ce que sa sœur jouait habituellement. Il y avait de la gaieté dans les notes, presque de l'humour. À pas de loup, elle alla jusqu'à la porte entrouverte et écouta encore un moment avant d'entrer. Nora s'arrêta de jouer, une main au-dessus du clavier.

— Non, non, continue, j'adore… C'est de toi ?

— De moi et de ce matin, confirma Nora. Tiens, je vais l'écrire avant de l'oublier ! dit-elle en saisissant la feuille posée sur le pupitre devant elle. D'ailleurs, j'ai une très bonne nouvelle à t'annoncer…

Surprise, Jordane avança jusqu'au piano et s'assit près de sa sœur sur le tabouret.

— Une nouvelle ? De quel genre ?

— Du genre enrichissant ! J'ai téléphoné à ce M. Wolf...
Tu sais, les fleurs... Il est difficile à joindre et encore plus
à convaincre ! Il aurait préféré du jasmin de Grasse, j'imagine, mais je lui ai quand même vendu notre prochaine
récolte !

L'air triomphal de Nora faisait plaisir à voir. Elle n'avait
jamais traité aucune affaire jusque-là. Elle plaqua un joyeux
accord qui fit sursauter Jordane.

— Vendu et il s'occupe de tout ! Ce n'est pas la
fortune mais c'est un souci de moins !

Posant la tête sur l'épaule de sa sœur, elle ajouta :

— Tu sens le cheval, j'adore cette odeur...

— Combien ? demanda Jordane en souriant.

— J'ai tout inscrit sur ton bureau, près du téléphone.
Tu vois, quand tu me confies quelque chose, je m'en sors
très bien.

— Oui, ma chérie...

— Je pourrais t'aider encore davantage si tu déléguais
un peu tes pouvoirs !

Très fière d'elle, Nora souriait. Elle jeta un coup d'œil
sur Jordane avant d'ajouter :

— Et ainsi, nous ne parlerions plus jamais de faire un
hôtel ici.

Lentement, Jordane alla s'accouder au piano pour faire
face à Nora. La discussion menaçait d'être rude.

— Un hôtel, ce n'est pas la mort.

— Ah non ? cria Nora soudain folle de rage. Et alors
c'est quoi, la mort ?

— C'est vendre.

— Mais regarde, tout marche bien, tu as vendu des
chevaux, moi des fleurs, et...

— Et pourquoi pas des cartes postales, hein ? Je fais
une croix sur tous les bouts de chandelle, Nora ! J'ai
décidé de voir en grand, de tout changer.

— Tu as décidé ! Tu n'es pas seule, tu dois tenir compte
de l'avis de maman et du mien. Le Biloba n'est pas à toi.

— Non, mais c'est moi qui le fais marcher, vaille que vaille, et vous attendez toutes que je trouve des solutions. Alors voilà, j'en ai trouvé une.

— C'est grotesque ! Je ne veux pas ! Je ne VEUX pas !

Frémissante de colère, elle s'était dressée. Jordane constata que sa sœur était belle lorsqu'elle s'animait, lorsqu'elle abandonnait son air résigné.

— Moi, oui. Je veux savoir si c'est possible et je vais prendre mes renseignements. Si quelqu'un me démontre que le Biloba deviendrait rentable en hôtel de luxe, j'accroche l'enseigne le jour même ! Où serait le drame ?

— Avec des étrangers fouinant partout ? Claquant dans leurs doigts et se vautrant dans nos chambres ? Tu es folle ! Si grand-père t'entend, il doit se retourner dans sa tombe !

Puisque Nora avait choisi de porter un coup bas, Jordane n'hésita pas à lui rendre la pareille.

— Il se retournera dans sa tombe si je ne peux pas payer ta prochaine opération.

Sa sœur rabattit le couvercle du piano avec une telle violence que toutes les cordes vibrèrent lugubrement.

— Je suis un vrai boulet, hein ? Tu portes ta croix, avec moi ! Et tu vas faire ta merde d'hôtel ici en disant que c'est pour mon bien ! C'est ça ?

Elle criait si fort qu'Alice avait quitté sa cuisine et se tenait sur le pas de la porte, médusée.

— Un hôtel ? Quel hôtel ? Pourquoi vous disputez-vous ?

Hors d'elle, Nora passa devant Alice en lui jetant :

— Mêlez-vous donc de vos affaires !

Son pas irrégulier claqua sur les dalles du vestibule, et Alice jeta un coup d'œil interrogateur vers Jordane.

— Pouvez-vous m'expliquer ce qui se passe ?

— Oui, je peux, mais pas maintenant, répondit Jordane d'un air las.

— C'est au sujet des fleurs ? insista Alice.

— Pas du tout…

110

— Parce que Nora était très contente de les avoir vendues, vous savez ! Elle pensait vous faire une bonne surprise. Ce M. Wolf, c'est une idée de Lionel, n'est-ce pas ? Il nous a encore rendu un fier service. Ce n'est pas parce que c'est mon fils, mais reconnaissez…

— Vous pourriez vous taire, Alice ?

C'était la première fois que Jordane affrontait ouvertement sa belle-mère. Mais elle avait parlé sans insolence, retenant ce « nous » dont avait usé Alice, et qui prouvait qu'elle s'impliquait entièrement dans le Biloba à présent.

— Où est ma mère ?

— Dans l'office. Elle astique une de ses horreurs…

À son tour, Jordane passa devant Alice qui n'avait pas bougé. Elle gagna l'office et fit sursauter Isabelle qui frottait amoureusement une lampe à pétrole en piteux état avec un chiffon de laine.

— Maman… Il faut que nous ayons une conversation toi et moi, commença-t-elle.

Levant ses yeux de velours vers sa fille, Isabelle sourit.

— Tu es bien protocolaire, ma chérie ! As-tu vu cette petite merveille ? Sempion l'avait dans sa cabane depuis des décennies ! Je lui en ai acheté une autre au supermarché et il est ravi ! Mais celle-ci est en cuivre massif et, quand je l'aurais nettoyée à fond… Oh, j'y pense, Lionel a téléphoné ce matin, il te fait dire qu'il sera à l'avion de vendredi, avec un de ses amis dont j'ai oublié le nom…

— Sydney ? demanda vivement Jordane.

— C'est ça ! Sydney, comme l'acteur noir américain…

Jordane s'approcha de sa mère, lui enleva le chiffon des mains et referma la bouteille de Miror. Elle s'assit sur la table et prit une profonde inspiration avant de se lancer.

Butaban remonta la longue allée au petit galop, changeant de pied toutes les deux foulées. On aurait pu croire qu'il dansait tant il semblait prendre du plaisir à cet exercice délicat. Sa croupe ronde et musclée luisait au soleil, sa longue crinière suivait les mouvements souples de son encolure. Parvenue à la hauteur de la boîte aux lettres, Jordane l'immobilisa et se pencha un peu pour prendre le courrier. Il n'y avait que des factures, à l'exception d'une enveloppe qui attira son attention. Une belle écriture régulière avait rédigé son nom à l'encre bleue. Intriguée, elle la décacheta d'un coup de dents et elle parcourut les lignes penchées qui couvraient deux pages avant d'éclater d'un rire joyeux qui fit broncher Butaban. Elle relut, plus lentement cette fois, l'incroyable déclaration d'amour de Robin Peyrolles, avant d'enfouir la lettre dans la poche de son blue-jean.

C'était une drôle de matinée, en somme, avec la colère de Nora, la surprenante indifférence d'Isabelle et le romantisme fou de Robin. Elle prit son temps pour bouchonner Butaban qui avait eu chaud.

— C'est vrai que tu es beau, mon salaud..., lui dit-elle en fermant la grille du box.

Non, elle ne voulait perdre ni l'élevage, ni le Biloba. Sa mère paraissait comprendre son point de vue et, même si elle avait fait la grimace à l'idée d'un hôtel, elle n'avait pas vraiment protesté. Jordane se demanda ce qui pouvait bien toucher Isabelle. Depuis la mort d'Hugues, elle s'était réfugiée derrière une apparence de futilité mais c'était juste une attitude pour se protéger, Jordane en était persuadée.

Après avoir quitté l'écurie, elle alla s'installer au pied d'un des ginkgos. Fouillant dans sa poche, elle reprit la lettre de Robin. Quelque chose s'échappa de l'enveloppe et tomba sur ses boots. Jordane ramassa les bouts de papier orange. Il s'agissait de deux billets pour les arènes de Nîmes.

— Corrida portugaise, le 9 mai...

Deux excellentes places dans les premiers gradins, sous la tribune de la présidence. Cette fois, elle n'esquissa même pas un sourire. Personne, autour d'elle, n'avait eu cette idée jusqu'ici. Une idée simple, pourtant, et qui tombait sous le sens pour qui la connaissait un tant soit peu.

— « Tu riras en lisant, puisque tu ris de tout, mais imaginer ton rire me donne envie d'écrire des choses encore plus folles... »

Il ne faisait pas mention des billets, signifiant par là qu'il ne s'imposerait pas si Jordane préférait une autre compagnie. Elle ferma les yeux et appuya sa nuque contre le tronc de l'arbre. Elle avait reçu sa dernière lettre d'amour à dix-sept ans et ne se souvenait plus de la tête de son soupirant de l'époque. Lionel préférait le téléphone, comme il préférait les bijoux qu'il choisissait lui-même. Robin se livrait humblement et ne demandait rien en échange. Avec ses manières de gamin, il rendait à Jordane sa jeunesse. Elle rouvrit les yeux et décida d'essayer. Il devenait urgent de se préoccuper de son avenir de femme et Robin Peyrolles n'était pas ce qui pouvait lui arriver de pire. Certes, elle ne se sentait pas amoureuse, mais elle savait aussi que, dans ce domaine, il ne faut jurer de rien.

— Je n'ai jamais rien entendu d'aussi ridicule que cette histoire d'hôtel ! Ah, ta copine, c'est quelque chose... Quand je pense à ce qu'était François Valence, à ce qu'il représentait pour les gens d'ici...

Pascal jeta sa serviette sur la table et dévisagea Cécile d'un air furieux. Il faisait lourd dans le restaurant saturé de fumée et d'odeurs de pizzas.

— Tout le monde veut faire du fric, veut profiter de la manne touristique ! Tant pis pour le paysage, hein ?

— Un hôtel ce n'est pas forcément hideux et pas vraiment polluant, fit-elle remarquer.

Elle n'avait plus faim depuis longtemps. Pascal avait dévoré, vidé une bouteille de gris des sables et grillé trois cigarettes en moins d'une heure. Sans s'annoncer, il était passé la prendre à l'agence. Il n'avait fait aucun commentaire sur son départ précipité lors de la soirée à la manade.

Ni aimable ni désagréable, il s'était borné à lui demander si elle voulait déjeuner italien.

— Il y a bien longtemps que je n'y ai pas mis les pieds, mais j'ai le souvenir d'une propriété merveilleuse.

— C'est le cas.

— Avec une vue imprenable, non ?

— Oui.

— Et ces arbres, quel est leur nom, déjà ? Ces espèces de fossiles importés d'Asie...

— Des ginkgos biloba.

— Oui, je vois très bien l'endroit. Et livrer ça à des Belges ou des Allemands, c'est donner de la confiture aux cochons !

Cécile haussa les épaules. Pascal avait toujours des jugements abrupts.

— Jordane est dans les ennuis d'argent depuis tellement longtemps que je la comprendrais si elle en faisait un Luna Park ! dit-elle par provocation.

Le regard méprisant de Pascal lui fit aussitôt regretter sa phrase. Elle se hâta d'ajouter :

— Elle est seule pour s'occuper de tous les chevaux, elle mène une vie de palefrenier. Sa mère est complètement farfelue et sa sœur est une véritable charge. Personne ne sait rien faire dans leur famille ! Et personne n'aurait l'idée de travailler, tout simplement. Alors que Jordane accepte n'importe quel job pour glaner trois sous. Si tu crois que ça l'amuse de faire le clown dans les défilés...

Elle se mordit les lèvres, consciente d'avoir encore gaffé. Pascal aimait bien les manifestations folkloriques parce qu'elles maintenaient et faisaient connaître les traditions camarguaises ou provençales, affirmait-il.

— Eh bien, elle n'a qu'à s'occuper de son élevage, c'est un emploi à plein temps, que je sache !

— Oh, pour s'en occuper... Elle vient de vendre deux étalons à un Espagnol.

— Qui donc ? demanda-t-il, l'air dédaigneux.

— Un certain Ramón Carras.

Il siffla entre ses dents, faisant accourir un serveur qu'il congédia d'un geste autoritaire.

— Carras ? Mazette ! C'est quand même l'un des meilleurs cavaliers d'arène qu'on puisse voir en ce moment...

Brusquement radouci, il adressa un sourire à Cécile.

— Et toi ? Tes affaires marchent ?

— Je fais tout pour ça !

Comme la question était aimable et inhabituelle, elle ne voulut pas l'assommer avec des détails superflus, sachant pertinemment qu'il ne se souciait que de sa manade. D'un geste vif, elle posa sa main sur celle de Pascal. Elle espérait un signe, n'importe quoi d'un peu tendre, mais il se tourna pour héler le serveur, retirant sa main dans un mouvement très naturel. Déçue, elle se mordit les lèvres et l'observa à la dérobée tandis qu'il commandait les cafés et l'addition. Il lui plaisait de façon violente, aiguë. D'une toute petite voix, elle demanda :

— On se voit ce soir ?

— Je ne sais pas, répondit-il, embarrassé. J'ai plein de boulot et je dois passer chez mon père... Je te téléphonerai.

Presque toutes leurs entrevues se terminaient par cette expression détestable. Le cœur serré, Cécile but son café. Elle aurait dû le planter là si elle avait eu un peu de courage. Mais elle n'en avait pas. Ils sortirent ensemble sur le boulevard des Lices. Beaucoup plus grand qu'elle, il se pencha, la prit dans ses bras et l'embrassa sans se soucier des passants. Elle se sentit stupide et misérable d'avoir autant envie de lui. Il s'écarta enfin, souriant, lui ébouriffa les cheveux comme à une enfant, puis il s'éloigna à grands pas vers sa voiture. Après qu'il fut passé devant elle en klaxonnant, Cécile se retrouva seule sur le trottoir, torturée de frustration et d'angoisse.

Appuyée au toit de la Rover, Jordane aperçut enfin Lionel qui sortait de l'aéroport en compagnie d'un homme d'une quarantaine d'années. Celui-ci avait l'allure franche et sympathique qu'ont parfois certains Américains, sourire cordial et regard bleu. Lionel fit les présentations, tout aussi fier d'exhiber sa femme que d'avoir tenu sa promesse. Sydney Barthe s'installa au côté de Jordane tandis que Lionel prenait place à l'arrière.

À chaque détour de la route, chaque maison au toit de tuiles roses ou chaque boqueteau de cyprès, il poussait une exclamation. Il expliqua, dans un français très correct, qu'il ne connaissait pas encore la Camargue et que ce voyage le rendait fou de joie. Amusée par son enthousiasme, Jordane lui désignait toutes les curiosités, roulant doucement pour lui laisser apprécier le paysage.

Lionel fumait d'un air blasé en observant sa femme dans le rétroviseur. Il ne daigna même pas jeter un coup d'œil à l'extérieur lorsqu'ils longèrent le marais de Meyranne. L'arrivée sur le Biloba était assez grandiose, Jordane le savait très bien, et elle ralentit encore pour remonter la longue allée. Bouche bée, Sydney sortit de la Rover et resta immobile deux minutes. Il regarda d'abord à droite vers la colline, puis découvrit les corps de bâtiment, l'écurie, la bastide. Fronçant les sourcils, il examina la haute façade, compta les fenêtres et enfin eut un large sourire. Comme Ramón Carras quelques jours plus tôt, il déclara que c'était le paradis.

Lionel empoigna leurs deux sacs de voyage et se chargea d'aller montrer sa chambre à Sydney. Dans le vestibule, une délicieuse odeur de cuisine les accueillit. Alice avait dû accomplir des merveilles. Isabelle elle-même avait fait un effort, sortant l'argenterie des Valence et une admirable nappe de dentelle. En raison de la chaleur, le couvert avait été dressé dans la salle à manger qui ne servait que rarement. Très à l'aise, Sydney parlait de choses et d'autres et, sans en avoir l'air, demandait une foule de renseignements. Ce qui ne l'empêcha pas de se régaler avec la bouillabaisse, identifiant à la surprise générale chacun des poissons qui la composaient. Modeste, il raconta que sa formation hôtelière lui avait permis de se faire un « palais » et d'apprécier autre chose que les hamburgers.

Assise à gauche de Sydney, Nora lui jetait d'incessants coups d'œil. Elle ignorait sa sœur, depuis leur altercation, mais elle ne semblait pas décidée à gâcher le séjour de l'Américain. La conversation allait bon train, ponctuée d'éclats de rire et de questions. Sans se faire prier, comme s'il avait compris qu'il lui fallait se présenter et se justifier, Sydney résuma en quelques phrases claires son expérience professionnelle. Il était une sorte de consultant pour un certain nombre de grandes chaînes d'hôtellerie. Il précisa qu'il s'agissait toujours d'établissements de catégorie supérieure. Il connaissait bien la France pour avoir participé à deux projets, l'un dans la région lyonnaise et l'autre en Périgord.

Lorsqu'il jugea qu'il avait suffisamment usé de préliminaires, il entra dans le vif du sujet avec une parfaite simplicité. Lionel lui ayant fait part des questions que se posait la famille Valence sur une éventuelle reconversion de leur propriété, il avait fait une rapide étude de marché qui n'engageait personne. Il s'agissait d'une première approche, d'un simple avis amical.

En l'entendant, Jordane fut amusée. Ainsi, Lionel avait pris la précaution d'avertir son copain, devinant que ce projet d'hôtel ne ferait pas facilement l'unanimité. En l'observant à la dérobée, elle trouva que son mari avait l'air fatigué et morose. Elle se sentit vaguement coupable. Elle se servait de lui, réclamait son aide, et pourtant elle le conduisait au divorce, pressée de s'en débarrasser. Au même instant il se pencha vers elle et demanda, à voix basse :

— C'était bien, la soirée avec ton commissaire-priseur ?

Il l'avait dit avec une intonation de rage et de mépris qui ôta immédiatement toute mélancolie à Jordane.

— Formidable, dit-elle gaiement.

Satisfaite, elle le vit lever les yeux au ciel. Combien avait-il de maîtresses, à Paris, malgré ses protestations d'amour éperdues ?

— Puis-je aller me promener sur vos terres un petit moment ? interrogea Sydney.

Isabelle acquiesça, ravie de se lever de table. Ils se sentaient tous lourds et ensommeillés. Dans le bruit des chaises repoussées, Nora demanda à Sydney s'il préférait être seul ou s'il avait besoin d'un guide. Il déclina son offre avec beaucoup de diplomatie et s'éclipsa. Nora, perplexe, se mit à empiler les assiettes sales. S'approchant d'elle, Jordane lui prit la pile des mains.

— Tu m'en veux toujours ?

Son regard doré se posait affectueusement sur sa sœur.

— Non..., répondit celle-ci en se détournant.

— En tout cas, merci d'avoir si bien accueilli le grand méchant loup...

— Il n'y est pour rien ! C'est ton idée. Et lui, c'est son job.

Elle allait s'éloigner, ayant entassé tous les couverts dans un plat, mais Jordane se planta devant elle.

— Je ne fais jamais rien contre toi, Nora... Je ne vais pas décider seule, nous en discuterons, tu sais...

En guise de réponse, sa sœur arbora son petit sourire résigné. Jordane allait ajouter quelque chose, décidée à crever l'abcès, lorsque Lionel entra.

— Je ne vous aide pas, je tombe de sommeil ! L'habitude de la sieste a du bon et de toute façon, avec cette chaleur, je ne vois pas ce qu'on pourrait faire d'autre !

Jordane le toisa, agacée. Il avait toujours une excellente raison de ne pas participer aux tâches quotidiennes. Il se comportait en invité, mais elle se souvint qu'il en faisait autant chez lui.

— Ah, j'oubliais, Sydney nous invite à dîner à Baumanière. Il dit qu'il ne peut pas être si près de l'Oustau sans y aller !

Il regarda les deux jeunes femmes d'un air triomphal avant d'ajouter :

— Ne fais pas ta tête de sainte Blandine, Nora, tu viens avec nous !

Nora quitta la salle à manger sans commentaire, mais elle avait abandonné malgré elle sa mine résignée. Jordane acheva de nettoyer la table puis elle prit la nappe de dentelle pour aller la secouer au-dehors. Elle n'en revenait pas d'une victoire si facile sur sa mère et sur sa sœur. Elle s'était préparée à des querelles, voire un esclandre. La gentillesse de l'Américain n'était sans doute pas étrangère à l'ambiance détendue du déjeuner.

Jordane mit sa main en visière pour tenter d'apercevoir la silhouette de Sydney. Elle finit par le repérer alors qu'il escaladait la colline, au milieu des moutons. En bon professionnel, il voulait se faire une idée exacte de l'endroit et de ses possibilités. Jordane ressentit aussitôt une impression désagréable. Le Biloba allait être estimé, soupesé, critiqué, avant d'être chamboulé puis rentabilisé. Bien entendu, elle l'avait voulu, cependant c'était elle qui tenait le plus à cette terre et à cette maison.

Elle soupira puis s'assit à même le sol, sur les dalles brûlantes de la terrasse, la nappe en boule sur ses genoux. Elle allait devoir défendre un projet qui, au fond, lui faisait horreur. Toute son existence avait été semée de ces absurdes contradictions. Elle s'était crue très amoureuse de Lionel et avait passé toute une année à se languir, loin de chez elle. Elle n'avait pas pu dire adieu à son grand-père, alors qu'il était sans doute l'être qu'elle avait le plus admiré ; elle n'avait pas eu le temps de le rassurer, de lui promettre qu'elle continuerait cet élevage qui était leur passion commune. Elle n'avait pas d'enfant alors qu'elle aurait donné n'importe quoi pour fonder une famille. Elle n'avait plus de mari, même pas d'amant, alors qu'elle était belle à frémir et parfois tenaillée d'envies de volupté. Elle tenait le rôle de chef de famille alors qu'elle aurait tant souhaité s'abandonner sur une épaule solide. Il n'y avait que des paradoxes dans sa vie. Une vie qu'elle ne voyait pas passer tant elle se donnait de mal pour sauver une propriété qui s'enfonçait inexorablement et qu'elle allait devoir transformer en auberge de luxe. Tout ça à

contrecœur et en se faisant maudire ! Elle eut une soudaine envie de pleurer qui la fit se relever d'un bond.
Elle ne voulait pas s'apitoyer sur son sort, d'ailleurs elle
avait six chevaux à sortir. Ainsi qu'une jument qui n'allait
pas tarder à mettre bas et qu'elle devait surveiller. Elle
décida d'aller consulter Sempion, qui était toujours d'une
aide précieuse au moment des naissances, et qui devait se
demander ce que fabriquait cet étranger sur ses pâturages.

4

— Pour que vivent les traditions, je serai toujours le premier d'accord, dit Pascal en fronçant les sourcils. Mais pas n'importe comment, pas à n'importe quel prix ! Vous avez vu ce qui est arrivé à Saint-Rémy ? Vous savez qu'il y a eu un mort ? Sans parler de celui des Saintes l'année dernière ?

— Mais oui, protesta le maire, excédé.

Depuis plus d'une heure, il écoutait les trois manadiers qui avaient exigé d'être reçus. Pascal Peyrolles l'agaçait tout particulièrement avec son discours intraitable et son regard trop clair, vrillé sur lui.

— Je veux qu'on remonte les barrières à un mètre cinquante, et qu'il y ait un véritable service d'ordre pour empêcher les gens de jeter n'importe quoi à la tête des taureaux. Nos gardians sont vigilants mais ils ne peuvent pas être à la fois à pied et à cheval !

D'emblée, Pascal avait imposé ses exigences. L'*abrivado*, ce célèbre jeu taurin, attirait un monde fou. À l'origine, il s'agissait de l'arrivée au galop, dans un village, des taureaux destinés à la course camarguaise, conduits par les gardians depuis les pâturages jusqu'aux arènes. Au fil du temps, c'était devenu un spectacle très apprécié du public qui s'essayait à faire perdre aux cavaliers le contrôle des taureaux. Mais ce qui était possible dans un village autrefois présentait maintenant de grandes difficultés dans une ville comme Arles ou Nîmes. La veille, on installait un couloir de barrières le long d'un parcours minutieusement préparé. Et le public devait se contenter, en principe, de regarder. Hélas, il y avait toujours quelques téméraires qui voulaient exciter le bétail. C'était une coutume dangereuse que ces lâchers de taureaux, mais aussi une attraction touristique dont personne ne voulait se priver. Malgré toutes les précautions, il y avait déjà eu plusieurs accidents. Le tribunal de Tarascon statuait péniblement sur les dossiers en cours.

— Les employés municipaux doivent s'assurer qu'aucun taureau ne peut s'engouffrer dans une ruelle. Je vérifierai le parcours moi-même, ajouta Pascal.

Le maire regarda alternativement ses interlocuteurs. Il ne pouvait pas se passer d'eux. Non seulement en ce qui concernait les manifestations taurines, mais aussi en termes d'élection. À eux trois, ils étaient plus puissants et plus unis que tout un syndicat. Il ne fallait pas froisser le monde de la bouvine. D'ailleurs ces gens-là n'avaient pas tort.

— Entendu, conclut-il en se levant pour mettre fin à l'entretien. Prenez toutes les mesures que vous jugerez nécessaires, vous avez mon aval.

Après un vigoureux échange de poignées de main et des sourires de courtoisie, les trois hommes se retrouvèrent sur les marches de l'hôtel de ville. Ils se consultèrent du regard et n'eurent même pas besoin d'échanger une parole avant de se séparer. Pascal hésita quelques instants devant sa voiture. Il avait promis à Cécile de passer à l'agence mais il n'en avait pas envie. Il ne savait plus très bien quoi faire, avec elle. Il la trouvait désirable, gentille, mais il n'en était pas amoureux. Il se méfiait trop des femmes pour accepter de se laisser attacher, car au bout d'un moment elles devenaient envahissantes. Cécile faisait d'émouvants efforts pour paraître indifférente mais ne parvenait pas à donner le change. Elle était malheureuse, il le devinait et n'y pouvait rien. Sinon la quitter pour qu'elle puisse l'oublier, ce qui était plus cruel encore.

Finalement, il décida de rentrer chez lui, déjeuna d'un sandwich debout dans sa cuisine. L'*abrivado* le préoccupait

122

toujours. Les gens se montraient de plus en plus inconséquents. Certains escaladaient les barrières censées les protéger. Ils se retrouvaient alors enfermés dans un couloir sans issue, obligés de courir à perdre haleine devant le bétail. Autrefois, les plaines offraient un espace raisonnable pour ce jeu où les bêtes se fatiguaient aussi vite que les hommes. Mais aujourd'hui, avec l'urbanisation et le trafic des routes, on transportait le lot de taureaux dans un camion et on ne les lâchait qu'en ville, à l'entrée du parcours balisé. Quand c'étaient des taureaux de Camargue, reconnaissables à la forme en lyre de leurs cornes, et destinés à une course à la cocarde, Pascal était moins inquiet. Il prévoyait les réactions des bêtes, faisait une entière confiance à ses hommes. Mais il se méfiait beaucoup plus des taureaux espagnols, aux cornes basses et très écartées, redoutables d'agressivité et bien plus puissants. Avec ces fauves, le lâcher de taureaux n'avait plus rien d'un jeu.

Sans prendre le temps de se faire du café, Pascal rejoignit ses hommes pour leur faire part de ses dernières consignes de sécurité.

Ouvrant des yeux incrédules, Sydney se pressait, comme tout le monde, contre les barrières. Ce qu'il avait vu de la région, en vingt-quatre heures, l'avait complètement séduit. Avant de le reconduire à l'aéroport, Jordane lui avait proposé de faire une halte à Arles pour assister à l'*abrivado* qu'elle avait vainement tenté de lui expliquer.

Très excités, des jeunes gens guettaient l'arrivée des taureaux, bien décidés à prouver leur bravoure en courant devant les animaux au mépris des interdictions. La tentation de jouer les apprentis toreros était trop forte, et les occasions trop rares, pour tous ces adolescents des villes.

Encadrée par Sydney et Lionel, Jordane essayait de ne pas se faire bousculer. Elle s'amusait, gagnée par l'enthousiasme et l'énervement de la foule autour d'elle. Après dix minutes d'attente, la première chose qu'ils aperçurent au loin fut le chapeau d'un gardian. Puis un bruit sourd de sabots fit trembler les pavés sous leurs pieds. Galopant dans le couloir des barrières, en direction des arènes, un premier taureau apparut, le mufle au ras du sol. Les gens se mirent à crier, à agiter des mouchoirs, à courir. Un homme, juste devant eux, voulait escalader la barrière tandis que sa femme s'accrochait à lui en hurlant de terreur. Un peu plus loin, des employés municipaux retenaient deux jeunes gens qui tentaient de leur échapper. Deux autres taureaux arrivaient côte à côte, fonçant droit devant eux, énormes, impressionnants comme des animaux préhistoriques.

Sydney eut juste le temps de voir passer les masses noires et luisantes des taureaux talonnés par une dizaine de cavaliers armés de piques. Il y eut un fort effluve de bétail en sueur puis la foule reflua et l'Américain se tourna vers Jordane.

— Stupéfiant…, dit-il en essayant de lui sourire.

— Pas plus que vos rodéos, j'imagine !

Ils se dirigèrent vers les arènes autour desquelles tout le monde s'agitait maintenant. Les taureaux avaient déjà disparu en s'engouffrant dans le toril, et les gardians avaient mis pied à terre. Entre un chapeau de feutre et un foulard rouge, Jordane reconnut le regard délavé de Pascal Peyrolles. Son cheval, un petit camarguais à la longue crinière, était couvert d'écume. Une vingtaine de filles entouraient les gardians et on entendait leurs éclats de rire hystériques. Jordane prit le chemin du théâtre antique tout proche qu'elle voulait montrer à Sydney.

— Vous n'avez pas fini de découvrir nos merveilles ! Venez par là…

L'effervescence retombant peu à peu, ils purent se frayer un passage parmi la foule. À une question de Sydney, Jordane répondit, mettant ses mains en porte-voix :

— L'empereur Auguste, il y a dix-neuf siècles !

Lorsqu'ils furent parvenus sur les gradins du théâtre, Sydney put regarder alternativement dans la direction des arènes puis de la scène antique en contrebas, avec ses vestiges de colonnes et, au-delà, un paysage admirable. Il secoua la tête, subjugué par la majesté de cet ensemble architectural. Lionel le prit par l'épaule et lui mit sa montre sous les yeux.

— On va rater l'avion !

Ils firent demi-tour pour redescendre vers les remparts, précédés par Jordane. La Rover accepta de démarrer tout de suite et ils prirent la direction de Nîmes.

— Que deviennent les taureaux ? s'enquit Sydney en baissant sa vitre.

— Ils se calment en attendant la corrida de ce soir. Il y a une portugaise en nocturne...

Lionel vit le sourire de Jordane, dans le rétroviseur, et lui trouva l'air bien réjoui.

— Tu y vas ? demanda-t-il d'un ton détaché.

— Pour une fois, oui...

— Avec ton commissaire-priseur ?

Elle lui jeta un coup d'œil aigu et se rappela qu'elle avait laissé traîner la lettre de Robin et les billets sur son bureau. Elle se demanda s'il avait vraiment eu le culot de lire son courrier.

— Je vais consacrer quelques jours à l'étude de votre dossier, dit soudain Sydney. Une première approche... C'est vous qui déciderez, de toute façon ! Mais si nous voulons avoir une conversation constructive, la prochaine fois, il faudra bien que je vous soumette des chiffres, n'est-ce pas ?

Le projet de transformation du Biloba devenait brutalement quelque chose de concret et Jordane se sentit un peu inquiète.

— Étude de marché, devis global et approximatif, projection de rentabilité, ébauche de la société civile, énuméra Sydney. Je serai de retour vendredi prochain.

Il se tourna vers Lionel, quêtant son approbation par courtoisie, mais il avait compris que c'était avec Jordane, et elle seule, qu'il allait traiter désormais. Déjà, la veille, il s'était surtout adressé à elle durant le dîner. Tandis qu'ils dégustaient leurs filets de rouget puis la tourte aux ris de veau, Sydney avait abordé le projet d'hôtel avec diplomatie. Sciemment, il s'était montré évasif, n'évoquant que les avantages d'une exploitation commerciale qui, à ses yeux, restait « noble ». On n'allait pas faire du Biloba une petite auberge, bien au contraire ! Et il s'était aussitôt référé, en toute innocence, à l'endroit somptueux où ils étaient attablés. L'Oustau de Baumanière gardait en effet son charme de vieux mas provençal, et une élégance feutrée était de rigueur dans toutes les salles.

Jordane, intarissable, lui avait raconté la Camargue. Avec attention, il avait écouté et noté tous les détails. Chaque fois qu'il posait une question, demandait une précision, Nora semblait boire ses paroles. Jordane n'avait jamais vu sa sœur aussi épanouie. Elle s'était même demandé si Nora n'était pas sous le charme de l'Américain. En tout cas elle n'avait jamais protesté, ni manifesté aucune aigreur lorsqu'il avait été question du Biloba.

Ils étaient arrivés devant l'aéroport. Jordane freina et adressa un franc sourire à Sydney.

— On se voit vendredi, donc...

Ils descendirent de voiture, prirent leurs sacs de voyage puis Lionel se pencha à la portière.

— Je peux t'embrasser quand même ?

Narquois, il la défiait du regard. Comme elle ne réagissait pas, il prit ses lèvres goulûment, sans aucune pudeur. C'était plus une vengeance qu'un baiser, et elle se recula, furieuse. Sydney s'était détourné avec discrétion.

— Bonne soirée ! dit Lionel en se redressant.

Il donna une petite tape condescendante sur le toit de la Rover et Jordane démarra, faisant hurler les pneus.

Avachi dans un fauteuil Chesterfield, Pascal observait son père. Il faisait frais dans l'hôtel particulier et il y régnait un calme agréable après la folie de l'après-midi

126

en ville. Vincent avait fait ouvrir du champagne par le maître d'hôtel, trop heureux de la visite inattendue de son fils aîné.

— Robin n'est pas là ? demanda Pascal en reposant sa coupe sur un petit guéridon délicat.

— Si, je suppose. Dans sa chambre...

— Alors il faudrait l'appeler pour trinquer, suggéra Pascal.

— Oui, oui... On a bien le temps...

Vincent n'avait aucune envie que leur tête-à-tête soit troublé. Il voulait profiter de la présence de Pascal, ce bel homme apparemment sans soucis qui était sa plus grande fierté.

— Tout va bien à la manade ? s'enquit-il.

— Très bien. On prospère...

Son père ne demanda pas qui était ce « on ». Pascal et lui ? Pascal et ses gardians ? Le bétail ? Peu importait, l'essentiel étant que son aîné réussisse. Comme s'il avait deviné, Pascal ajouta :

— Il y a eu beaucoup de naissances et très peu de pertes cette année. La ferrade du printemps a été un vrai succès.

— Tant mieux ! dit Vincent qui gardait un pénible souvenir de ces marquages au fer sur les taureaux.

— Et quant à Raïto... C'est mon vieux cocardier, tu te souviens de lui ? Eh bien, je crois qu'il peut encore rendre fous quelques raseteurs lors du concours des manades aux Saintes, à la fin du mois... C'est une vraie vedette, tu sais ! Malin, adroit... Tu m'écoutes ?

Résigné, Pascal constatait, une fois de plus, que son père ne faisait que le regarder sans l'entendre. La course camarguaise ne l'intéressait pas, il n'avait jamais eu la *fe di biou* – la foi du taureau qui animait son fils. Pour se faire pardonner son inattention, il affirma :

— En tout cas, tu es en pleine forme, ça me fait plaisir !

Depuis toujours, Vincent était fasciné par les yeux gris de Pascal, si clairs qu'on aurait cru des yeux d'aveugle, et qui tranchaient bizarrement sur son hâle. À six ou sept ans, lorsqu'il levait le regard vers son père, celui-ci fondait d'admiration. Robin n'avait jamais suscité ce bonheur-là.

— Tu ne viens pas souvent me voir... Nous étions convenus d'un déjeuner hebdomadaire !

— La saison a commencé, lui rappela Pascal.

Il observait Vincent, avec son habituelle expression indéchiffrable. Un peu gêné par cette insistance, son père voulut plaisanter.

— J'ai eu de tes nouvelles, indirectement, à la mairie ! Il semblerait que, dans certains dîners en ville, tu tiennes des propos très... frondeurs. Ah, tu as bien raison de les mettre au pas, tu peux te le permettre !

Grâce à lui, pensait-il, Pascal pouvait tout se permettre. Il ne dépendait de personne, pouvait s'offrir toutes les femmes, toutes les insolences qu'il voulait, et même défendre la région si ça l'amusait.

— Alors, tu vas passer la main à Robin ? demanda abruptement Pascal.

Agacé par la question, Vincent haussa les épaules.

— Attends, attends, ton frère va trop vite, il veut me pousser en touche ! Avant de lui céder la charge, il faut qu'il se remette un peu au courant. Les habitudes des gens, leurs goûts, nos partenaires privilégiés... Il y a si longtemps qu'il est parti !

Pascal tendit son verre pour se faire resservir. Son sourire narquois n'avait rien d'amical mais Vincent l'ignora.

— Tu l'as fait revenir pour ça, quand même...

— Oh, en quittant Valenciennes, il n'a pas perdu grand-chose !

— Et il possède une formation quasi parfaite, non ? poursuivit Pascal.

— Bien sûr ! Elle m'a coûté assez cher, sa formation ! Il fera sans doute un excellent successeur, mais pas tout de suite. Je n'ai pas dit mon dernier mot, je n'ai pas envie de me tourner les pouces. Alors il attendra. Il n'a qu'à profiter un peu de la vie d'ici là, et patienter !

Vincent se mit à rire mais Pascal restait impassible.

— Ton frère n'est pas à plaindre. Ne te fie pas à son air de chien battu. Il a toujours été... morose. Pour ne pas dire sinistre. Et, dans notre métier, ce n'est pas l'idéal. Après moi, il fera ce qu'il voudra. Mais, dans l'immédiat, je ne vais pas me laisser piétiner !

Un agacement visible l'avait gagné. Il n'aimait pas parler de Robin, et surtout pas avec Pascal. Il savait pertinemment à quel point il avait favorisé l'aîné, ce qui le mettait mal à l'aise dès qu'il était question du cadet. Il préférait ne pas y penser, ne pas se demander pourquoi il se laissait dominer par Pascal ou quel plaisir il prenait à tyranniser Robin.

— Veux-tu dîner avec moi ? demanda Vincent en retrouvant le sourire.

— Non, je vais à la corrida de ce soir...

Déçu, Vincent étouffa un soupir. Il aurait aimé profiter de son fils encore un moment et il le sentait sur le point de partir. Il le devança en demandant d'une voix plaintive :

— Tu t'en vas déjà ?

— Il faut que je me change.

Debout, Pascal était superbe. Grand, athlétique, sûr de lui, il marcha jusqu'à son père pour lui serrer la main. Il n'y avait aucune trace de tendresse dans son regard clair.

Après avoir vérifié le numéro, sur le gradin, Jordane s'assit. Elle était radieuse et Robin ne la quittait pas des yeux. Par-delà le brouhaha de la foule qui s'installait, la fanfare jouait un paso doble.

— Tu n'imagines pas à quel point je suis contente d'être là...

— Si, si, je vois !

Il se réjouissait d'avoir su lui faire plaisir. Encore une fois, il avait interrogé son frère, puis Cécile, ensuite il avait pris des renseignements minutieux et avait bénéficié d'une chance inouïe. Jordane allait avoir une autre surprise, et de taille ! Robin avait gardé le secret, heureux de s'être donné du mal, surexcité comme un gamin.

— Je n'espérais même pas être original, dit-il, je te croyais une habituée des arènes !

— Tu es fou, tu as vu le prix des billets ? Ah oui, tu as vu, forcément...

Elle s'était mise à rire et deux hommes, assis devant eux, se retournèrent pour la regarder. Quatre rangs plus haut, Pascal venait de prendre place. Il avait repéré son frère et Jordane en arrivant et les observa un moment, amusé. Pour profiter de la vie, comme l'avait suggéré Vincent, Robin n'avait pas choisi la plus laide ! Pascal prit ses jumelles et étudia quelques instants le profil bien dessiné de Jordane. Il fallut le son des clarines pour l'arracher à son examen. Il était, lui, un fidèle de toutes les ferias, et il prenait chaque année un abonnement, tant à Nîmes qu'à Arles. Il goûtait la tauromachie, même si sa préférence allait à la course libre. Depuis des années, il avait à ce sujet d'interminables discussions avec ses confrères manadiers. Il y avait deux camps bien distincts, les éleveurs de taureaux espagnols et ceux qui conservaient farouchement le cheptel des camarguais. Pourtant, presque tous les troupeaux étaient mâtinés à présent et les diverses réglementations n'y changeaient rien. Pascal lui-même avait acquis un reproducteur espagnol pour donner à ses bêtes plus de puissance.

Le paseo se déroulait sur la piste ovale de l'amphithéâtre et les cavaliers firent leur apparition, salués par la musique de la fanfare. Vêtus de pantalons de cuir, de boléros courts et brodés sur leurs chemises de dentelle, coiffés de chapeaux plats à large bord, deux hommes et une femme défilaient sur leurs somptueux andalous. Au milieu des applaudissements, le cri de Jordane passa inaperçu. Elle venait de reconnaître l'un des chevaux :

— C'est Campana ! Robin ! Le cheval gris, là, c'est Campana ! C'est mon gros cabochard de Campana !

Son regard effleura Robin, une seconde, puis revint vers la piste.

— Il était doué, celui-là, tu ne peux pas savoir ! Mais avec un de ces caractères ! Ah, c'est lui, c'est mon Campana !

Elle s'était levée pour mieux voir, tandis que les cavaliers quittaient l'arène, au petit galop d'école.

— Je l'ai vendu il y a... deux ans. Tout juste ! C'est quand même une coïncidence extraordinaire, non ?

Accordant enfin un peu d'attention à Robin, elle découvrit son air amusé. Stupéfaite, elle finit par articuler :

— Tu savais ? Comment pouvais-tu savoir ?

Son incrédulité combla Robin. Ainsi il avait réussi à l'étonner, il avait su lui faire plaisir, il l'avait obligée à s'intéresser un peu à lui. Il ne s'attendait pas à ce qu'elle réagisse aussi vite, mais elle avait identifié son andalou en un instant. Comme tous les éleveurs, elle était incapable d'oublier une seule des bêtes nées chez elle. Il pensa qu'elle était bien autre chose qu'une simple cavalière ou qu'une jolie femme.

— Au début, je voulais juste t'inviter à cette corrida de *rejoneo*, expliqua-t-il. J'étais certain que tu adorais ça... Et puis j'ai pris des renseignements, pour ne pas avoir l'air d'un néophyte ! Le nom des cavaliers, l'origine des chevaux...

Elle lui sourit, radieuse, tandis qu'il poursuivait :

— Je suis tombé sur un toqué, un amoureux, un vrai bavard. Il m'a appris que l'un des chevaux qui se produiraient ce soir provenait d'un élevage français, celui d'un certain François Valence. Alors tu vois, je n'aurais manqué ta réaction pour rien au monde !

— C'est tellement gentil..., dit-elle en le dévisageant.

Personne ne lui avait jamais fait un cadeau de cette sorte. D'ailleurs Robin ne ressemblait décidément à personne. Elle s'était enfin rassise et elle tourna la tête vers la porte du toril, attentive. Ainsi elle allait savoir ce que donnaient ses chevaux devant les taureaux, comment ils se comportaient face au danger, ce que les cavaliers qui les avaient achetés leur avaient appris. Elle pensa à son grand-père et l'émotion lui serra la gorge. Ce plaisir ne lui avait jamais été donné. Il n'avait pas eu le temps d'être le témoin de sa propre réussite et de celle de sa petite-fille. Même si l'élevage ne rapportait pas grand-chose, Jordane se sentit payée de tout à l'idée de ce qui allait suivre.

Lorsque le premier taureau que devait affronter le caballero de Campana entra sur la piste, Jordane le trouva énorme, monstrueux. Ses cornes n'étaient pas emboulées puisqu'il allait combattre des *rejoneadores* espagnols jusqu'à la mort. Déjà, Jordane s'inquiétait pour « son » Campana. Elle revit le poulain ombrageux qu'il avait été, repensa à tout le temps qu'il avait fallu pour le rendre docile.

Dans le silence quasi religieux de l'arène, elle perçut le bruit des sabots sur le sable, le souffle furieux du taureau qui chargeait. Elle regarda alors le couple, cheval et cavalier confondus, qui attendait immobile à vingt mètres de là, et elle eut une brusque envie de pleurer.

À l'issue de la corrida, Jordane et Robin furent parmi les derniers à quitter les gradins. Enthousiaste, volubile, elle avait chuchoté à l'oreille de Robin durant plus d'une heure, lui expliquant tout ce qui se déroulait devant eux. Oubliant qu'il était né là, elle lui avait donné une foule de détails comme elle l'aurait fait avec Sydney, sans doute. Mais Robin n'avait pas protesté, trop heureux qu'elle reste penchée vers lui, trop attentif à sa voix rauque, un peu voilée, à l'odeur de tubéreuse de son parfum, aux boucles brunes qui, parfois, le frôlaient. Il était donc resté silencieux, aux anges, immobile jusqu'à en avoir des crampes dans l'épaule, attendant avec impatience les moments où elle avait peur et où elle serrait son bras.

Il l'emmena dîner à deux pas des arènes, dans un restaurant tout simple où ils commandèrent des filets de turbot à la sauce safranée. Au lieu de manger, Robin regardait Jordane qui dévorait. Elle l'éblouissait par sa joie de vivre, son appétit, ses fous rires. À plusieurs reprises, elle lui répéta qu'il lui avait fait un très beau cadeau, une surprise inoubliable. Elle déclara qu'elle n'était pas un éleveur comme les autres, qu'elle était un peu marginale au sein de la communauté camarguaise, à cause de ses continuels ennuis d'argent qui limitaient les possibilités du Biloba. Sans parler de sa jeunesse et de sa relative inexpérience.

— Entre mon grand-père et moi, il y a le vide d'une génération qui a fait l'impasse sur tout. Papa se moquait des chevaux comme de son premier négatif et maman ne mettait pas les pieds dans l'écurie ! Ce qui a rendu la passation des pouvoirs un peu... laborieuse. J'étais si jeune pour lui ! Je ne devais pas lui paraître bien sérieuse... Je crois que j'aurai toujours des lacunes parce que nous n'avons pas eu assez de temps, lui et moi. Tiens, par exemple jusqu'à ce soir, je n'avais pas imaginé voir un jour mes andalous en piste... alors que c'est ça, le suivi d'un élevage ! Mon grand-père me manque, c'était un sage... Pourtant il avait des angoisses, des vertiges d'avenir, et maman ne faisait qu'en rire ! Il lui passait tous ses caprices, c'était sa fille unique, mais il avait la trouille... Et sûrement l'impression de travailler pour rien.

Rassasiée, elle avait repoussé son assiette. Robin l'avait si bien mise en confiance qu'elle lui avouait, de façon désordonnée, des choses qu'elle avait tues jusque-là, même à Lionel.

— Il avait une haute idée de sa propriété et de son élevage. Il disait qu'il ne faut pas se sous-estimer. Même et surtout quand on est différent. En Camargue, il y a partout des taureaux noirs et des petits chevaux blancs avec lesquels les manadiers travaillent toute l'année. Comme chez ton frère... Pas chez nous ! On gardait les mérinos alors que tout le monde s'en était débarrassé, on faisait naître des chevaux de cirque, bref on passait pour des excentriques. Le Biloba est un monde à part, tu sais...

Le restaurant s'était vidé, il était très tard. Désolé à l'idée de devoir bientôt quitter Jordane, Robin se résigna à demander l'addition.

— Je vais te raccompagner, dit-il d'une voix éteinte.

— C'est ça ! Allons boire du champagne à la maison !

Elle calcula qu'il devait bien rester trois des bouteilles de Lionel au frais et, dès qu'ils arrivèrent à la bastide, elle en déboucha une, sur la terrasse. Toutes les fenêtres étaient éteintes, il régnait un calme absolu dans la nuit tiède. Ils s'assirent face à face, à la lueur d'un photophore. Robin posa alors la seule question qui lui importait vraiment :

— Et ton mari ?

— Eh bien, quoi ? Il vit à Paris...

S'il avait craint qu'elle se referme, qu'elle cherche à éluder, il fut vite rassuré parce qu'elle n'hésita pas à ajouter :

— Lionel a été mon premier grand amour. Je lui dois ça, quoi qu'il arrive. Mais c'est fini...

Elle repensa à leur dernière nuit. Oui, c'était vraiment fini, même le plaisir s'était émoussé, il ne restait qu'une affection dont Lionel ne voudrait sans doute pas.

— Je vais divorcer, c'est ce qu'on a de mieux à faire, dit-elle à voix haute.

— Il est d'accord ?

— Comment veux-tu ne pas être d'accord dans ces cas-là ? Je ne lui demande rien, bien sûr, mais on ne peut garder personne contre son gré, tu sais bien...

Robin songea à son propre divorce, facile et sans histoires, à la pension alimentaire qu'il versait à une femme dont il avait oublié jusqu'au visage.

— Et toi ? demanda-t-elle soudain. Je te saoule avec mes histoires ! Raconte...

Elle attendit quelques instants puis, comme il gardait le silence, elle décida d'aller chercher une autre bouteille. Ses pas résonnèrent sur les dalles de la terrasse et il cligna des yeux lorsqu'elle alluma la lumière de la cuisine. Il avait la sensation de vivre un moment d'une exceptionnelle intensité.

Lorsqu'elle revint, elle avait relevé ses cheveux noirs pour avoir moins chaud et une pince de nacre brillait sur sa nuque.

— Tu es tellement belle, murmura-t-il.

Il la prit par la taille tandis qu'elle servait le champagne, mais elle recula d'un pas. Embarrassé, il la lâcha tout de suite. Ils échangèrent un regard puis Jordane soupira.

— Robin..., commença-t-elle.

Il eut peur qu'elle ne dise quelque chose de définitif et il l'interrompit aussitôt.

— Excuse-moi, je ne voulais pas t'ennuyer, je sais que je vais trop vite, je suis désolé !

Elle le trouva attendrissant avec son air de petit garçon pris en faute.

— Il faut que nous en parlions, dit-elle. Tu m'as écrit des choses très... très excessives.

— Non, au contraire, je me suis beaucoup modéré.

Il plaisantait pour retarder l'instant du coup de grâce.

— C'est toujours flatteur de plaire, agréable d'être désirée, mais je ne sais pas jouer au chat et à la souris, poursuivit Jordane. Je n'ai pas cette coquetterie-là, je préfère être claire...

Il prit une profonde inspiration pour demander :

— Je te déplais tant que ça ?

Fronçant les sourcils, elle le dévisagea.

— Non...

— Merveilleux ! Alors n'allons pas plus loin ce soir, d'accord ? Je peux attendre mille ans pour la suite.

Spontanément, elle lui saisit la main. Le geste était sans équivoque, pourtant il tressaillit.

— Pour le moment, Robin, je ne suis pas amoureuse de toi. Mais je suis bien avec toi.

Elle avait choisi la franchise parce qu'elle se refusait à vivre le même malentendu que celui qui subsistait entre elle et Lionel. Elle devina qu'elle venait de lui faire très mal alors qu'il lui avait offert une merveilleuse soirée. Elle posa sa tête sur son épaule, soudain fatiguée. L'existence était toujours trop compliquée et souvent injuste. Elle sentit les doigts de Robin qui effleuraient ses cheveux.

— Si tu es bien, seulement un tout petit peu bien, alors je suis comblé, chuchota-t-il.

Un long moment s'écoula sans que l'un ou l'autre bouge. Ils partageaient une sensation qui n'était pas la même mais qu'ils s'offraient mutuellement en silence. Lorsque le cri d'un oiseau les tira de leur torpeur, Jordane regarda vers l'est. L'aube n'était pas loin mais le ciel semblait toujours très obscur. Il n'y avait plus aucune étoile, à présent. Brusquement, un éclair écrasa le paysage autour d'eux, durant une seconde.

— Il va y avoir un orage...

Ils quittèrent leurs fauteuils et firent quelques pas sur la terrasse, engourdis. Un sourd grondement de tonnerre fit trembler un carreau mal scellé.

— Je peux t'appeler demain ?

Avec un sourire, elle acquiesça. Les éclairs se succédaient à présent.

— La pluie ferait du bien, il y a tellement de poussière...

Robin voyait le profil de Jordane apparaître par intermittence dans des éclats bleutés. Un grondement s'intensifia, tout près, puis la foudre tomba quelque part sur la colline, les faisant sursauter.

— Va-t'en vite ! s'exclama Jordane en sentant les premières gouttes de pluie frapper ses épaules.

Il se contenta de la regarder encore, ne chercha même pas à l'embrasser et dégringola les marches de la terrasse vers sa voiture. Il ne jeta pas un coup d'œil dans son rétroviseur lorsqu'il s'éloigna de la bastide. L'orage lui était indifférent. Il avait l'impression étrange d'être comme anesthésié. Quelque chose en lui criait de douleur sans l'atteindre. Jordane n'avait pas fermé la porte à l'espoir, c'était l'essentiel. Ils avaient passé une drôle de nuit, comme s'ils se connaissaient depuis toujours, à la fois proches l'un de l'autre et pourtant séparés par la distance qu'elle maintenait.

Sous la violence de l'averse, son pare-brise ruisselait et il faillit percuter quelque chose, sur la route. Il donna un brusque coup de volant pour éviter une masse mouvante devant son capot. Il freina brutalement et la voiture se mit en travers sur le bas-côté. Dès qu'il descendit, il fut trempé. Il voulut s'approcher de la forme immobile qu'il discernait mal, aveuglé par toute l'eau qui tombait en rideau. À deux mètres, le mouton se mit à bêler puis détala au galop. Robin entendit des bruits confus de sabots sur l'asphalte, des bousculades, des glissades. Il se demanda combien de bêtes étaient perdues sous l'orage. Impuissant, il hésitait encore lorsqu'il vit des phares qui trouaient l'obscurité. Malgré ses gestes désespérés, l'automobiliste le dépassa sans ralentir. Robin hurla toute une série de jurons. Il n'y voyait pas grand-chose mais il entendait toujours des bêlements terrifiés, au loin. Faisant demi-tour, il se mit à courir en direction de la bastide. Il fallait prévenir Jordane, le berger, mettre les mérinos à l'abri.

Lorsqu'il atteignit la terrasse, hors d'haleine, il vit de la lumière au deuxième étage. Il ouvrit la porte de la cuisine, essaya de trouver un commutateur, à tâtons. Il pensait aux moutons et aux voitures, à l'inconscience des conducteurs. Dès qu'il eut allumé, il tenta de se diriger. Il traversa le grand vestibule puis se mit à gravir l'escalier. Il ne voulait pas appeler Jordane et il était complètement désemparé. Sur le palier du premier étage, il s'arrêta, indécis. Les veilleuses éclairaient les couloirs mais les baisses de tension dues à l'orage donnaient à toute la maison une allure fantomatique. Où pouvait bien se trouver la chambre de Jordane ? En désespoir de cause, il attendit un répit du tonnerre puis il se mit à tousser. Presque aussitôt, il entendit des pas au-dessus de sa tête.

— Robin ?

Penchée sur la rampe, Jordane l'interpellait à mi-voix.

— Tes moutons sont sur la route ! J'ai failli en écraser un, viens vite !

Il y eut une seconde de silence puis Jordane dévala l'escalier. Elle le dépassa sans s'arrêter et il la suivit. Ils sortirent en courant. Elle avait une foulée puissante, régulière, et elle connaissait tous les pièges du chemin. Il se tordit plusieurs fois les chevilles en essayant de la rattraper. Elle filait dans la demi-obscurité, ignorant la pluie qui avait redoublé de violence. Il faillit buter contre elle lorsqu'elle s'arrêta net. Elle s'était baissée pour examiner quelque chose et il ne voyait que ses longs cheveux mouillés, plaqués dans son dos. Une aube grise et plombée pointait, malgré l'orage.

— La clôture ! cria Jordane. Ils ont fini par avoir cette saloperie de clôture !

Deux piquets étaient à terre et le grillage rouillé s'inclinait jusqu'au sol sur une vingtaine de mètres.

— Sempion, c'est ta faute ! hurla Jordane comme si le berger avait pu l'entendre.

Elle se redressa, fit face à Robin.

— Il n'y a pas plus bête qu'un mouton ! Alors maintenant, où sont-ils partis, hein ?

Secouée de rage et d'inquiétude, elle tournait la tête de droite à gauche.

— Écoute…, commença-t-elle.

Un coup de tonnerre l'interrompit et elle dut attendre que le bruit s'éteigne.

— Je vais aller chercher le berger, Sempion… Tu ne sais pas où est sa cabane… Longe la route jusqu'à la nationale… Si tu les trouves, pousse-les dans un champ. Il te suffit d'en attraper un seul, les autres suivront…

Elle partit en direction de la colline, glissant dans ses espadrilles. Hébété, Robin se mit en marche sous la pluie.

À huit heures, l'orage s'éloigna enfin et le ciel se dégagea d'un seul coup. Le soleil se mit à réchauffer le sol détrempé, provoquant des vapeurs d'humidité. Épuisés, hagards, Jordane et Sempion avaient fini par rentrer tous les moutons. L'un d'eux avait une patte cassée et c'était grâce à ses bêlements que le troupeau avait été retrouvé de l'autre côté de la colline. Sempion le porta jusqu'à la cabane puis l'abattit d'un coup de fusil. Mais le pire restait à venir car Jordane s'aperçut soudain que deux chevaux, sans doute affolés par les éclairs et le tonnerre, avaient disparu de leur pré.

Robin récupéra sa voiture et fut chargé d'une reconnaissance sur les routes tandis que Jordane partait harnacher Butaban. Elle resta en selle deux heures, inspectant tous les environs, décrivant des cercles de plus en plus larges autour du Biloba. La fatigue s'ajoutait à l'angoisse et rendait les recherches pénibles. Sempion lui-même, appuyé sur son bâton, était parti fouiller les bois après avoir enfermé les mérinos dans un enclos. Le vieux berger se sentait lourdement responsable. Lui qui approchait rarement de la maison était allé, incrédule, recompter les chevaux dans l'écurie, secouant la tête et s'adressant toute une litanie de reproches. Jordane l'avait déjà copieusement engueulé pour les clôtures, et c'était avant qu'elle découvre la disparition de ses andalous.

Robin avait fait et refait tous les chemins possibles sur les différentes routes. Utilisant les jumelles emportées la veille au soir pour la corrida, il avait scruté inlassablement le paysage sans déceler la moindre silhouette de cheval, hormis celle de Butaban qui sillonnait les collines.

Il était presque onze heures lorsqu'ils se retrouvèrent devant la bastide, bredouilles. Isabelle et Alice n'osaient poser aucune question. Elles proposèrent du café, attendant en vain que Jordane dise quelque chose. Ce fut Robin qui dut raconter les événements de la nuit, sans donner la moindre explication sur sa présence. Nora couvait sa sœur du regard. L'orage l'avait réveillée et, lorsqu'elle avait regardé par la fenêtre, elle les avait vus qui couraient au loin sous l'averse. Pressentant une catastrophe, elle était descendue et avait attendu des heures leur retour. L'état d'épuisement de Jordane était tel que Nora l'obligea à ingurgiter un sandwich.

— Le drame, expliqua enfin Jordane, c'est qu'il y a Milagro. L'autre, Bonur, c'est moins grave, il est à nous...

Mais Milagro, je l'ai vendu à Ramón Carras ! Et j'ai encaissé le chèque !

Elle regarda sa mère, puis sa sœur, et elle éclata en sanglots convulsifs. Robin faillit se précipiter vers elle pour la prendre dans ses bras mais Isabelle, heureusement, le devança. Elle saisit sa fille par les épaules, la serra contre elle et se mit à la bercer.

— Tu vas les retrouver, ne te mets pas dans cet état ma chérie, mon tout-petit, calme-toi, là…

Elle parlait à voix basse et refaisait avec une infinie douceur les gestes maternels qui apaisent. Robin se détourna, par discrétion. Il ne savait que faire mais il ne pouvait plus supporter la détresse de Jordane. Il rejoignit Nora qui préparait un second pot de café dans la cuisine.

— Où est le téléphone ? demanda-t-il.

Elle lui désigna le vestibule.

— Par là. Troisième porte à droite après l'escalier. Vous allez alerter la gendarmerie ?

Sans répondre, il gagna le petit bureau et poussa délicatement quelques dossiers pour s'emparer du téléphone. Jordane n'avait sans doute pas le goût de l'ordre ! Il esquissa un sourire, le premier de la matinée, avant de composer son numéro. Il attendit avec impatience, comptant les sonneries. Dès que Pascal décrocha, Robin se sentit soulagé. Il lui exposa la situation en quelques phrases brèves et n'eut même pas besoin de lui demander un coup de main.

Une demi-heure plus tard, il était là avec un camion et quatre de ses employés. Ceux-ci déchargèrent des petits chevaux gris tout harnachés pendant que Pascal allait saluer les Valence. Il demanda à Jordane quelques précisions sur les deux andalous qu'elle lui décrivit succinctement. D'après les détails qu'elle lui donna sur leurs recherches de la matinée, il déduisit que les chevaux devaient être assez loin du Biloba à présent. Lorsqu'il vit Jordane se diriger vers l'écurie, il la rattrapa.

— Où allez-vous ?

— Seller, tiens ! Je viens avec vous.

— Non, dit Pascal doucement, vous restez là.

Perplexe, elle lui jeta un rapide coup d'œil. Elle se sentait à bout mais elle ne voulait pas le montrer.

— Chacun son tour, déclara Pascal, vous prendrez le relais si je ne les trouve pas. En attendant, vous avez besoin de vous reposer. Je vais laisser un de mes hommes ici, il aidera votre berger à retaper la clôture écroulée. C'est mieux que vous soyez là pour les surveiller...

Elle avait tellement envie d'accepter sa proposition qu'elle ne protesta que pour la forme. Ils revinrent côte à côte vers le camion. Pascal donna ses ordres et se mit en selle. Il adressa un clin d'œil à Robin avant de s'éloigner. Jordane suivit les cavaliers du regard, un moment, puis elle se tourna vers le gardian qui attendait.

— Venez avec moi...

L'homme ramassa les outils qu'il avait posés par terre à ses pieds et la suivit dans l'allée. Robin, que Jordane avait ignoré, se précipita derrière eux. Ils rejoignirent Sempion qui s'était déjà attaqué, seul, aux piquets déterrés. Le gardian le repoussa gentiment, lui glissant quelques mots de patois provençal.

— *Noun*, dit-il en lui prenant le piquet des mains, *es lou pastre que coumando*[1]...

Sempion toisa le jeune gardian, puis il hocha la tête et répondit une phrase incompréhensible qui les fit rire tous deux.

Jordane se laissa tomber dans l'herbe. Elle avait sommeil, tous ses muscles étaient douloureux. Robin déposa devant elle son paquet de cigarettes et son briquet.

— Je vais les aider, dit-il. C'est par là aussi que les chevaux se sont échappés ?

Avec lassitude, Jordane hocha la tête.

— J'en laisse toujours un ou deux au pré, par roulement. Ils ont besoin de faire les fous de temps à autre... Mais ce ne sont pas eux qui ont bousillé le grillage. Les

---

1. Non, c'est le berger qui commande.

141

chevaux sont très peureux… Ces abrutis de mérinos ont dû s'agglutiner là jusqu'à ce que ça cède… Ensuite, Milagro a profité du passage, il est malin…

Le gardian s'était mis à taper en cadence avec une masse sur le piquet que maintenait Sempion.

— Pourquoi as-tu appelé ton frère ? demanda Jordane.

— Pour nous prêter main-forte ! Il a du personnel…

— C'est tout ?

Robin ébaucha un sourire. Il soutint un moment le regard doré de Jordane.

— Quand j'étais gamin, j'avais l'habitude d'appeler mon grand frère à la rescousse, c'est vrai.

— C'est comme ça dans toutes les familles, affirma Jordane. C'est toujours dans les oreilles du même qu'on crie au secours.

Elle lui rendit son sourire, de façon énigmatique, s'allongea de tout son long et s'endormit dès que sa tête eut touché le sol.

Sempion, Robin et le gardian travaillèrent d'arrache-pied trois heures durant, en plein soleil. Après en avoir fini avec la clôture défectueuse, ils allèrent inspecter et rafistoler les autres. Jordane dormait toujours et le gardian était allé lui poser son chapeau sur la tête, sans rien demander à personne. Vers deux heures de l'après-midi, Nora vint les rejoindre, chargée d'un panier de sandwiches. Les cigales menaient grand tapage et la chaleur était accablante.

Mue par on ne sait quel pressentiment, Jordane s'éveilla un peu avant quatre heures, en nage, et se redressa brusquement. Elle plissa les yeux, se mit à genoux puis debout, en fixant quelque chose à l'horizon. Lorsqu'elle commença à crier, Robin était à une cinquantaine de mètres, tenailles en main, occupé à tordre un fil de fer récalcitrant. Il regarda en bas de la colline, tout au bout de la départementale, et vit un groupe de cavaliers. Partie comme une flèche, Jordane s'était précipitée dans leur direction. Au bout de cinq minutes de course folle, elle les rejoignit à l'entrée de la longue allée de sable et vint s'écraser contre le poitrail de Milagro, ivre de joie. Pascal laissa aller la longe qu'il tenait depuis des heures et descendit de cheval. Son petit camarguais était en piteux état, les poils tout collés d'une écume qui avait séché au soleil. Les gardians mirent pied à terre en silence, harassés, et dirigèrent leurs montures vers le grand abreuvoir des écuries. L'un d'eux confia la longe de Bonur à Jordane.

— Mission accomplie, dit Pascal posément. Ils ne semblent pas blessés. Nous les avons ramenés au pas.

— Où les avez-vous trouvés ?

Entre ses deux andalous, Jordane resplendissait, euphorique.

— À une dizaine de kilomètres d'ici, égarés dans les rizières du Rebatun... De toute façon, ils ne pouvaient pas franchir le Rhône... Ils ont dû faire des dégâts mais nous n'avons vu personne.

Le regard délavé de Pascal rivé au sien, Jordane resta quelques instants silencieuse.

— Je ne sais pas comment vous dire...

— Alors ne dites rien, surtout !

Un peu troublés, et surpris de l'être, ils continuaient à se dévisager. Milagro bouscula Jordane en secouant la tête, gêné par les mouches.

— Je vais les rentrer, murmura Jordane.

Pascal prit Bonur par le licol et la suivit. Ils croisèrent les gardians qui ramenaient les camarguais vers le camion.

— Je peux offrir à boire à vos hommes ? demanda Jordane en ouvrant la grille du box de Milagro.

— Non, il faut qu'on parte.

Comme l'avait fait Ramón Carras quelques semaines auparavant, Pascal examinait l'intérieur de l'écurie avec intérêt. Il fureta partout pendant que Jordane distribuait des rations de grain aux deux fugueurs. Lorsqu'il vit qu'elle l'attendait, devant la porte, il la rejoignit en souriant.

— Beau bâtiment, belles bêtes, dit-il simplement.

— Vous trouvez ?

Elle guettait sa réponse avec une réelle curiosité. Après tout, les visiteurs étaient rares au Biloba. Se plantant devant elle, il déclara :

— Quand je les ai enfin découverts, tout à l'heure, j'ai été… époustouflé. C'est le mot. Ils étaient les pieds dans l'eau, avec leurs silhouettes de parade, et on est restés cinq bonnes minutes à les regarder avant de se décider à les encercler. Ils sont magnifiques, vraiment !

Ils sortirent sous le soleil brûlant de l'après-midi pour rejoindre les autres. Jordane serra longuement la main de chaque homme, les regardant bien en face pour se souvenir de leurs visages. Un peu à l'écart, Robin achevait de ranger les outils dans la cabine du camion. Lorsque Jordane s'approcha de Pascal, celui-ci l'arrêta en posant sa main sur son épaule. C'était un geste fraternel, un geste d'homme, comme il aurait pu en avoir avec n'importe lequel de ses confrères éleveurs.

— Sans adieu, dit-il en s'installant au volant.

Elle se recula pour le laisser manœuvrer et heurta Robin qui était juste derrière elle.

— J'ai eu une bonne idée en l'appelant, non ? interrogea-t-il.

— Très bonne, répondit-elle d'une drôle de voix.

5

Sans faire le moindre bruit, Cécile essaya de se dégager doucement. La jambe de Pascal pesait sur elle depuis une bonne heure, l'empêchant de s'endormir. Il grogna dans son sommeil, se retourna et s'éloigna d'elle. Soulagée, elle considéra pensivement le dos de son amant. Il était venu la chercher assez tard à l'agence, l'avait emmenée dîner dans un restaurant sans intérêt, lui avait offert un dernier verre à la manade. Ensuite il était resté longtemps sous sa douche, et elle l'avait attendu dans son lit avec impatience. Lorsqu'il s'était enfin couché près d'elle, il avait bâillé plusieurs fois avant de lui faire l'amour.

Prise d'une terrible envie de poser sa main sur la peau bronzée, elle ébaucha le geste mais il bougea encore, s'éloignant davantage. Elle soupira, désemparée. Elle avait la pénible sensation que Pascal ne faisait que la tolérer. En six mois de liaison elle avait passé trois nuits chez lui. La plupart du temps, il préférait la raccompagner ou la laisser partir si elle était venue avec sa propre voiture. Tout à l'heure, il ne serait pas question de petit déjeuner en amoureux ; au mieux, il attendrait qu'elle fasse du café en dissimulant mal son impatience.

Elle n'avait plus beaucoup d'illusions mais elle s'accrochait à l'idée que Pascal, un jour, se laisserait peut-être apprivoiser. Elle ne savait pas grand-chose de son passé, sinon ce qui se racontait en ville où l'on pouvait compter ses aventures par dizaines. Il avait tout pour plaire et ne s'en privait pas. Elle pouvait se féliciter d'avoir duré beaucoup plus que d'autres, mais son avantage s'arrêtait là.

Au cours du dîner, il lui avait raconté son opération de sauvetage au Biloba. Il n'avait pas tari d'éloges sur les andalous des Valence, apparemment sincère, lui qui pourtant ne semblait pas apprécier Jordane. Puis il avait dit deux mots de son frère, et Cécile avait noté le curieux mélange de tendresse et d'aigreur qui l'animait lorsqu'il parlait de Robin.

Pascal s'agita, repoussant son oreiller. Cécile retint son souffle et attendit qu'il se calme. Elle voulait profiter du reste de la nuit. Tant qu'il dormait, elle pouvait se croire heureuse d'être couchée là, à ses côtés. Elle se demanda, pour la millième fois, ce qu'elle pourrait inventer pour le garder. Même si les autres femmes avaient échoué, il y en aurait bien une, un jour, qui y parviendrait. Pourquoi pas elle ? Peut-être s'était-elle trompée de tactique depuis des mois. Elle s'était astreinte à respecter l'indépendance qu'il affichait, elle n'avait rien tenté pour prendre plus que ce qu'il offrait. Avait-elle eu tort sur toute la ligne ? Qu'adviendrait-il, par exemple, si elle lui annonçait qu'elle attendait un enfant de lui ? Serait-il en colère ou, au contraire, très ému ? Et son fils aurait-il les mêmes yeux clairs, si troublants, si...

— Il est déjà sept heures ?

Cécile sursauta, prise en flagrant délit de rêverie. Pascal repoussa les draps et se leva sans lui accorder un regard. Il s'étira devant la fenêtre, ramassa le peignoir qu'il avait jeté par terre la veille au soir et partit en sifflotant vers la salle de bains sans même lui dire bonjour ! Elle se félicita de prendre bien régulièrement sa pilule contraceptive. Elle ne s'imaginait plus du tout en train de l'affronter. Tout simplement, elle avait peur de lui, de ses réactions ; une peur affreuse de le perdre.

Elle guetta les bruits de la douche puis elle l'entendit sortir, descendre l'escalier, claquer la porte de la cuisine. Sans doute l'avait-il oubliée. Il lui faudrait, une fois de plus, attendre son bon plaisir avant de pouvoir regagner Arles. Elle sauta hors du lit, folle de rage. Elle allait finir par tout rater si elle continuait comme ça. À commencer par ses rendez-vous de la matinée ! Il fallait qu'elle se consacre à son métier, au moins elle en tirait des satisfactions. Seulement voilà, tout ce qui n'était pas Pascal Peyrolles ne l'intéressait plus. Elle se maudit d'être tombée si bas et, exprès, elle n'ouvrit que le robinet d'eau froide lorsqu'elle s'installa dans la cabine de douche.

Gilbert déposa avec précaution le plateau du petit déjeuner sur le lit. Puis il alla ouvrir les rideaux, évitant de faire claquer les anneaux de bois sur la tringle. Il avait enfilé une robe de chambre de soie bleu ciel, s'était coiffé et lavé les dents avant d'entrer. Il regarda Isabelle qui se réveillait, tout étonnée d'être là.
— As-tu bien dormi ?
Elle lui sourit et lui fit signe de venir s'asseoir près d'elle.
— J'ai trop bu, hier soir...
Il désigna le tube d'aspirine, entre la cafetière et le beurrier. Elle baissa les yeux vers le plateau puis les releva pour contempler Gilbert. Il avait soigné la présentation du petit déjeuner, choisissant des porcelaines délicates, une argenterie ancienne, un napperon de dentelle et une rose rouge dans un soliflore de cristal.
— Que tu es gentil, murmura-t-elle.
Ils avaient mis près d'une année à devenir amants, pudiques comme on sait l'être à la cinquantaine. Isabelle eut une pensée incongrue pour Hugues mais elle la chassa aussitôt. Son mari était mort depuis très longtemps, et ce deuil lui avait fait tant de mal qu'elle ne voulait plus y songer.
— J'aime beaucoup ta chambre, Gilbert !
La pièce, surchargée, offrait toutes les caractéristiques d'un fouillis organisé avec méthode par un amateur d'art. Gilbert eut un sourire modeste. Certes, il adorait les

aquarelles et les bronzes, mais depuis plusieurs mois il peaufinait son décor, certain qu'un jour Isabelle y ouvrirait les yeux.

— Si le fils Peyrolles n'avait pas retrouvé les chevaux de Jordane, hier, je crois qu'elle en serait tombée malade ! Évidemment, j'aurais préféré que ce soit l'autre, Robin, qui joue les sauveurs... Il est complètement en extase devant elle, il en est fada... Mais, avec son air de premier de la classe, il n'a pas beaucoup de chances de la séduire !

Le rire d'Isabelle fit plaisir à Gilbert. Puisqu'elle s'amusait, qu'elle bavardait, c'est qu'elle était bien, qu'elle ne regrettait pas la soirée de la veille et la nuit.

— Pauvre Jordane... Je l'admire, tu sais, mais je ne parviens pas à la plaindre. Pourtant c'est ma fille et elle en a, des soucis ! Seulement, quand je la regarde de près, elle est si gaie, si belle, si jeune et si volontaire que je ne vois rien de triste là-dedans !

Elle grignota un toast, se resservit de café.

— Qu'est-ce que tu penses de son idée d'hôtel ? L'Américain que Lionel nous a présenté est sympathique et il a l'air d'en connaître un rayon... Au fond, cette solution m'arrangerait...

Ses yeux de velours cherchèrent ceux de Gilbert. Il l'encouragea à poursuivre en lui prenant la main, sur le drap.

— Sinon, je ne serai jamais libre.

Il comprit ce qu'elle voulait dire. Bien qu'un peu farfelue, en apparence, Isabelle n'aurait jamais l'idée d'abandonner ses deux filles dans cette maison immense, avec une ex-belle-mère pour unique compagnie ! Ce n'était pas envisageable.

— Mon père était fou du Biloba, ajouta-t-elle. C'est comme pour ce nom de Valence dont il était si fier ! Tu sais que je n'ai jamais pu porter le nom d'Hugues ? Tu sais qu'il a obtenu la même chose de Jordane quand elle a voulu épouser Lionel ? Ni Tardivaux ni Senanque, que des Valence ! Et que des filles...

Voilà, elle en avait parlé quand même, elle avait glissé Hugues dans la conversation. Il libéra la main qu'il tenait toujours emprisonnée dans les siennes et se racla la gorge.

— Isabelle, commmença-t-il, je sais que tu es très attachée à la mémoire de ton mari. Je n'en prendrai jamais ombrage, je te le promets. Tu peux garder jalousement tes souvenirs ou au contraire les partager avec moi, d'avance je suis d'accord.

Avec un bref soupir de soulagement, elle se laissa aller contre l'oreiller. L'âge mûr avait tout de même du bon : on ne se comportait plus en gamin. Le téléphone vibra doucement, sur la table de chevet, et Gilbert décrocha.

— Bonjour, Nora... Oui, elle est ici... Voulez-vous lui parler ?... Bien, je le lui dirai...

L'air amusé, il reposa le combiné.

— Ta fille s'inquiétait.

Isabelle se mit à rire, ravie.

— Les rôles sont renversés ! C'est moi qui découche et ce sont les petites qui s'angoissent !

Il partagea son hilarité avec un certain orgueil. Patiemment, il avait réussi à la conquérir, à vaincre ses défenses une à une, à lui faire retrouver sa jeunesse et oublier ses enfants.

— Au fait, se souvint-il, Nora te rappelle que vous avez rendez-vous cet après-midi.

Aussitôt, Isabelle devint grave.

— Mon Dieu, c'est vrai... Nous voyons le chirurgien à trois heures...

C'était bien le seul sujet qui la rende triste, et lorsqu'elle était triste, elle paraissait moins jeune. Gilbert en fut ému de façon presque douloureuse. Il aurait voulu pouvoir guérir Nora d'un coup de baguette magique ou, au pire, avoir assez d'argent pour qu'Isabelle ne connaisse plus jamais la peur. Il pensa à Django, fugitivement, et il comprit qu'il allait s'engager dans une spirale infernale.

Robin avait dû insister longtemps pour que Jordane accepte le déjeuner. Peut-être voulait-elle prendre un peu de distance, et il ne le supportait pas. Il prétexta qu'il fallait bien remercier Pascal, qu'il en avait profité pour inviter Cécile, que ce repas à quatre serait un moment de détente pour tout le monde. Elle avait fini par céder et il lui avait donné rendez-vous à la Villa Regalido, à Font-vieille. Ensuite, il s'était dépêché d'appeler Pascal, qu'il avait convaincu sans trop de mal, puis Cécile qui s'était empressée d'accepter.

À treize heures, ils se retrouvèrent dans le jardin ombragé du restaurant. Robin était passé prendre Jordane au Biloba. Elle portait un chemisier et un jean blanc, ses cheveux sombres flottant librement sur ses épaules. Cécile était un peu trop apprêtée, comme toujours, avec son tailleur lavande et son maquillage sophistiqué.

Sans consulter personne, Robin commanda du champagne. Ensuite ils passèrent un moment à étudier le menu avant de tomber d'accord sur un gratin de moules de Bouzigues et une nage de loup. Il ne faisait pas trop chaud sous les grands arbres et un vent léger faisait frissonner la nappe.

— Bientôt le défilé des Saintes ! rappela Cécile. Les gitans ont commencé à se rassembler...

— *O Sànti Mario...*, plaisanta Pascal.

Intriguée depuis l'avant-veille, Jordane en profita pour l'interroger.

— Vous parlez le provençal ? J'ai entendu l'un de vos gardians, un type tout jeune, échanger quelques mots avec mon vieux Sempion !

— Il est pour les traditions, tu sais bien ! ironisa Cécile.

Pascal lui jeta un coup d'œil froid avant de se tourner vers Jordane.

— Mistral a dit que c'était la langue de la liberté. Il y a eu près de mille candidats à l'épreuve de provençal, l'année dernière au bac. C'est bien, non ? La plupart de

150

mes hommes le parlent, c'est vrai, ou au moins le comprennent. Comme bon nombre de gens d'ici quand ils veulent s'en donner la peine.

— Mais ça ne sert à rien ! protesta Cécile. C'est...

— Tu dis des bêtises, fit remarquer Pascal d'une voix sèche. Le vocabulaire du provençal est tellement riche qu'il permet une infinité de nuances.

Vexée, Cécile ne voulait pas perdre la face. Elle insista, goguenarde :

— Mais ce n'est pas une vraie langue, ce sont des dialectes, des patois...

Le regard gris pâle de Pascal l'effleura avec un mépris évident.

— Admettons. En Camargue, c'est plutôt le parler maritime, mais tu peux te faire comprendre de celui qui utilise le gavot de l'intérieur ou le provençal alpin.

— Et tu t'en sers souvent ?

Elle se forçait à le défier et la réponse ne se fit pas attendre.

— Surtout quand je ne veux pas être entendu des imbéciles !

Les deux autres échangèrent un coup d'œil embarrassé. Le déjeuner menaçait de tourner à l'altercation. Jordane s'adressa à Pascal avec un grand sourire.

— Dites-moi une phrase, n'importe laquelle...

— *Dou Rose camarguen siéu oun ribeirou.* Ce qui signifie...

— Du Rhône camarguais je suis un riverain !

— Bravo ! apprécia-t-il avec enthousiasme.

Il lui souriait d'un air encourageant et elle expliqua qu'elle devait ses connaissances, d'ailleurs superficielles, à son grand-père. Là où Lionel aurait plaisanté pour cette sempiternelle référence à François, Pascal siffla d'admiration.

— Je bois aux andalous de Jordane, dit Robin en levant son verre.

151

Il avait marqué un point en conviant Jordane à la corrida portugaise, mais il l'avait reperdu en se montrant incapable de lui retrouver Milagro.

— Et au Biloba, ajouta Pascal. C'est vraiment un endroit de rêve...

Après avoir pris le temps de savourer deux gorgées, il fit remarquer, d'un air innocent :

— Il y a quelque chose de sublime, de quasiment parfait dans votre propriété. Je ne sais pas si ça tient à l'architecture des bâtiments, à l'environnement exceptionnel avec cette colline et cette végétation inattendue...

Jordane comprit tout de suite où il voulait en venir et elle le devança.

— Je vais malheureusement devoir transformer la maison en hôtel.

— Vous voulez rire ?

— Pas du tout !

— C'est criminel !

Il l'avait dit avec une telle hargne qu'elle releva la tête et le regarda bien en face, sans aucune indulgence.

— Je suppose que c'est mon problème et qu'il ne concerne que moi.

— Enfin, vous vous rendez compte de ce que vous allez détruire ? Vous rejoignez la meute des gens qui ne pensent qu'à faire du fric sur le dos de la Camargue ? Tous ceux qui ont fabriqué des faux ranchs sur de vrais mas, qui ont bordé les routes de panneaux publicitaires racoleurs ? Ceux qui laissent des canassons maigres comme des clous toute la journée en plein soleil afin d'attirer le promeneur, vous savez bien, le touriste qui n'a jamais vu un cheval de sa vie mais qui veut se faire des sensations pour pas cher, et qui ramènera sa photo de cavalier d'un jour dans ses bagages !

Il reprit son souffle mais personne ne cherchait à l'interrompre.

— Vous avez vu à quoi ressemble le paysage, aujourd'hui sur la départementale 570, d'Arles aux Saintes ?

152

— Le commerce est nécessaire, répondit tranquillement Jordane. Le tourisme aussi.

— Bed and breakfast, sangria y bodegas, frites ! Ah, c'est du tourisme international ! On ratisse large !

Contrarié, Robin espéra que Jordane saurait garder son calme jusqu'au bout. Pascal n'avait pas l'habitude de mâcher ses mots, surtout lorsqu'il était question de « sa » Camargue.

— Il faut bien vivre de quelque chose, dit-il à tout hasard.

Son frère lui jeta un coup d'œil ambigu avant de reprendre, en baissant la voix :

— Mais oui, bien sûr... Je vis du tourisme, je ne suis pas contre. Je crois seulement qu'il faut obliger les gens à suivre une réglementation précise. Quand je fais des ferrades, au printemps, je refuse du monde parce que je ne veux pas transformer la manade en champ de foire. Je prends le temps de parler à mes visiteurs et je ne fais jamais de marquage abusif ! J'en connais certains qui marqueraient bien leurs *anoubles*[1] sur les deux cuisses !

Le regard de Jordane, posé ironiquement sur lui, l'agaçait. Il s'efforça de retrouver son sang-froid pour achever :

— Il y a eu d'excellentes mesures de prises, parfois, je le reconnais. Le musée du mas de Rousty, le parc régional, la réserve de la Capelière, les marais de chasse, les sentiers de grande randonnée... tout ça, je suis d'accord. Mais Eldorado City ! O.K. Corral !

Il se mit à rire et Jordane profita aussitôt de ce répit.

— Je ne compte pas faire du Biloba autre chose qu'un hôtel de luxe, discret et parfaitement intégré.

— Et quand vos clients voudront monter vos chevaux ? Quand ils se plaindront parce qu'il y aura des moustiques dans l'eau de la piscine ? Quand ils claqueront dans leurs doigts pour vous appeler ?

_____

1. Jeunes taureaux nés au printemps précédent.

— Celui qui fera ça n'est pas né ! explosa Jordane.

D'un mouvement rageur, elle repoussa son assiette.

— Vous n'avez pas le monopole de la défense du site ! D'ailleurs pour vous, c'est facile de critiquer, vous n'avez pas besoin d'argent !

Cette allusion directe à la manade Peyrolles, offerte sur un plateau d'argent par Vincent à Pascal, le fit pâlir. Il y eut un silence gênant que personne ne sut comment rompre. Le maître d'hôtel fit diversion en apportant les cafés. Quand Robin se leva pour aller régler l'addition, Jordane le suivit. En jetant un coup d'œil sur le chèque qu'il rédigeait, elle soupira.

— Ton frère m'exaspère... Et je voudrais bien rentrer, maintenant...

Elle l'abandonna pour se diriger vers les toilettes. Pascal l'avait mise en colère mais il y avait autre chose. Elle se sentait malheureuse sans savoir pourquoi. Était-ce d'avoir parlé de l'hôtel ? Ou parce qu'elle venait de se souvenir qu'en ce moment même sa sœur et sa mère devaient attendre leur tour à l'hôpital ? Ou encore le visage défait de Cécile, ses pauvres tentatives de rébellion et son air de chien battu ? Ou Robin pour qui, décidément, elle ne ressentait rien ?

Elle regagna la salle à pas lents, peu pressée de retrouver les autres. Devant la porte qui menait au jardin, Pascal l'attendait. Il lui adressa un sourire inattendu, presque timide.

— Excusez-moi, dit-il très vite. Je ne voulais pas gâcher ce déjeuner...

La tristesse de Jordane disparut instantanément. Elle posa sa main sur l'épaule de Pascal, une seconde, en signe de paix et pour lui rendre un geste qu'elle avait aimé.

— En ce qui concerne votre propriété, ajouta-t-il, *Vaou mai douna la lano qué lou moutum*[1] !

---

1. Il vaut mieux donner la laine que le mouton !

Elle hocha la tête, grave, et se détourna. Puis elle rejoignit Robin et Cécile, sur le parking du restaurant.

Lorsque le chirurgien revint enfin, les radios à la main, Isabelle cessa de triturer la bandoulière de son sac. Nora était assise, très droite, et Isabelle évitait de la regarder. Il y avait des années que ce calvaire durait. Visites, contre-visites, radios, prélèvements, hospitalisation, opération, rééducation, convalescence, et retour à la case départ. Avec, chaque fois, un petit discours rassurant, prononcé d'un ton débonnaire.

— Je suis très satisfait, dit le chirurgien en accrochant les clichés au négatoscope. Encore un effort et je crois que tu seras vraiment tirée d'affaire ! Nous progressons, tu sais, seulement il va te falloir de la volonté... Mais c'est la dernière fois, je te le promets !

Il la tutoyait, comme un vieil ami, lui qui symbolisait pourtant toutes les tortures endurées depuis vingt ans.

— La dernière fois ? demanda Nora d'une voix neutre.

— Je m'y engage... S'il n'y a pas de mauvaise surprise, nous n'aurons plus à y toucher. Veux-tu qu'on fasse ça à l'automne ? Je te laisse l'été pour souffler, pour consolider le résultat de la dernière intervention. Et on se lance le... voyons... le 2 septembre ! Je t'inscris sur mon planning, d'accord ?

Elle hocha la tête sans rien dire. Il la dévisagea un moment, sourcils froncés.

— Quelque chose t'inquiète, Nora ?

Comme elle ne répondait pas, il se tourna vers Isabelle qui se mit à bredouiller :

— Euh... oui, c'est... comment dire ? Je crois qu'elle se fait beaucoup de souci pour... l'aspect de sa jambe...

— Ah ! Je vois.

Dédaignant le fauteuil, il s'assit sur son bureau, juste devant Nora.

— Pour ça, je ne peux rien te garantir. Mais puisqu'on va rouvrir, je ferai le maximum sur un plan esthétique. Quelques mois plus tard, mettons dans un an, je t'adresserai à un confrère plasticien. Tu es contente comme ça ?

Elle leva les yeux sur lui et il eut l'impression que le regard de la jeune femme le brûlait.

— Contente ? dit-elle d'une voix blanche.

Il se réfugia derrière son bureau, empêtré dans sa maladresse.

— Écoute, Nora, ne fais pas l'enfant... Si tu avais eu la malchance de naître un siècle plus tôt, tu ne marcherais pas. Or tu te déplaces normalement et tu ne souffres pas, n'est-ce pas ? Je crois que nous avons fait le maximum, ici, toute l'équipe... Plus tard, nous en rediscuterons, toi et moi. Tu verras, tout finit par s'arranger...

Nora se leva et quitta le bureau en claquant la porte. Le chirurgien, éberlué, jeta un coup d'œil interrogateur vers Isabelle.

— Qu'est-ce qu'elle a ?

Luttant contre l'émotion qui l'avait saisie devant la réaction de sa fille, Isabelle parvint à se contenir et à répondre posément.

— Elle en a assez. Assez de se dissimuler, de boiter, de souffrir, de ruiner sa famille. Vous n'y pouvez rien, je sais.

Elle sortit son chéquier pour régler la consultation.

— En ce qui concerne mes honoraires pour la prochaine intervention, dit-il en se raclant la gorge, vous pourrez vous en acquitter en plusieurs fois si vous le désirez...

Avec un sourire hautain dont elle n'usait que rarement, Isabelle secoua la tête.

— Vous êtes très aimable mais ce ne sera pas nécessaire.

Elle était une Valence, après tout, et n'avait l'habitude ni du crédit ni de l'aumône. Elle ne savait pas du tout comment elle arriverait à le payer mais elle était sûre d'y parvenir quand même.

— Est-ce que... Est-ce que Nora ne serait pas amoureuse, par hasard ?

156

Cette fois, Isabelle avait sursauté. Elle considéra le chirurgien avec stupeur.

— Nora ? Mais de qui, grands dieux ? Pauvre pitchoune...

Pourtant l'idée faisait son chemin et Isabelle commençait à réaliser que la question n'était pas si stupide.

— En fait, je n'en sais rien, reconnut-elle.

— Elle a trente ans, rappela-t-il. Elle n'a jamais...

— Non, jamais !

— Eh bien, il y a un commencement à tout...

Il la raccompagna jusqu'à la porte et lui serra la main.

— Vous pourrez vraiment faire quelque chose, vous ou vos confrères, pour ces histoires de cicatrices ?

Le regard de velours brun d'Isabelle émut le chirurgien.

— Quelque chose, oui. Mais tout, non...

Avec un battement de cils, elle fit signe qu'elle avait saisi la nuance. Elle retrouva Nora dans le couloir, devant les ascenseurs. Pour une fois, sa fille n'arborait pas un air résigné. Elle appuya sur le bouton d'appel d'un geste vif.

— Il n'est que quatre heures ! dit-elle en s'engouffrant dans la cabine. Si nous nous dépêchons, nous pourrons passer par l'aéroport pour récupérer Lionel et Sydney, ça leur évitera de prendre un taxi !

Isabelle ouvrit la bouche mais ne trouva rien à répondre. Et soudain, elle éclata de rire.

— Je peux savoir ce qui t'amuse à ce point-là ? demanda Nora un peu vexée.

— Rien ! C'est nerveux ! À quelle heure atterrit cet avion ?

— À cinq heures.

— Il n'y a rien de trop, alors... Montpellier, Nîmes...

— C'est de l'autoroute !

— Eh bien, si la Rover ne nous fait pas d'ennuis, c'est jouable, je suppose.

En traversant le hall de l'hôpital, Isabelle s'aperçut qu'elle avait du mal à suivre Nora. Elle fut soulevée par une brusque bouffée d'espoir et elle pensa que le chirurgien

157

avait vu juste. Nora devait s'être entichée de cet Américain. C'était merveilleux, elle s'était enfin mise à vivre.

Dans le laboratoire d'Hugues, Robin et Jordane étaient penchés sur un carton de photos. Il s'était souvenu des confidences de Jordane, durant la nuit de l'orage, et il avait demandé à voir les clichés auxquels Hugues avait consacré sa vie. Il fut tout d'abord agréablement surpris par la qualité des photos, puis il fut sensible au charme et à l'émotion qui s'en dégageaient. Il n'eut pas à se forcer pour déclarer à Jordane que son père avait eu beaucoup de talent.

— Nous en sommes toutes persuadées, répondit Jordane, mais il n'en a jamais vendu une seule. Remarque, il n'a pas essayé…

Pour elle, le sujet n'était pas tabou. Elle ne se sentait coupable de rien, et elle avait partagé davantage de choses avec son grand-père qu'avec son père. Ils fouillèrent longtemps, ouvrirent des albums poussiéreux, décachetèrent des pochettes jaunies. Finalement, Robin demanda s'il pouvait emporter quelques tirages pour avoir l'avis d'un professionnel. Jordane accepta avec indifférence et le regarda faire son tri. Il choisit une série sur la forêt de Barbentane, une autre effectuée au téléobjectif sur les criquets de la Crau, aux ailes rouge et bleu, puis une dernière sur les andalous. Après quelques hésitations, il prit encore un agrandissement d'un faucon crécerelle. Il plaça le tout dans un carton avec soin. Puis il demanda une ultime faveur.

— Il y en a quatre-vingt-deux et je te les ramènerai au complet. Mais celle-ci, est-ce que tu ne voudrais pas me la donner ?

Il désignait un cliché de format 30 × 40 punaisé près de la fenêtre. Il l'avait remarqué en entrant et l'avait caressé plusieurs fois du regard. La photo représentait Jordane cheveux au vent, sans doute emportée par le galop d'un cheval qu'on ne voyait pas. Elle devait avoir une vingtaine d'années à peine et elle resplendissait d'une joie sauvage.

— Prends-la, accepta Jordane après une brève hésitation.

— Je peux ?

Un peu mal à l'aise, elle hocha la tête. Huit ans avaient passé depuis cette journée fixée sur papier glacé. Jordane avait beaucoup d'illusions, à cette époque, et qu'en restait-il aujourd'hui ? Qu'avait-elle fait de tout ce temps ? Où avait-elle conduit le Biloba, sinon nulle part ? Et pourquoi n'avait-elle pas des enfants en âge d'apprendre à se tenir sur des andalous ?

Tandis qu'il décrochait la photo en prenant garde à ne pas l'abîmer, il aperçut la Rover qui remontait l'allée.

— Voilà ta mère...

Jordane s'approcha, regarda au-dehors. Lionel et Sydney descendaient de voiture. Elle nota que Sydney tenait un volumineux porte-documents et elle se sentit mieux. Il était vraiment l'heure de prendre les choses en main.

— Viens, on y va ! dit-elle d'une voix autoritaire. D'ailleurs maman détesterait nous trouver ici, c'est un sanctuaire ! Sois discret avec ce carton...

Elle s'élança dans le couloir, le laissant dépité et tout prêt à croire que c'était au-devant de Lionel qu'elle courait. Pourtant c'est vers Isabelle qu'elle se précipita. Elle l'entraîna dans la cuisine pour savoir, toutes affaires cessantes, ce qu'avait dit le chirurgien à Montpellier. Ulcérée, Alice leur céda la place et alla accueillir les arrivants.

Tout le monde finit par s'installer sur les vieux fauteuils de fer forgé, afin de déguster le vin californien que Sydney avait apporté en cadeau. Nora s'était éclipsée pour aller se changer et elle redescendit vêtue d'un jean emprunté à Jordane et d'un tee-shirt rose. Elle avait coiffé ses longs cheveux châtains en chignon, mettant sa nuque délicate en valeur. La fin d'après-midi apportait un peu d'une fraîcheur bienvenue. Jordane, qui était toujours en tenue de cheval, ne semblait pas décidée à changer quoi que ce soit à son apparence. Elle s'était assise entre Robin et Lionel qui s'ignoraient poliment.

Après avoir sacrifié dix minutes à quelques banalités d'usage, parce qu'il ne voulait pas avoir l'air trop pressé, Sydney s'adressa directement à elle.

— J'ai d'excellentes nouvelles pour vous ! dit-il d'un air réjoui.

Impatiente, elle se pencha en avant, posant son menton sur ses paumes. Sydney prit sa sacoche pour en extirper un épais dossier sur lequel était écrit le nom de Valence et qui rappela à Jordane un certain Léon Carmaux, huissier de justice.

— Nous pourrons étudier ensemble tous les détails plus tard, mais le plus important, c'est ça...

D'un air triomphal, il brandissait trois feuillets agrafés.

— Une première prospection indique que l'emplacement géographique est idéal et que le volume des bâtiments convient parfaitement. Vous constaterez qu'il ne s'agit pas de construire un Hilton ni de démolir votre bastide !

Nora fut la seule à rire, dans le silence attentif de la terrasse.

— Au regard des établissements de diverses catégories qui vous entourent, dans un rayon de vingt-cinq kilomètres, cette étude préliminaire est très concluante. Le plan d'occupation des sols ne vous concerne pas, puisque vous êtes au centre d'un énorme terrain qui vous appartient en propre. Et qui permettra d'ailleurs d'envisager bon nombre d'installations haut de gamme. En ce qui concerne les moyens de communication, ils sont amplement suffisants et n'altèrent pourtant pas ce côté sauvage et isolé qui fera le charme de l'hôtel...

Par politesse, il jeta un coup d'œil à chacun, semblant attendre d'éventuelles questions. Afin de ménager le suspense, il patienta encore un peu puis reprit :

— Bref, tout cela est excellent. Si votre idée tient toujours, moi, je crois qu'elle est viable !

C'est de Jordane qu'il souhaitait une réaction et elle se jeta à l'eau.

— Alors il faut fêter cette bonne nouvelle ! Et avec autre chose que votre piquette, Sydney. Parce que, soit dit entre nous, il n'y a pas de quoi se mettre à genoux !

Son sourire n'avait rien de forcé. Elle avait pris sa décision et comptait s'y tenir sans regarder en arrière. Lionel l'observait avec curiosité. Il la connaissait bien, avait déjà été confronté à ses brusques choix, à sa volonté soudain tendue comme un arc. Jordane pensa que c'était comme avec les poulains andalous, qu'il fallait une première fois, celle où on se hisse sur un animal dont on ne connaît pas encore le caractère. C'était le même sentiment d'inconnu et de danger en ce qui concernait cet hôtel, mais il n'y avait plus d'alternative pour le Biloba. Et pour Nora.

Lionel alla chercher le champagne qu'il avait apporté, tandis que Sydney achevait ses explications.

— Si vous le voulez bien, je vais passer quelques jours ici. Je dois faire des relevés précis avant d'obtenir un devis significatif. Vous comprenez, tout dépendra de ce point précis, le rapport entre l'investissement et la rentabilité. Quand nous serons fixés là-dessus, nous pourrons évoquer les problèmes juridiques.

Il n'ajouta pas qu'il avait déjà un accord de principe de la chaîne dont il était consultant. La famille Valence devait être ménagée et Lionel l'avait averti de manipuler Jordane avec des pincettes.

— Vous pouvez rester tout le temps que vous voulez, dit Nora à l'Américain.

Il se tourna vers elle pour la remercier d'un sourire poli. Alice demanda alors, sur un ton pincé :

— Tout le monde dîne ici ?

Robin allait se lever, très gêné, mais Jordane lui adressa un clin d'œil.

— Oui ! Nous serons sept, c'est un chiffre porte-bonheur... et Dieu sait que nous allons avoir besoin de chance !

Elle sentit le regard aigu que Lionel posait sur elle. À l'idée qu'il puisse être jaloux, elle eut envie de hausser les épaules. S'il enviait Robin, il se trompait de cible. Et, de toute façon, il n'avait plus aucun droit. Il fallait absolument qu'elle s'occupe de leur divorce, qu'elle contacte un avocat. Elle ne se demanda pas pourquoi elle était si pressée, soudain, alors qu'elle avait laissé leur situation équivoque se prolonger longtemps sans éprouver le besoin d'agir. Alice aussi regardait Jordane d'un air sévère. La manière dont sa belle-fille décidait de tout l'avait toujours exaspérée.

— En somme, dit-elle, l'année prochaine à la même époque, nous ne pourrons plus dîner sur cette terrasse ? Elle sera réservée aux clients ?

Les deux phrases avaient fait taire tout le monde. Durant quelques instants, il n'y eut plus que le bruit des cigales et le léger sifflement du vent dans les ginkgos. Les yeux baissés, Isabelle semblait méditer les paroles d'Alice. Lionel dévisageait sa mère, incrédule, furieux ; Sydney tapotait le dossier posé devant lui, attendant que quelqu'un réponde.

— Eh bien, nous mangerons ailleurs, dit enfin Jordane d'une voix froide.

Robin dut se retenir pour ne pas quitter son siège et aller l'embrasser. Il devinait ce qu'elle ressentait, souffrait pour elle, l'admirait sans réserve. C'était à elle que les questions perfides d'Alice avaient fait le plus de mal, il en était certain.

— Je ne le répéterai pas une autre fois, Alice, mais nous ne pouvons pas nous en sortir autrement. L'hôtel, ce n'est pas un caprice, c'est notre salut à toutes. Je suis plus désolée que vous à l'idée de quitter ma terrasse, ma chambre... Toutefois je suis persuadée que nos problèmes personnels n'intéressent pas Sydney. Nous en parlerons en famille, si vous voulez bien.

Outrée, Alice faillit s'emporter mais se ravisa aussitôt. Jordane ne la rejetait pas, au contraire, puisqu'elle l'avait incluse dans la famille Valence. Elle se leva, très digne, et se dirigea vers la cuisine. Elle n'eut pas le temps de saisir la première poêle que Lionel débarqua.

— Mais enfin, chuchota-t-il, qu'est-ce qui te prend ? Ce projet d'hôtel est fantastique !

— Comme tout ce que fait Jordane, j'imagine...

— Oh, s'il te plaît !

— Il n'y a qu'à te regarder pour comprendre. Elle peut entreprendre n'importe quoi, tu l'approuves ! En plus, je t'avertis qu'en ce moment, elle sort tout le temps ! Si tu ne veux pas la perdre pour de bon, il serait temps que tu réagisses, mon garçon !

Elle ne l'avait plus appelé comme ça depuis des années. Il se sentit vieux, impuissant, et il soupira.

— Je l'ai perdue depuis longtemps... Tu ne le savais pas ?

Elle lâcha ses ustensiles pour lui faire face.

— Pauvre Lionel...

Redevenue douce, une seconde, elle lui caressa la joue.

— Rien n'est jamais perdu. C'est une question de volonté.

— Oh, pour la volonté, elle ne craint personne ! Et vous ne voulons pas la même chose, elle et moi...

Il semblait triste, amer, perdu.

— Tu l'aimes toujours ? demanda Alice de façon abrupte.

Il s'accorda le temps d'y réfléchir mais il connaissait la réponse.

— J'en ai peur, murmura-t-il.

Dévisageant son fils elle déclara, pensive :

— Il te faudrait une femme gentille, à toi...

— Jordane n'est pas méchante !

— Non, admit-elle, mais elle est dure.

— Vous complotez ? dit Isabelle depuis le seuil de la cuisine.

Pris en faute comme des gamins, Alice et Lionel espéraient qu'elle n'avait pas entendu leur dernière repartie. Ostensiblement, Isabelle ouvrit une armoire et empoigna une pile d'assiettes. Alice attendit qu'elle soit sortie pour déclarer, ironique :

— On ne croirait pas, à la voir comme ça et à son âge, mais figure-toi qu'elle découche...

Lionel réprima une brusque envie de rire et n'avoua pas à sa mère qu'il trouvait ça très réjouissant.

Le dîner s'était prolongé, Lionel et Sydney avaient fini par donner le signal du départ en montant se coucher. Jordane avait raccompagné Robin jusqu'à sa voiture, l'avait embrassé sur les deux joues et l'avait regardé partir en agitant la main.

Dès qu'elles eurent fini de ranger la cuisine, Alice et Nora gagnèrent à leur tour le premier étage. Jordane se retrouva seule avec sa mère, dans la lumière douce de la suspension. Elles s'étaient assises de part et d'autre de la grande table, sachant qu'elles avaient des choses à régler. Tout en fumant, Isabelle exposa en détail ce qui les attendait. Une première opération en septembre, puis la chirurgie plastique. Des frais vertigineux, mais tout de même, au bout, un peu d'espoir pour Nora.

Jordane calcula amèrement qu'il lui faudrait vendre au moins quatre chevaux pour faire face. Or elle n'avait pas de clients en perspective. Quant à l'histoire d'hôtel, les travaux ne seraient peut-être même pas encore commencés à l'automne. Vu l'état de leur compte, un emprunt bancaire était hors de question.

— Voilà où nous en sommes, résuma Isabelle d'une voix atone.

Parler avec Jordane des problèmes de trésorerie était une chose naturelle, évidente.

— On va trouver une solution, maman...

— On peut différer l'hospitalisation, après tout, il n'y a pas d'urgence.

— Tu sais bien qu'il n'en est pas question !

— Bien sûr.

164

Elles échangèrent un sourire complice. Isabelle n'avoua pourtant pas qu'elle avait refusé de payer le chirurgien en plusieurs fois.

— Je pourrais demander à Gilbert, dit-elle prudemment.

— Maman !

Horrifiée, Jordane s'était reculée. Confuse, elle interrogea quand même :

— Vous êtes... je veux dire que Gilbert et toi...

— Oui, répondit Isabelle. Nous sommes, c'est ça !

— Oh, maman..., soupira Jordane en esquissant un sourire ravi. Je suis très contente pour toi.

L'éclairage qui tombait directement sur les boucles de Jordane les faisait briller comme de la soie. Isabelle tendit la main et caressa les cheveux de sa fille.

— Tu es gentille.

— Mais ça rend les choses encore plus délicates, maman ! Tu ne peux pas lui emprunter de l'argent, maintenant !

— Ah bon ? Peut-être. Ce n'était pas mon intention. Je veux juste lui demander de vendre pour nous certains meubles.

Attentive, Jordane scrutait le visage de sa mère.

— Tu comprends, Jordane, si on agit maintenant, Nora ne fera pas le rapprochement. Nous n'aurons qu'à mettre l'argent de côté d'ici l'automne.

D'un geste furtif, Jordane prit la main de sa mère, sur la table. Elle avait une boule dans la gorge et elle dut avaler sa salive avant de pouvoir dire :

— C'est une très bonne idée. Vraiment.

Elles restèrent immobiles, yeux dans les yeux, quelques instants.

— J'ai parfois l'impression que la niche est tombée sur le chien, chuchota Jordane. Franchement, cet hôtel, c'est une bouée de sauvetage. Il faut tenir encore un peu mais on est au bord du gouffre.

— Je pense comme toi, approuva Isabelle très sérieusement. Viens, on va choisir…

Sans faire de bruit, elles quittèrent la cuisine pour gagner le grand salon. Jordane attendit que sa mère ait fermé la porte avant d'allumer le lustre. Isabelle se mit à marcher d'un meuble à l'autre, posant une main hésitante sur une commode, caressant un secrétaire au passage. Finalement, elle se laissa tomber dans une bergère.

— Décide, dit-elle à Jordane.

— Ah non ! Je n'y connais rien. C'est toi l'expert !

Du regard, Isabelle fit le tour de la pièce.

— À mon avis, ce bonheur-du-jour a une grande valeur. Et la paire de médaillons… Personne ne s'assied jamais dessus ! La pendule, peut-être ? Ou alors… Le rafraîchissoir ?

Jordane observait sa mère et il lui apparut soudain que celle-ci, capable de s'enticher de n'importe quel objet, pouvait tout aussi bien sacrifier des meubles de famille sans le moindre regret s'il s'agissait du bien-être d'un de ses enfants. Au fond, c'était tout simple, et pour le Biloba il en allait de même. L'attachement aux choses devient très relatif dès qu'il est question du bonheur de ceux qu'on aime. Sa mère était en train de lui en faire la démonstration et Jordane, apaisée, retrouvait peu à peu sa gaieté. Elle se demanda de quoi elles pouvaient bien avoir l'air, toutes les deux, à chuchoter comme des conspiratrices dans ce grand salon vieillot aux tapis râpés et aux peintures écaillées, à choisir parmi les antiquités de François, non pas ce qui leur manquerait le moins mais ce qui leur rapporterait le plus.

Le rire contenu de Jordane finit par exploser et Isabelle fut vite gagnée par l'hilarité de sa fille. Les larmes aux yeux, secouée de spasmes, Jordane s'était laissée glisser le long du mur et elle pleurait de rire, le dos appuyé à l'une des jambes de la cheminée. On devait les entendre dans toute la bastide mais elles n'y pouvaient rien. Le comique de la situation aurait été difficile à comprendre pour un étranger, pour quelqu'un qui n'aurait pas eu cet humour particulier qu'Isabelle avait transmis à Jordane et qui savait rendre les émotions drôles, transformer le malheur en feu de joie.

Elles en étaient à s'essuyer les joues lorsqu'un bruit discret les arrêta net. On frappait à la vitre et Jordane se releva. Elle alla ouvrir la fenêtre avec laquelle elle dut batailler. Sempion se tenait dans l'obscurité, voûté, son béret à la main, l'air inquiet.

— J'ai vu la lumière, dit-il. C'est la jument, je crois qu'elle met bas...

Jordane prit appui sur le bord de la fenêtre et escalada la rambarde d'un bond. Elle distança Sempion en filant vers l'écurie, le cœur battant. Magalone lui faisait des poulains superbes, depuis quatre ans, et il n'était pas question de la laisser se débrouiller seule.

6

La fin du mois de mai était arrivée et près de huit mille gitans s'étaient rassemblés aux Saintes-Maries-de-la-Mer pour le traditionnel pèlerinage. Le 24, ils allèrent dans la crypte chercher « leur » sainte, Sara, et après l'avoir parée de toutes sortes d'ornements, ils la conduisirent jusqu'à la mer en procession.

Comme chaque année, le spectacle, aussi étrange qu'émouvant, avait attiré une foule considérable. Le lendemain, les statues de Marie Jacobé et Marie Salomé entreprirent le même voyage, précédées par un groupe d'Arlésiennes en costumes traditionnels et entourées de gardians. Dans les rues, sur la plage, on se bousculait pour voir passer le défilé et pour assister au surprenant bain de mer des statues. Des banderoles chargées de fleurs et d'inscriptions, des bibles et des couronnes, des drapeaux sur lesquels on pouvait lire « Pèlerinage des gens du voyage » étaient portés par les gitans qui avançaient dans l'eau jusqu'aux genoux. Les robes et les jupons des Arlésiennes étaient trempés. Et, tandis qu'on aspergeait les statues, un prêtre bénissait la mer et les croyants.

La cérémonie avait quelque chose de sacré et de païen qui impressionna beaucoup Sydney. Lionel avait beau lui donner des explications, l'Américain n'y comprenait rien. Jordane et Nora avaient trouvé une place sur le chemin de ronde de l'église-forteresse, là où la vue était sublime, et n'en bougeaient pas. De temps à autre, elles apercevaient Cécile, très affairée au milieu des photographes.

Du premier coup d'œil, Jordane avait repéré Pascal parmi les gardians à cheval. Elle se reprocha d'avoir un peu délaissé Robin depuis trois jours mais les longues discussions avec Sydney l'avaient entièrement accaparée et elle avait consacré le peu de temps qui lui restait à ses chevaux et au petit poulain nouveau-né qu'elle avait baptisé Gagno, du mot provençal qui désigne la rosée.

— On descend ? demanda Jordane à sa sœur. Je crois qu'ils ont fini de batifoler dans l'eau...

— Hérétique ! riposta Nora. Essaie de voir où sont Lionel et Sydney...

Elle prononçait cent fois par jour le prénom de Sydney avec délice. Dans ces moments-là, Isabelle et Jordane évitaient de se regarder. Que Nora soit amoureuse devenait une évidence pour tout le monde, sauf pour Sydney, hélas.

— Salut, les Valence, dit Robin derrière elles. Vous êtes difficiles à trouver, dans cette foule en délire !

— Et comment savais-tu que nous serions là ?

— Toute la Camargue est là !

Jordane le regarda, amusée et indulgente. Robin se comportait comme le meilleur des amis et elle regretta une nouvelle fois de ne ressentir aucune attirance pour lui. Il avait promis d'être patient mais elle était persuadée d'avance que c'était inutile et que le temps n'y changerait rien. Tandis qu'il se penchait, pour tenter de voir quelque chose, elle détailla son profil fin, racé, se demandant pourquoi le monde était si mal fait. Lorsqu'il se tourna vers elle, il prit un air innocent pour demander :

— Il y a encore une infernale soirée chez Pascal, demain. Veux-tu m'accompagner ? Il paraît que ça commence tôt et qu'on ne sera pas déçu !

— Pourquoi pas ?

S'étonnant elle-même, elle avait répondu très vite. Ils commencèrent à descendre, bousculés par la foule

169

compacte autour d'eux. Machinalement, Jordane prit le bras de Nora mais celle-ci se dégagea.

— Ne t'inquiète pas pour moi, tout va très bien !

— Par ici les filles ! criait Lionel d'en bas.

Lorsqu'il aperçut Robin, son visage changea d'expression. Il l'avait un peu oublié durant le week-end prolongé qu'il venait de passer au Biloba. Il avait eu Jordane pour lui tout seul, même lorsqu'elle était à cheval, même lorsqu'elle se penchait sur les plans que dessinait Sydney.

— Tiens, dit-il d'un ton ironique, monsieur Peyrolles ! Vous ne travaillez donc jamais ?

— Pas beaucoup plus que vous, je suppose, rétorqua Robin.

Agacée, Jordane les toisa l'un après l'autre. S'ils jouaient les rivaux, il y avait un malentendu.

— À demain ! murmura Robin en lui déposant derrière l'oreille un baiser léger qui était pire qu'une provocation.

On parlait, autour d'eux, une langue incompréhensible qui devait être un dialecte tsigane. Tandis que Robin s'éclipsait, un homme aux cheveux très noirs sourit à Jordane. Il portait un drôle de chapeau et elle lui fit un clin d'œil.

— Mais, ma parole, tu dragues !

Lionel l'avait saisie par l'épaule, dans un geste de propriétaire qu'elle détesta.

— Viens, dit-il gentiment, rejoignons les autres. Ta sœur est tellement en extase devant le pauvre Sydney que c'en est gênant pour lui, je t'assure…

C'était dit sans méchanceté mais Jordane se sentit blessée pour Nora. Celle-ci accomplissait des efforts immenses pour séduire, or c'était un rôle qu'elle ne connaissait pas. Sa maladresse comme sa naïveté étaient touchantes. Mais elle s'habillait mieux, elle avait quitté son air de martyre, elle était la première à vouloir sortir.

— Tu es de plus en plus belle, toi, remarqua soudain Lionel.

Ils essayaient de se frayer un chemin dans la cohue et Jordane trouva sa réflexion incongrue. Lionel accéléra, la dépassa et l'obligea à s'arrêter. Des gens les bousculèrent.

— Jordane, est-ce qu'on ne pourrait pas essayer de... Écoute, je prends une semaine de vacances, j'ai trop envie de rester. D'ailleurs je suis crevé. Quand je vois ta mine ! Je voudrais qu'on fasse la paix.

— Mais, chéri, nous ne sommes pas en guerre !

Elle avait répondu avec étourderie, usant d'un mot tendre par habitude. Elle vit le piège et le désamorça immédiatement.

— Oui, reste, ça te fera du bien et ça fera plaisir à ta mère. Je t'adore, Lionel, mais je ne crois pas très utile qu'on se raconte des histoires, toi et moi...

Le visage de Lionel se ferma. Jordane le prit par le bras pour l'entraîner.

— Nous étions d'accord, rappela-t-elle. Et puis tu sais, je te dois une fière chandelle de m'avoir présenté Sydney ! C'est l'homme de la situation et je lui fais confiance.

Voilà, elle l'avait dit, elle ne se sentait plus furieuse d'être redevable de quelque chose à Lionel, elle était devenue raisonnable parce que gagnée par l'indifférence.

— Tu es tombée amoureuse de ton commissaire-priseur ? demanda-t-il d'une voix amère.

— Mais non ! Tu es bête... Et quand bien même ?

Là encore, la réponse était venue trop vite, trop nette.

En entendant s'ouvrir la porte de l'agence, le lendemain matin, Cécile releva la tête, pleine d'espoir. Mais ce n'était que Robin. Elle dissimula sa déception, se maudissant d'imaginer Pascal à chaque bruit de porte, chaque sonnerie de téléphone.

— Salut, la plus belle ! Je viens te demander une consultation gratuite !

Il déposa sur le bureau de Cécile un carton de photos. Elle y jeta d'abord un coup d'œil distrait puis, brusquement intéressée, elle se mit à examiner les clichés un à un.

— Il avait beaucoup de talent, quand même... C'est Hugues ?

— Bien sûr.

— Je me souviens de lui, c'était un sacré personnage ! Mais je n'en aurais pas voulu pour père...

Elle abandonna les photos pour aller chercher deux tasses de café.

— Comment était-il ? demanda Robin.

— Dans la lune ! Pour qui ne le connaissait pas, je t'assure qu'on aurait pu croire *lou ravi* de la crèche ! Il ne te regardait pas, il te cadrait ! Et puis il était toujours chargé comme un mulet avec ses appareils autour du cou et ses sacoches bourrées d'objectifs. Le plus formidable, c'est qu'il mitraillait tout le monde mais qu'on ne voyait jamais le résultat...

— Il n'a jamais exposé ?

— Oh non, pas le temps ! Il passait ses journées à photographier et ses nuits à développer dans son labo. Enfin, c'est ce que prétendait Jordane.

— Et sa femme ? Ses filles ?

Amusée par la curiosité de Robin pour tout ce qui touchait à Jordane, Cécile ne se fit pas prier.

— Avec Isabelle, ils s'étaient bien trouvés. Aussi farfelus l'un que l'autre. L'attitude de son mari ne la gênait pas, au contraire, elle le couvait comme un gamin. Je me demande si elle ne s'est pas davantage occupée de lui que de ses filles... Quand nous étions au lycée, Jordane rigolait des bizarreries de son père. Remarque, Jordane rit de tout !

L'air extasié de Robin attendrissait Cécile. Elle se reconnaissait dans cette façon d'écouter avidement. Elle en faisait autant dès qu'il était question de Pascal. D'ailleurs elle n'était pas dupe, c'est parce que Robin était le frère de Pascal qu'elle le trouvait si sympathique.

— Tu sais, ajouta-t-elle, Jordane a eu un drôle de père, une drôle de mère, sans parler du grand-père...

172

— Et du mari ?

Cette fois, Cécile marqua une légère hésitation. Est-ce que Robin valait mieux que Lionel pour Jordane ? Mais quel était l'homme qui pourrait lui convenir ?

— Si tu veux. Lionel n'était pas pour elle et réciproquement. Je ne crois pas qu'elle l'ait rendu heureux. Elle l'a laissé tomber pour ses chevaux, ce n'est sûrement pas facile à digérer...

Cécile avait souvent défendu Lionel qu'elle trouvait séduisant. Tout comme elle avait trouvé rassurant que Jordane soit mariée. Elle avait beau être sa meilleure amie, elle était parfois un peu agacée, ou même un peu jalouse. Se promener avec Jordane était déprimant, tous les regards se tournaient vers elle. Y compris le regard délavé de Pascal, réalisa-t-elle soudain.

— Alors, ces photos ? Qu'allons-nous en faire ?

Avec une désarmante simplicité, Robin avoua :

— Eh bien, je compte sur toi... Les Rencontres internationales de la photographie ont lieu au mois de juillet, non ?

Tout en réfléchissant, Cécile hocha la tête. Arles était la ville idéale pour un photographe. Il y avait même une école nationale ! Hugues Tardivaux ne s'en était jamais soucié. Les célèbres Rencontres permettaient la confrontation de toutes sortes d'œuvres, on y venait du monde entier.

— Il y a sûrement quelque chose à faire, admit-elle.

— Tu es de la partie, insista Robin. Les relations publiques, c'est ton truc. Tu peux rencontrer les organisateurs et...

— Nous sommes presque en juin, protesta Cécile.

Un peu énervée, elle se mit à mâchonner son stylo. Pourquoi n'y avait-elle jamais pensé ? Jordane lui en avait déjà parlé, sans insister, mais Cécile avait eu tant de préoccupations ces dernières semaines qu'elle avait oublié. Dans un sursaut d'honnêteté, elle se dit qu'elle devait aider Jordane au lieu de se faire des idées, d'imaginer n'importe quoi comme cette éventuelle attirance de Pascal pour sa meilleure amie.

— D'accord, déclara-t-elle en relevant la tête. Je vais essayer. De toute façon, personne ne me rira au nez avec des trucs de cette qualité !

Robin reposa sa tasse, contourna le bureau et vint l'embrasser avec fougue.

— Il y en a quatre-vingt-deux, j'ai tout répertorié ! À ce soir, la plus belle ! Nous venons à la manade avec Jordane pour la soirée de ton jules...

Très gai, il quitta l'agence en sifflotant. Peut-être allait-il pouvoir faire une belle surprise à Jordane. Il s'imaginait déjà l'emmenant visiter le grand bâtiment des Rencontres, près des arènes, et la laissant découvrir les criquets d'Hugues mis à l'honneur. Quelle valeur pouvait avoir l'œuvre d'un photographe disparu ? Pouvait-on espérer le faire connaître et monnayer l'immense réserve de clichés qui dormait dans son laboratoire du Biloba ? Robin s'aperçut qu'il était comme la Perrette de la fable, avec son pot de lait, mais qu'il était décidément très heureux.

Il fut interrompu dans sa rêverie en arrivant devant l'hôtel particulier des Peyrolles. La porte cochère était grande ouverte et une voiture de gendarmerie stationnait dans la cour. Son père gesticulait, sur le perron, en grande conversation avec un brigadier. Un peu plus loin, Pascal était assis sur la rambarde de pierre, l'air indifférent. Robin se dirigea vers lui et il l'interrogea du regard. Son frère sauta sur les pavés et lui envoya une bourrade affectueuse.

— C'est le grand scandale, dit-il en souriant, il y a eu un cambriolage !

— Ici ? Quand ?

— Pendant que vous dormiez, je suppose !

— Et qu'est-ce qu'on a volé ?

— Pas assez de choses pour aérer un peu le décor, hélas !

Pascal s'amusait mais pas Robin.

— Sois sérieux !

— Par un temps pareil ? Quelle horreur ! Non, je laisse le sérieux aux autorités... Regarde-les s'agiter ! C'est qu'on

174

n'est pas chez n'importe qui, ici... C'est Vincent Peyrolles qu'on a cambriolé ! Comme quoi on est toujours puni par où on pèche.

Un peu surpris par tant de cynisme, Robin regarda d'abord leur père qui raccompagnait les gendarmes jusqu'à leur voiture, parlant toujours. Puis il se retourna vers Pascal.

— Dis-moi, commença-t-il, est-ce que tu le détestes ?

— C'est à peu près ça, oui.

Ils échangèrent un long regard. Celui de Pascal, si clair, ne cillait pas.

— Nous allons tout de même déjeuner ! annonça Vincent qui revenait vers eux. Puisque Pascal a eu la gentillesse de venir jusqu'ici... Ah, quelle histoire !

Il entraîna ses fils à l'intérieur pendant que le vieux maître d'hôtel fermait la lourde porte cochère.

— Tu n'as rien entendu cette nuit, toi ?

Le ton n'était pas le même lorsque Vincent s'adressait à Robin.

— C'est du travail de professionnel ! Et ils ont bien choisi, avec ça... La paire de chandeliers a une valeur folle.

Il désignait la vitrine du salon dont la vitre était encore ouverte, devant des étagères vides.

— Ils ont pris les étains, ils n'ont rien cassé, rien abîmé.

— Par où sont-ils passés ? s'enquit Robin.

— Par le jardin et par la fenêtre.

— Elle était ouverte ?

— À l'espagnolette, je l'admets. Alors avec ces vieilles crémones, rien de plus facile ! Antoine ouvre les volets à sept heures, lorsqu'il descend. Ensuite il part acheter le pain et le journal. C'est donc à ce moment-là que le vol s'est produit, en plein jour, je l'ai expliqué aux gendarmes. Avec nous qui dormions au-dessus !

Il jeta un coup d'œil sévère vers Robin.

— Il faut avouer que tu n'es pas très matinal...

— Pour quoi faire, puisque tu ne veux pas qu'il travaille ! fit remarquer Pascal.

Après un bref silence, Vincent sonna pour l'apéritif. Il ne semblait jamais prendre ombrage des répliques aigres-douces de Pascal. Marchant jusqu'à sa vitrine il l'examina, pensif.

— À quelle heure faut-il être là, ce soir ? demanda Robin à Pascal.

— Vers cinq ou six heures. C'est une fête un peu spéciale. Les gardians ont prévu plein de jeux...

Ils avaient parlé à mi-voix mais Vincent s'était retourné.

— Il y a bien longtemps que je n'ai pas mis les pieds à la manade... Chez toi ! Tu organises une réception ?

Il y avait quelque chose de pathétique dans son into-nation. Robin crut que Pascal allait inviter leur père mais son frère dévia la conversation.

— À combien estimes-tu ce vol ? demanda-t-il en bâillant.

Déçu, Vincent n'en laissa rien paraître et fit un rapide calcul.

— Environ cent mille...

Pascal leva les yeux au ciel, trouvant absurde qu'on mette autant d'argent dans des bibelots.

— Il y avait un fossile, ajouta Vincent, un poisson lisse comme du marbre, qui est inestimable...

— On mange bientôt ? interrogea Pascal. Je n'ai pas beaucoup de temps...

— Tout de suite si tu veux, s'empressa Vincent.

Ils quittèrent le salon pour la salle à manger. Robin se sentait mal à l'aise. L'ironie affichée de Pascal confinait au mépris et rendait l'atmosphère désagréable. Ils s'assirent dans la pénombre striée de soleil par les persiennes. La mise de table, austère et élégante, restait inchangée depuis trente ans.

— Il faut prévenir les confrères et les antiquaires de la région au sujet de ces objets, suggéra Robin.

— Je ne t'ai pas attendu pour y penser !

Vincent haussait les épaules avec un petit rire satisfait mais Pascal l'interrompit net.

— Pourquoi es-tu toujours aussi agressif avec Robin ? Je ne sais comment il fait pour te supporter.

— Pascal..., protesta Vincent d'une voix plaintive.

Robin les considéra, l'un après l'autre, avec un certain étonnement. S'il était l'enjeu de leur désaccord, ce n'était pourtant pas lui le responsable. Il ne demandait rien à son père, ne lui reprochait rien, puisqu'en général il préférait ne pas y penser. Néanmoins, cette discussion lui en rappelait d'autres. Pascal avait souvent pris sa défense, lorsqu'ils étaient enfants. Comme si la préférence de leur père lui avait été, de tous temps, insupportable.

Vincent préféra éviter l'affrontement en ricanant.

— Tu plaisantes toujours et je m'y laisse prendre ! dit-il à Pascal. C'est délicieux ce que nous a préparé Antoine. Vous ne trouvez pas ?

Ce fut Robin qui approuva, son frère préférant allumer un petit cigare sans même attendre la fin du repas. Robin lui jetait des coups d'œil perplexes, se promettant de l'interroger plus tard. Vincent s'adressa soudain à lui, avec une jovialité forcée.

— Tu devrais m'accompagner à la salle, demain. Il y a une vente de moyenne importance et, si tu veux, je te laisse le marteau dans la première partie !

Cette concession, minime, ne présageait pas grand-chose pour l'avenir, mais c'était quand même un pas en avant, une ouverture. Robin fut sans illusions, devinant que c'était à Pascal que Vincent voulait plaire, mais il accepta avec empressement. Lorsqu'il se tourna vers son frère pour observer sa réaction, il surprit le sourire ironique et glacé que Pascal adressait à Vincent.

— Doucement ! supplia Gilbert. Nous allons heurter le chambranle...

Lionel rectifia l'angle du bonheur-du-jour et ils passèrent la porte. Ils sortirent sur le perron, descendirent prudemment les marches et allèrent installer le meuble dans la petite camionnette que Gilbert avait garée devant la bastide. Isabelle les observait depuis la terrasse. Gilbert lui avait fait une bonne surprise en annonçant le prix des meubles, mais elle se doutait qu'il les surestimait délibérément pour lui faire plaisir. Elle avait proposé de les laisser en dépôt et d'attendre qu'ils soient vendus mais Gilbert avait bien entendu refusé et il avait fait son chèque dans le grand salon. Isabelle eut envie de rire en repensant à la tête d'Alice lorsqu'elle lui avait présenté Gilbert. Pour faire bonne mesure, elle l'avait invité à dîner. Mais cette invitation n'était pas innocente et dédramatisait l'atmosphère du Biloba. Car Jordane avait annoncé qu'elle ne dînait pas là, d'un air ingénu, et Lionel s'était mis à bouder. Pour masquer son dépit, il avait alors invité Sydney à découvrir les charmes de l'abbaye Sainte-Croix, à Salon-de-Provence. Sans vergogne, il avait décrit les délices d'une roulade de lapereau à l'anchois ou d'un ravioli de homard. Et tout ça sans voir le regard suppliant de Nora qu'il n'avait pas conviée à partager ses festivités ! Alors, à l'idée d'une soirée entre une Alice perfide et une Nora éplorée, Isabelle avait choisi d'imposer Gilbert. Après tant de mois de discrétion, celui-ci n'en revenait pas.

La porte de la camionnette claqua et Isabelle descendit de la terrasse. Elle remercia Lionel pour son aide et entraîna Gilbert vers la piste où Jordane travaillait un cheval. Ils s'assirent sur la barrière, à l'ombre, tandis qu'Isabelle murmurait :

— Je t'en ai si souvent parlé... Regarde-la et dis-moi si ça ne t'épate pas !

Gilbert observa l'andalou et la cavalière un bon moment. Oui, Jordane était belle, heureuse d'être en selle et en parfaite harmonie avec sa monture. Oui, le cheval était superbe, muscles saillants, crinière flottante, pelage luisant. Mais c'était la fierté d'Isabelle qui « épatait » le plus Gilbert. Il finit par lui jeter un coup d'œil, à la dérobée. Isabelle avait la douceur qu'on acquiert à un certain âge, après bien des épreuves. Ses yeux n'avaient pas le feu, pas l'éclat de ceux de Jordane, mais on pouvait s'y noyer en toute quiétude. Sa silhouette même avait quelque chose de souple et d'abandonné. Furtivement, il lui effleura les doigts, sur la barrière. Sans le regarder, elle lui sourit.

— Tu sais, chuchota-t-il, Nora aussi est belle… Tu les as réussies, tes filles !

Jordane venait de s'arrêter près d'eux, et elle secoua ses boucles en désordre.

— Celui-là sera le prochain à partir, il sait tout faire ! déclara-t-elle en donnant une vigoureuse claque sur l'encolure de l'andalou.

Elle mit pied à terre pour serrer la main de Gilbert.

— Je me dépêche, Robin va arriver et je dois prendre une douche. Quelle poussière !

Elle se hâta vers l'écurie, se débarrassa des corvées de pansage et de nourriture le plus vite possible, et repartit en courant vers la bastide. Dans l'escalier, elle croisa Lionel qui descendait.

— Tu sens bon ! lui dit-elle sans s'arrêter.

— Pas toi, l'Arlésienne !

Il leva la tête mais ne vit que des bottes qui disparaissaient.

— Tu es bien pressée ! cria-t-il. Ton Roméo ne vient pas te chercher pour goûter, quand même ?

Bien entendu, il n'obtint aucune réponse. Il s'en voulait de montrer sa rancœur, mais c'était plus fort que lui. Jordane lui avait appartenu longtemps et il ne s'habituait pas à l'idée de l'avoir perdue. Il commençait même à se demander si la vie en Camargue, entre sa mère et sa femme, n'était pas quelque chose de merveilleux à côté de quoi il était passé bêtement. Son existence parisienne lui donnait de moins en moins de satisfactions. Même ses affaires marchaient mal. D'ailleurs il les négligeait, la tête pleine de vagues projets qui, tous, tournaient autour de Jordane. Et elle parlait de divorce, elle s'en allait dîner avec d'autres, elle le traitait en copain ! Il n'osait même plus lui montrer

179

le désir qu'il avait d'elle, gardant en mémoire le souvenir cuisant de leur dernière nuit.

Lionel décida qu'il allait se saouler le soir même avec Sydney, entre hommes, et qu'ensuite ils n'auraient qu'à chercher de la compagnie. Les jolies filles ne manquaient pas dans cette région bénie, Dieu merci !

Il en était là de ses pensées moroses lorsque la petite voiture de Robin vint s'arrêter sous les ginkgos. Les deux hommes se retrouvèrent face à face sur la terrasse, aussi agacés l'un que l'autre et ne sachant que dire. Après un silence froid, mais qui resta poli, l'arrivée d'Isabelle et de Gilbert détendit sensiblement l'atmosphère. Robin raconta le cambriolage dont son père avait été victime. Un peu crispé, Gilbert lui posa toutes sortes de questions sur les objets dérobés. Robin s'étonna un peu de cet intérêt excessif, se demandant s'il s'agissait d'une simple solidarité professionnelle. Isabelle, elle aussi, perçut la réelle nervosité de Gilbert.

— Je suis en retard ?

Sur le pas de la porte de la cuisine, Jordane les observait, souriante. Elle portait un jean et une chemise bleu ciel, des boots et une ceinture noire. Bronzée, resplendissante, elle avança vers eux. Elle s'était maquillée légèrement, ce qui était exceptionnel. Robin et Lionel la regardaient en silence, aussi séduits l'un que l'autre.

— On peut y aller quand tu veux…

Elle l'avait dit d'une voix mal assurée, consciente de ce que la situation avait de pénible pour Lionel. Ce fut Sydney qui dissipa le malaise en les rejoignant à son tour.

— Vous êtes magnifique ! dit-il à Jordane. Si les futurs clients du Biloba ne sont pas sensibles à la beauté du décor, c'est pour vous qu'ils viendront !

Robin avait profité des réflexions joviales de l'Américain pour se lever. Il prit congé sans s'attarder et attendit Jordane dans sa voiture. Dès qu'elle fut assise à côté de lui, il démarra.

— Je suis très embarrassé vis-à-vis de ton mari, commença-t-il.

— Moi aussi, mais c'est sa faute ! Pourquoi est-il toujours fourré chez moi ?

Consciente de sa mauvaise foi, elle ajouta :

— C'est un moment difficile à passer. Il faut vraiment qu'on divorce pour éclaircir tout ça… J'ai été franche avec lui. Je ne veux pas me cacher comme une petite fille mais je ne veux pas le provoquer, c'est cruel.

Elle ne s'adressait pas précisément à Robin, il le comprit, pourtant il demanda :

— Et ensuite ? Quand vous aurez… régularisé votre situation, il ne viendra plus ? Et Alice ?

Poussant un profond soupir, Jordane se laissa aller contre l'appui-tête.

— Je ne sais pas, avoua-t-elle. Alice fait partie de la famille, maintenant. La famille Valence, je veux dire…

Elle regardait le paysage sans le voir. Elle baissa sa vitre et ses boucles brunes se mirent à voler autour de son visage. Elle se réjouissait à la perspective de la soirée et ne voulait pas la gâcher avec des choses tristes. Pourtant elle avait prononcé ce mot de famille et, chaque fois, lui venait la nostalgie de ces enfants qu'elle avait tant souhaités et qu'elle n'avait pas. Avant qu'il ne soit trop tard, il fallait qu'elle se reprenne, qu'elle bâtisse sa vie avec la même énergie et le même esprit de décision que ceux déployés pour sauver la propriété, pour sauver surtout sa mère et sa sœur. Maintenant il fallait qu'elle se sauve elle-même, qu'elle soit enfin ce qu'elle avait envie d'être. Pas seulement une belle jeune femme de trente ans, libre et indépendante. Mais plutôt quelqu'un qui aime…

— Où es-tu ? Sur quel nuage ?

Il fit mine de chercher dans le ciel, à travers le pare-brise. Sa gentillesse fit de la peine à Jordane. Elle se sentait bien avec lui, bien et rien de plus. Il n'était pas son avenir, elle devait le lui faire comprendre et c'était un problème supplémentaire. Au moment où elle tournait la tête vers lui, elle reçut son sourire adorable de gamin timide.

— On arrive, réveille-toi !

Il s'était dépêché de dire quelque chose, comme s'il avait deviné ses pensées, comme s'il voulait l'empêcher de parler.

Devant le mas, il n'y avait personne. Un peu étonnés, ils descendirent de voiture. Il faisait chaud et tout était silencieux hormis le bruit incessant des cigales. Hésitant, Robin allait se diriger vers la maison lorsqu'un gardian surgit.

— Le patron est dans les terres ! Il vous demande de le rejoindre, c'est là-bas qu'on s'amuse pour le moment. Je vais vous indiquer le chemin...

Il tendit à Robin les clefs du 4 × 4 Toyota de Pascal tout en lui donnant quelques explications. Ils s'installèrent et Robin engagea le véhicule tout-terrain directement dans la plaine qui s'étendait derrière le mas. Il s'amusait en conduisant, prenant les bosses à toute allure.

— Tu sais où tu vas ? cria Jordane.

— Je suis un enfant du pays ! lui rappela-t-il avec un clin d'œil.

Il se retrouvait à l'aise sur ce relief tourmenté où ils avaient passé une partie de leur jeunesse, Pascal et lui. Enfant, Robin avait adoré la manade tout autant que son frère, mais il avait pressenti que l'endroit ne lui appartiendrait jamais et que, quoi qu'il fasse, il ne gagnerait pas la faveur de leur père. Il aurait pu être malheureux si Pascal n'avait pas été là. Ou s'il avait détesté Pascal, son seul appui.

Ils passèrent dans un marécage, faisant jaillir des gerbes d'eau. Puis ils contournèrent un petit bois de chênes kermès et débouchèrent sur une vaste étendue sablonneuse. Au loin, une dizaine de cavaliers entouraient un groupe de taureaux. Robin s'arrêta à une centaine de mètres afin de profiter du spectacle.

— Qu'est-ce qu'ils font ? demanda Jordane, mettant sa main en visière pour se protéger du soleil.

— Ils rassemblent du bétail, ils testent les jeunes...

— Je veux y aller !

C'était le cri du cœur et Robin sourit d'un tel enthousiasme.

— Même avec quatre heures d'équitation quotidiennes, tu ne peux pas voir un cheval sans trépigner ?

Pascal venait vers eux, au galop, agitant la main en signe de bienvenue. Il mit pied à terre, apostrophant Jordane.

— Vous n'êtes pas vraiment en tenue, mais je vous le prête quand même ! Je l'ai ménagé pour le garder frais en vous attendant...

Sans marquer la moindre hésitation, elle se dirigea vers le camarguais.

— Attendez, la puce, on va quand même raccourcir...

Elle était grande et cependant Pascal la dépassait de quinze centimètres. Elle alla de l'autre côté pour régler la seconde étrivière.

— En quoi consiste le jeu ? demanda-t-elle.

— Je vous confie mon *ficheiroun* mais c'est juste au cas où un taureau se montrerait trop agressif...

Il lui tendait son trident, attribut immémorial du gardian de Camargue.

— Vous choisissez un jeune mâle et vous le poussez devant vous pour voir son comportement. Mes hommes vous montreront...

Dans l'attitude de Pascal, il y avait du défi mais aussi de l'humour.

— C'est une mise à l'épreuve ? plaisanta-t-elle en se mettant en selle.

— Du taureau ! Seulement du taureau..., répondit-il avec un large sourire.

Le trident d'une main et les rênes de l'autre, elle s'éloigna au petit galop. Pascal jeta un coup d'œil vers Robin puis vers Jordane qui avait rejoint le groupe.

— Tu veux t'amuser aussi ?

— Non, non, pour le moment je regarde…

— À ta guise ! Sinon j'appelle un de mes hommes.

Pascal était allé s'appuyer sur le toit du Toyota, le menton dans une main. Robin le rejoignit et demanda :

— Elle est belle, non ?

— Très… Tu es amoureux ?

— Oh, c'est bien pire !

Pascal bougea un peu, se redressa et considéra son frère avec attention. Il faillit dire quelque chose mais se ravisa. Au loin, Jordane semblait s'amuser comme une folle au milieu du bétail. Des cris indistincts leur parvenaient. Pascal murmura soudain :

— Tu vas te planter, Robin.

Son frère fit comme s'il n'avait pas entendu. Au bout d'un moment, il dit seulement une phrase étrange :

— Je suis content d'être revenu.

Pascal cessa de s'intéresser aux cavaliers pour lui faire face.

— Vraiment ? Revenu où ? À Arles avec papa ? Demain il te prête cinq minutes son petit marteau et tu es content ? Ici, c'est bien… Mais là-bas ! Qu'est-ce que tu attends, Robin ? C'est la salle des ventes que tu veux ? Alors dis-le-lui clairement !

— Enfin, Pascal, je ne vais pas le jeter dehors !

— Tu pourrais… Il ne partira pas de lui-même, ou alors, les pieds devant…

— Très bien, dit Robin, on y est. Vas-y, explique-moi.

— Quoi ?

— Ta hargne, ton mépris. Tu es d'un cynisme incroyable.

— Et toi, tu es un agneau, une andouille ! explosa Pascal ! Si je ne te défends pas, tu te contenteras de bêler pendant qu'on t'égorge !

Stupéfait, Robin observait Pascal. Sa colère faisait plus que le surprendre, elle l'intimidait.

— Quelque chose m'échappe…

— Tout ! Tu ne vois rien, jamais !

Dans un nuage de poussière, le groupe des chevaux et des taureaux se dirigeait vers eux.

— Bon, on ne va pas traîner là, dit Pascal, ce ne sont pas des taureaux de combat mais quand même, pas des moutons non plus ! Surtout que Raïto est en tête... Si tu savais comme il s'est comporté à la Cocarde d'Or !

Robin s'installa sur le siège passager et Pascal démarra. Ils allèrent s'arrêter plus loin. Le bétail avait atteint un endroit marécageux et à présent galopait dans l'eau.

— Jordane s'amuse, constata Robin.

— Et toi, est-ce que tu t'amuses, dis ?

Pascal tapotait du bout des doigts sur le volant. Robin pensa qu'il était temps qu'ils s'expliquent. Après ce serait trop tard, il y aurait trop de monde autour d'eux.

— Tu ne m'as pas répondu, tout à l'heure, au sujet de papa.

— Non, c'est vrai, reconnut Pascal, mais je ne sais pas si je dois.

Patient, Robin attendit une explication qui tarda un peu à venir.

— J'ai appris des choses que tu ignores, soupira enfin Pascal. Des trucs moches.

— Lesquels ?

Pascal posa sur son frère son regard trop clair, difficile à soutenir.

— Il a toujours prétendu qu'elle était partie sans laisser d'adresse et sans donner de nouvelles, n'est-ce pas ? Eh bien c'est faux, il y a des années qu'il ment.

Robin eut l'impression brutale qu'on venait de le frapper. Il n'avait pas besoin d'en entendre plus, il savait que Pascal parlait de leur mère. Vidé, il ne trouvait rien à dire, rien à demander, peut-être même ne voulait-il plus rien savoir du tout.

Un bruit confus de sabots et de cris leur arrivait par intermittence, porté par un vent léger qui venait de se lever. Robin voulut avaler sa salive et se mit à tousser. Pascal lui tapa dans le dos, un peu trop fort.

185

— Bon, dit Pascal, ils doivent être fatigués, on va rentrer... On la laisse avec les gardians, hein ? Elle n'a sûrement pas envie de descendre.

Il avait remis son moteur en route et faisait demi-tour. Il regrettait un peu d'avoir parlé mais Robin n'était plus un enfant et il avait le droit de connaître la vérité. Celle-ci tenait en peu de mots mais encore fallait-il les dire. Heureusement, le bruit du Toyota le dispensait d'ajouter quelque chose pour le moment.

Devant le mas, Cécile faisait les cent pas, furieuse. Les rayons obliques du soleil étaient encore chauds et elle était en nage dans son petit tailleur élégant. Pascal lui avait demandé de venir tôt et il n'était pas là ! Elle avait accueilli un certain nombre d'invités, les avait installés dans la grande pièce fraîche et leur avait servi à boire avant de retourner au-dehors. Tout le monde ou presque était en jean et en tee-shirt. Pascal ne lui avait rien pré-cisé au sujet du déroulement de la soirée, hormis cette injonction d'être là de bonne heure. Pour quoi faire ? Servir d'hôtesse ?

Elle alla s'appuyer à un mur pour se mettre à l'ombre. Au fond, elle n'aimait pas tellement la manade et restait persuadée que toutes les activités des gardians étaient des jeux de grands enfants. Ils étaient en représentation à longueur d'année. Pascal le premier.

Exaspérée, elle pensa au rendez-vous qu'elle avait annulé. Tout ça pour poireauter dans la poussière ! Elle se jura d'être plus sérieuse à l'avenir. Et, pour commen-cer, puisqu'elle avait une entrevue importante le lendemain matin au sujet du festival d'art lyrique, elle ne resterait pas dormir au mas. Même si Pascal le lui demandait, ce qui n'était pas certain.

Haussant les épaules, elle admit pourtant que, s'il le lui proposait, elle n'aurait jamais le courage de refuser. L'idée d'une nuit avec Pascal la faisait déjà frissonner, la rendait molle et sans volonté. Elle se redressa en entendant le moteur du 4 × 4 et se dirigea, toute souriante, vers les deux frères. Elle leur trouva un drôle d'air mais ne fit aucune remarque. Elle voulut lui énumérer les invités déjà arrivés mais Pascal l'interrompit.

— Va donc les chercher, on ne va pas s'enfermer à cette heure-ci !

Des rires et des bruits de sabots annoncèrent l'arrivée des cavaliers. Jordane était au milieu d'eux, bavardant avec entrain.

— Il est formidable, votre cheval ! lança-t-elle à Pascal. Il n'a peur de rien !

— Vous non plus, on dirait.

Pascal était venu près d'elle, levant la tête pour la regarder. Ils échangèrent un vrai sourire qui n'avait rien de mondain. Jordane descendit et il lui prit les rênes des mains. Il donna quelques ordres pour que ses hommes installent des tables dehors puis il confia son cheval à l'un d'eux.

— Venez, dit-il à Jordane en la saisissant par le bras. Vous avez de la chance, après mon camarguais, je vous prête ma salle de bains !

Ils s'éloignèrent vers le mas, croisant au passage les invités qui en sortaient. Pascal salua tout le monde gaiement avant d'entraîner Jordane au premier étage. Il ouvrit une porte en murmurant :

— J'espère que ce n'est pas trop en désordre...

Elle jeta tout de suite un coup d'œil vers le miroir et se mit à rire.

— De quoi avez-vous besoin ? demanda-t-il. Une brosse à cheveux, une serviette ?

— Si je n'abuse pas, un tee-shirt ou une chemise...

Elle était couverte d'un mélange d'eau salée et de poussière, les cheveux tout emmêlés, l'air hilare. Il prit un tee-shirt blanc dans un placard, et patienta tandis qu'elle brossait énergiquement ses boucles brunes.

— Euh... Vous attendez que je vous fasse un strip-tease ?

— Désolé, s'excusa-t-il en posant le tee-shirt sur un tabouret. Notez bien que j'aurais été un très bon public !

Il s'éclipsa et elle l'entendit dévaler l'escalier. Comme elle, il ne prenait jamais les marches une par une. Elle resta devant la glace, puis se décida à ouvrir l'armoire à pharmacie. Il n'y avait que des objets typiquement masculins, rasoir, eau de toilette, et quelques médicaments périmés. Dans le placard, qu'elle inspecta sans scrupules, elle prit une serviette propre. Nulle trace de Cécile n'était visible dans cette pièce. Jordane regarda le peignoir en éponge qui pendait à une patère et elle s'approcha, curieuse, pour le sentir. Mais il n'y avait aucun effluve de parfum, rien qu'une bonne odeur fraîche de lessive. Pour un célibataire, Pascal se sortait bien de l'examen.

Jordane risqua un coup d'œil par la fenêtre. Les invités s'étaient installés autour des tables recouvertes de nappes rouges et déjà chargées de bouteilles de rosé. Elle décida de prendre une douche et commença de se déshabiller.

Au rez-de-chaussée, Cécile s'affairait dans la cuisine, empilant des verres sur un plateau.

— Laisse, lui dit Pascal, je m'en occupe.

Surprise par tant d'amabilité, Cécile vint l'embrasser dans le cou. Il la prit par la taille et la plaqua contre lui une seconde avant de la repousser.

— Pas maintenant, dit-il d'une voix rauque. Tout à l'heure...

Ravie, elle empoigna le plateau et sortit. Il s'appuya à la table et poussa un long soupir exaspéré. Il avait une folle envie de faire l'amour, mais ce n'était pas Cécile qu'il désirait.

À deux heures du matin, ils se retrouvèrent en petit comité. Ils avaient mangé une fantastique paella qu'ils avaient beaucoup arrosée. Robin n'avait pas quitté Jordane, prévenant ses moindres désirs. Il était parvenu à chasser de son esprit les propos assassins de Pascal sur leur père. Il y penserait plus tard, il devait d'abord profiter de la présence de Jordane. Celle-ci était très à l'aise, depuis sa chevauchée de l'après-midi, semblant avoir définitivement sympathisé avec les gardians de Pascal. La conversation avait longtemps roulé sur l'élevage sans que Robin se sente exclu. Même s'il ne parlait pas, il regardait Jordane s'enflammer, défendre ses idées âprement, et il se sentait heureux.

Ils avaient renoncé à rentrer, la nuit restant tiède malgré le vent. Des flambeaux avaient été disposés un peu partout pour repousser l'obscurité et pour attirer les moustiques vers les flammes. Les grenouilles, non loin de là, avaient attaqué leur concert nocturne. Pascal buvait énormément et ses yeux clairs revenaient souvent se poser sur Jordane, Robin l'avait remarqué. Il ne voulait pas s'en inquiéter mais, malgré lui, il était peu à peu gagné par une sourde angoisse. Au lieu de surveiller son frère, il essaya de s'intéresser à ce qui se disait autour de lui. Comme ils n'étaient plus qu'une dizaine, ils occupaient à présent la même table. Cécile avait déjà étouffé plusieurs bâillements, assommée par les histoires de bestiaux auxquelles elle ne comprenait rien. Au bout d'un moment, Pascal se tourna vers elle et lui glissa :

— Tu peux partir si tu es fatiguée ou si tu t'ennuies.

Vexée, elle se redressa sur sa chaise et fit un effort. Elle se souvenait de la façon dont Pascal l'avait embrassée, un peu plus tôt dans la soirée, et elle espéra que les invités se décideraient bientôt à partir. À cet instant, quelqu'un lui posa une question aimable sur le prochain festival. Volubile, elle se mit à parler de son grand projet lyrique et des efforts qu'elle déployait. Lorsqu'elle évoqua le conseil régional, Pascal l'interrompit, ironique.

— Je ne savais pas que tu avais tes petites et grandes entrées là-bas ! Quelle cachottière !

Elle voulut briller, se mettre en valeur pour une fois, et elle fit mention des subventions qu'elle avait obtenues à force de démarches. Toute cette démonstration ne visait

189

qu'à impressionner Pascal qui se contenta de hausser les épaules.

— Moi, l'opéra… à part *Mireille* !

— Mais justement, triompha Cécile, c'est par ça qu'on commence, tu penses bien, et dans les arènes comme le veut la tradition. Évidemment, il s'agit d'une mise en scène un peu moderne, qui bouleverse les idées reçues, mais qui ne laissera personne indifférent, croyez-moi !

— Ah oui ? railla Pascal. C'est en sortant du super-marché qu'elle attrape son insolation ? Et Vincent, il est devenu chanteur de rock, dans la nouvelle version ? Les gardians sont à moto ? La Crau symbolisée par un sablier géant ?

Elle le toisa, furieuse.

— Oh, toi ! Dès qu'on veut changer quoi que ce soit… Mais tu verras bien, après tout ! Peut-être seras-tu emballé par cette relecture ? C'est très inattendu, très nouveau…

— Relecture ? C'est comme ça qu'on dit ?

Il se moquait ouvertement et il ajouta :

— Je n'ai pas de temps à perdre pour ces âneries. En revanche, si tu connais des gens au conseil régional ou au conseil général, présente-moi ! Je suis en train de recueillir des tas de signatures pour une pétition. C'est toujours au sujet du projet d'autoroute qui fait bouillir tout le monde par ici…

— Tu es vraiment très don Quichotte, persifla Cécile qui était mécontente d'avoir perdu son auditoire. Tu n'arrê-teras pas les bulldozers à toi tout seul.

— Mais pas tout seul, pauvre idiote !

En tête à tête, peut-être aurait-elle accepté l'injure. Mais il y avait trop de témoins, et surtout Jordane, qui guettaient sa réaction.

— Sois poli, articula-t-elle nettement. Ce n'est pas parce que je m'occupe d'un festival que je suis une idiote !

— Je me fous bien de tes occupations, si tu savais ! répondit-il d'un ton glacial. Mais je trouve navrant qu'on distribue autant d'argent pour des spectacles plus ou moins réussis, destinés aux snobs et à quelques journalistes en mal de copie. Ce n'est pas ça qui fait avancer Arles. Ni la région.

Cécile restait bouche bée, indignée par l'humiliation qu'il lui infligeait devant les autres.

— Vous mélangez tout, dit alors Jordane calmement. Un opéra dans les arènes, c'est divin, même en fermant les yeux.

Contre toute attente, Pascal lui sourit. Mais presque aussitôt, il reprit :

— Au Biloba, vous n'êtes pas trop concernés par l'autoroute, mais vous pourriez signer ma pétition quand même...

— À condition de la lire avant, volontiers.

— Nous nous réunissons ici le mois prochain pour en discuter. Venez, vous serez la bienvenue. Quand je dis « nous », il s'agit d'une bonne cinquantaine de propriétaires responsables, attentifs à ce qui les menace, et connaissant parfaitement l'environnement. Je n'accepte pas chez moi les pseudo-écolos, pseudo-intellos... et il n'est pas question de régresser, mais seulement de se protéger !

Il se tourna vers Cécile pour conclure :

— Toi qui connais du monde, tu pourrais nous aider si tu n'étais pas si futile.

C'était un mot de trop et il l'avait prononcé sciemment, pour remettre de l'huile sur le feu, pour l'acculer à la dispute, inévitable, qui allait le libérer d'elle.

— *Futile* ? Qu'est-ce que tu crois ? Je ne me promène pas toute la journée à cheval, moi ! Je travaille ! Et à la même chose que toi : rameuter le touriste ! C'est trop facile de cracher dans la soupe ! Quand on veut que ça rapporte, on ne peut pas déplorer l'affluence, c'est contradictoire !

Elle s'était levée, frémissante d'indignation. Elle avait tort de tomber dans le piège, elle le savait. Pascal était facilement désagréable avec elle lorsqu'il avait trop bu. Elle avait accepté beaucoup de choses jusqu'ici mais elle n'en pouvait plus. Surtout pas devant Jordane, c'était devenu son obsession. Jordane... que Pascal avait beaucoup trop regardée, durant cette soirée, et à laquelle il s'adressait avec une voix que Cécile ne lui connaissait même pas.

— Tu ne veux pas t'asseoir, au lieu de nous haranguer ? On se croirait à une soirée électorale…

Son cynisme acheva de lui faire perdre la tête.

— Je m'en vais ! hurla-t-elle.

— C'est ça, va-t'en, répondit-il sans bouger.

Le menton de Cécile se mit à trembler et elle éclata en sanglots.

— Va-t'en, insista Pascal un peu plus fort.

— Écoute, bredouilla-t-elle à travers ses larmes, c'est ridicule, attends…

On aurait pu penser que c'était elle qui avait bu, alors qu'elle n'avait pas avalé une goutte d'alcool.

— On ne va pas se fâcher, dit-elle d'une voix pitoyable. Je me rassieds…

— Non, tu ne te rassieds pas, tu t'en vas ! Ouste ! Et tu ne remets plus jamais les pieds ici.

Jordane se leva d'un bond, faisant tomber sa chaise. Cécile avait craqué, comme prévu, et elle se sabordait, toute honte bue. En trois enjambées, Jordane contourna la table et vint la prendre par le poignet.

— Tu as raison, dit-elle entre ses dents, tirons-nous d'ici.

Elle voulut l'entraîner mais Cécile restait immobile, tremblant de la tête aux pieds et cherchant désespérément le regard de Pascal. Celui-ci ne s'intéressait qu'à Jordane, un peu dégrisé soudain, conscient d'avoir été trop loin.

— Écoute, je suis désolée…, recommença Cécile.

Cette fois Jordane la secoua, hors d'elle.

— Il ne peut pas t'écouter, il est complètement ivre !

Indécis, Robin s'était levé lui aussi. Pascal le toisa.

— Ah, grogna-t-il, le sauveur de ces dames…

Terrorisée par ce qui venait de se produire, Cécile essayait d'échapper à Jordane. Si elle partait maintenant, elle consommait la rupture. Jordane serra davantage sa main autour du poignet de Cécile et l'arracha à son cauchemar.

Pas à pas, elle se mit à la tirer vers les voitures. Elle était persuadée que, si jamais elle la lâchait, Cécile était capable de faire n'importe quoi, d'aller se jeter aux pieds de Pascal par exemple, ou de piquer une crise de nerfs.

Autour de la table, un silence consterné s'était abattu. Les silhouettes des deux jeunes femmes s'éloignaient dans l'ombre.

— Je vais les raccompagner, dit Robin.

Un bruit de moteur l'interrompit. Jordane manœuvrait pour dégager la voiture de Cécile.

— Pas la peine, petit frère ! murmura Pascal.

Il ne regrettait pas d'avoir mis Cécile à la porte mais il lui restait assez de lucidité pour comprendre qu'il n'aurait jamais dû le faire de cette manière. Et qu'il n'aurait pas dû boire autant. Il avait surpris quelque chose qui ressemblait à de la haine dans les yeux dorés de Jordane. C'était le genre de scène qu'elle ne devait pas supporter et que personne ne pourrait sans doute jamais lui infliger, à elle. Mais Cécile n'était pas Jordane, malheureusement.

Robin observait toujours Pascal avec une sorte de curiosité. Il était trop subtil pour ne pas deviner que l'esclandre, délibéré, n'était pas imputable au seul rosé de Listel. Il regarda son frère bien en face et, mentalement, il lui déclara la guerre. Cette fois-ci, l'enjeu était bien plus important qu'une manade ou même qu'une jeunesse gâchée. Si Pascal voulait lui prendre Jordane, il se sentait de taille à se battre.

Fatiguée et de très mauvaise humeur, Jordane montait lentement l'escalier du Biloba. Elle avait dû attendre que Cécile se calme et émerge de son interminable crise de larmes. Évitant de faire du bruit, pour ne pas réveiller les parents de Cécile, elle l'avait déshabillée, avait été fouiller dans la salle de bains pour trouver un calmant qu'elle l'avait obligée à avaler. Puis elle avait patienté une bonne demi-heure et s'était retirée sur la pointe des pieds lorsqu'elle l'avait enfin vue somnoler. Elle était rentrée au Biloba avec la voiture de Cécile, conduisant trop vite sur la petite route qu'elle connaissait par cœur.

Elle ne parvenait pas à chasser de son esprit la pénible scène de la manade. À travers Cécile, elle s'était sentie humiliée elle aussi. Pascal s'était montré odieux. Même s'il n'éprouvait plus rien pour Cécile, il n'avait pas le droit de la traiter ainsi en public. Il avait reçu une bonne éducation, la même que celle de Robin, ce qui le laissait sans excuses. Et dire qu'elle était sur le point de modifier son jugement au sujet de Pascal. Et même davantage.

Sur le seuil de sa chambre, elle s'arrêta net. Alice était assise au bord du lit bateau, les mains croisées sur ses genoux, immobile comme une statue.

— Je vous attendais, dit-elle posément.

Très intriguée, Jordane s'avança, hésita, puis alla s'installer sur une chaise de paille.

— Un problème ? s'enquit-elle d'un ton las.

Un de plus, peut-être, un drame supplémentaire ou une mauvaise nouvelle, elle se résignait d'avance à entendre le pire car Alice n'était jamais montée jusqu'à sa chambre.

— Lionel est rentré tout à l'heure, avec son Américain, et je peux vous dire qu'ils ont une bonne étoile parce qu'ils n'étaient pas en état de conduire ! Il aura fallu que j'attende soixante-six ans pour voir mon fils ivre !

Il n'y avait pas que de la fatigue ou de l'angoisse sur les traits de sa belle-mère, mais surtout une sorte de résolution farouche.

— Lionel est mon unique enfant, ma seule raison de vivre, et il est très malheureux. Très ! Vous ne le voyez peut-être pas. Je sais, vous avez vos soucis…

Alice n'avait pas changé de position, hiératique et déterminée.

— Vous êtes venue plaider sa cause ? demanda Jordane. Notre couple est complètement en bout de course, Alice. Je le regrette. Je m'étais mariée pour la vie, pour avoir des enfants, pour…

Jordane s'interrompit, incapable de s'expliquer. Elle n'aimait plus Lionel, c'était aussi simple que ça.

— J'ai quelque chose à vous proposer. Je vais vous surprendre mais je suis très sérieuse. À une autre que vous, je n'aurais rien dit. Mais vous n'êtes pas comme tout le monde…

Alice ne souriait pas et parlait d'un ton uni, presque monocorde.

— Au fond, ce qui compte pour vous, c'est le Biloba. Je peux le comprendre. Vous acceptez ce projet d'hôtel à contrecœur parce que vous n'avez pas d'autre solution. Moi, j'en ai une.

— Attendez, Alice ! Je n'accepte pas. J'ai décidé, j'ai eu l'idée, c'est différent.

— Oh, pas à moi ! Vous ne me ferez pas croire ça. Oui, c'est votre idée, ou plutôt celle de votre client espagnol, mais vous ne le faites pas volontiers. Je me trompe ?

Elle attendit quelques instants avant de reprendre :

— Parce que, si je me trompe, il faut me le dire. La suite en dépend.

— Quelle suite ? s'énerva Jordane. Où voulez-vous en venir ?

Il n'y avait aucune affection entre elles deux, juste l'habitude de la vie commune et le respect de l'autre. Jordane ne s'était jamais posé beaucoup de questions au sujet d'Alice. Elle la connaissait peu, n'ayant jamais eu de conversation autre que celles du quotidien pour régler des détails insignifiants. Même avec Isabelle, Alice n'avait que des échanges superficiels.

— Vous ne m'avez pas répondu.

— À propos de l'hôtel ? Non, je ne le fais pas avec joie, mais je suis obligée de le faire.

— Pas forcément.

Un petit silence s'installa. Jordane essayait de deviner les intentions d'Alice. Elle pressentait une vague menace, un piège. D'un signe de tête, elle l'encouragea à poursuivre.

— J'ai de l'argent... Pas énormément mais quand même, ça s'appelle de l'argent. En tout cas une somme suffisante. Pour vous tirer d'affaire définitivement, je veux dire.

Jordane se leva pour aller prendre un paquet de cigarettes sur la table de nuit. Elle frôla Alice sans la regarder. Elle n'avait pas envie de fumer mais plutôt de bouger. Elle commençait à deviner les intentions de sa belle-mère.

— Ce qu'il vous faut, c'est pouvoir payer vos dettes, disposer d'un petit capital pour relancer l'élevage, changer le tracteur, acheter une nouvelle voiture, couvrir les frais d'hospitalisation de Nora.

Complètement éberluée, Jordane regardait Alice, la dominant de toute sa taille. Depuis quand la vieille dame connaissait-elle le prix d'une saillie ? D'une voiture ? Des pénalités de l'Urssaf ?

— Tout ça mis bout à bout, faites le calcul, et je vous donne la somme.

Cette fois, Jordane avait compris. Mais elle avait besoin de l'entendre, pour être sûre, et elle la laissa poursuivre.

— Un don, ce n'est pas un prêt. Je vous fais un cadeau. Je ne vous demande pas une part de la maison, encore moins une hypothèque. Vous gardez votre Biloba intact. Mais vous gardez aussi Lionel.

— Oh, Alice...

Jordane n'avait plus rien à apprendre, à présent. Et elle ne voulait pas de la transaction qu'Alice s'abaissait à lui proposer.

— Laissez-moi finir ! Vous gardez Lionel, oui. Tous les couples connaissent des passages difficiles. Et puis quoi, vous n'avez plus dix-huit ans ! La passion, tout ça, c'est de l'eau de rose, on ne bâtit pas toute une vie là-dessus. Lionel vous aime pour de bon. Il regrette amèrement de ne pas avoir compris à quel point vous souhaitiez des enfants et combien vous aimiez cet endroit. Vos malheurs viennent de là ? Eh bien ils sont réparables ! Lionel peut ouvrir un cabinet d'assurances à Arles, racheter un portefeuille. Et il peut vous faire des bébés magnifiques, maintenant c'est lui qui le souhaite !

— Alice ! cria Jordane.

— Ne m'interrompez pas, c'est bien assez dur comme ça ! Je vous propose quelque chose de concret et je ne vous demande même pas de me répondre cette nuit. Mais pensez-y... Le Biloba, des enfants, les chevaux, votre sœur... il y a tout dans mon offre, tout ! Moi, je vous donne mes économies mais je sauve mon fils. Chacune y trouve son compte, non ? Même Isabelle.

Voilà jusqu'où pouvait aller l'amour d'une mère, à cette reddition totale, cet oubli de soi. Alice baissait sa garde, offrait tout ce qu'elle avait, ne demandait rien en échange. Sauf le bonheur de son fils.

— C'est impossible, voyons, murmura Jordane.

Elle s'assit près d'Alice, ne sachant que faire. Elle avait plus d'admiration que de pitié pour sa belle-mère, à cet instant précis, mais elle ne trouvait pas le geste simple qui aurait pu les rapprocher. Elles restèrent immobiles toutes les deux, sans se toucher, avec ce marché inacceptable entre elles.

— Vous êtes fine mouche, soupira Alice. Vous savez bien que je ne cherche pas à vous acheter ! Mais j'ai plus du double de votre âge et, en fin de parcours, on ne voit pas les choses de la même manière. Cet argent que je vous offre m'assurerait quoi ? Quatre ans dans une maison de retraite correcte, tout au plus ? Et ensuite ? Je n'ai que soixante-six ans. Je suis bien ici. Faites-moi des petits-enfants et allez monter vos chevaux, je les élèverai si vous voulez ! Et je verrai mon fils heureux. Ah, bien sûr, je l'ai trop gâté mais je n'en avais qu'un ! Il a fallu qu'il vous perde pour s'apercevoir qu'il vous aime comme un fou... Je le connais mieux que personne et je vois bien qu'il souffre. Lorsque ce M. Peyrolles vient vous chercher, il boit de l'acide ! Quant à vous... Vous faites la grimace dès que l'Américain vous raconte ce que va devenir la maison de votre grand-père... Je ne suis pas aveugle !

Comme un boxeur groggy, Jordane encaissait les coups d'Alice. Malgré tout ce que la proposition pouvait contenir d'odieux, elle méritait un minimum de réflexion.

— Je vais vous laisser dormir...

Un peu ankylosée, Alice se releva lentement. Elle alla jusqu'à la porte sans se retourner et ferma doucement derrière elle. Jordane ne fut même pas soulagée par son départ. Elle s'allongea, tout habillée, les yeux fixés sur le plafond lambrissé. Au bout d'un moment, elle enleva son tee-shirt, celui de Pascal, le roula en boule et le mit sous sa tête. Un effluve de lessive à la lavande, à peine perceptible, lui rappela la salle de bains de la manade, quelques heures plus tôt. Était-ce vraiment ce macho imbécile qui l'avait troublée, à ce moment-là ? Était-ce à cause de lui que l'offre d'Alice était impensable ?

Sur le cheval de Pascal, au milieu de ses hommes, ou encore le visage enfoui dans son peignoir, Jordane avait eu l'impression qu'une porte s'ouvrait enfin devant elle. Mais Pascal l'avait claquée lui-même en traitant Cécile comme il l'avait fait. Il était redevenu détestable. Bien pire que Lionel, et bien plus dangereux. Qu'est-ce qu'il y aurait d'atroce ou d'insurmontable à vivre chez elle en paix, après tout ?

Jordane ferma les yeux et tenta d'imaginer Lionel travaillant à Arles, lui offrant des bijoux, lui donnant des enfants, lui faisant l'amour. Le Biloba sain et sauf, sans enseigne lumineuse au bout de l'allée. Une voiture neuve qui démarrerait du premier coup…

Elle se rassit brusquement et saisit son paquet de cigarettes. Pourquoi, en évoquant une voiture neuve, avait-elle vu une Toyota noire ? Elle prit le tee-shirt et le jeta par terre. Elle s'obligea à penser à Cécile qui devait pleurer dans son sommeil. Et à Robin qui avait dû finir sa soirée tristement. Puis à Lionel qui s'était saoulé avec Sydney. Elle se demanda si, à force de vouloir tout sauver, elle ne détruisait pas tout, au contraire. Elle s'essuya la joue d'un revers de main, étonnée de pleurer sans même en avoir conscience. À tâtons, elle récupéra le tee-shirt et se laissa aller à une vraie crise de larmes.

Le jour n'était pas encore levé et on y voyait à peine dans l'arrière-boutique de Gilbert. Buté, sur la défensive, Django secouait la tête.

— De beaux objets, c'est ce que vous vouliez. Vous les avez.

— Tu es inconscient ou quoi ? Je sais d'où ils viennent !

— Peu importe.

— Mais non, abruti ! Je ne peux pas les écouler parce que tu les as volés ici, à Arles, et chez un type du métier ! Dès que ces pièces feront surface, elles seront repérées ! N'importe où. Qu'est-ce que tu veux que j'en fasse, hein ? Que je les enterre ?

— Ces trucs ont de la valeur, s'entêta Django.

— Beaucoup trop ! Tellement qu'ils n'en ont plus aucune… Je ne suis pas organisé pour ce genre de trafic, ça me dépasse. Tu vas remporter tout ça…

— Non.

— Si ! Tu n'as qu'à les confier à ceux qui partent. Ils pourront les écouler dans le Nord… ou dans un autre pays d'Europe, ce serait plus raisonnable…

— On ne met jamais ce genre de marchandise dans les caravanes. Il y a trop de contrôles.

C'était la première fois qu'ils n'étaient pas d'accord. Gilbert savait à quoi il s'exposait s'il se fâchait avec Django. Les gitans étaient trop nombreux, trop bien organisés, trop solidaires pour s'en faire des ennemis.

— Écoute, plaida-t-il, comment veux-tu que je te les achète si je ne peux pas les vendre ? On va tous se faire pincer !

Django recula d'un pas comme si Gilbert l'avait insulté.

— Je vous ai trouvé ce que vous vouliez. Vous devez payer.

Dès le début, Gilbert avait pressenti que les choses se passeraient ainsi, qu'aucune discussion ni aucune échappatoire ne serait possible. Il aurait dû imposer ses volontés avant. Django avait profité de l'agitation estivale pour opérer en ville et, beaucoup trop habile pour se faire prendre, il avait réussi, là comme ailleurs. Pour lui, ça ne faisait aucune différence. À l'antiquaire de se débrouiller maintenant.

— À l'avenir, tout ce qui proviendra de la ville, ou même de la région, je n'en veux plus. Tu m'entends ?

Django écoutait mais il attendait son argent. Gilbert était pris au piège. Il était dans l'obligation d'acheter, à un prix correct, des merveilles dont il ne pourrait ni se débarrasser ni profiter. Il fit un effort pour essayer de calculer un prix qu'il divisa par deux, rageur, avant de l'énoncer. Le gitan empocha la somme sans discuter mais en recomptant les billets, selon sa désagréable habitude. Au moment de s'engager dans la ruelle, il eut une ombre de sourire en chuchotant :

— À bientôt...

Gilbert fit claquer les verrous, se retourna vers le carton posé au sol qui contenait les précieux chandeliers, le fossile inestimable et la paire de montres anciennes ayant appartenu à Vincent Peyrolles. Où allait-il pouvoir dissimuler tout ça ?

Cécile et Robin quittèrent ensemble le bâtiment des Rencontres. Ils avaient obtenu la promesse qu'une vingtaine des photos d'Hugues seraient exposées. On leur avait demandé de rédiger un texte de présentation à l'attention des professionnels et des journalistes.

Heureux comme un gamin, Robin recommençait à échafauder des plans. Il demanda à Cécile de garder le secret absolu sur leurs démarches, afin de ménager la surprise à Jordane. Ensuite il l'entraîna boire un café. Il avait remarqué les traits tirés de la jeune femme, ses yeux gonflés, son air pitoyable, mais il n'avait posé aucune question. La soirée de l'avant-veille était un mauvais souvenir pour tout le monde.

Cécile commanda un double express pendant que Robin prenait un citron pressé.

— Tu as eu ton frère au téléphone ? lui demanda-t-elle sans détours.

— Non...

— Il faudra que je descende à la manade, c'est un malentendu idiot !

Elle l'avait dit d'une voix mal assurée, comme si elle attendait un encouragement de la part de Robin. Embarrassé, navré pour elle, il ne savait que répondre. Sans lui en laisser le temps, elle le questionna de nouveau.

— J'ai craqué, l'autre soir, mais je suis tellement crevée ! Je ne peux pas arrêter, c'est la pleine saison qui est commencée... Jordane a raison, il faut que je dorme si je veux tenir le coup. J'aimerais bien un autre café.

— Tu en bois trop, fit-il remarquer en appelant un garçon.

— Tu ne vois pas Pascal ces jours-ci, toi ?

Très mal à l'aise, Robin dévisagea Cécile. Elle aurait été vraiment jolie sans son maquillage, sans ce regard de bête traquée. Elle avait peur, c'était évident.

— Tu devrais mettre un peu de distance entre vous deux, suggéra-t-il.

— Oh, des querelles d'amoureux, tu sais ce que c'est ! Il t'a dit quelque chose ? Après mon départ, il a… C'est vrai qu'il avait beaucoup bu !

— Ce n'est pas une excuse.

Ils restèrent silencieux un moment. Cécile tournait machinalement sa cuillère. Robin finit par lui poser la main sur le poignet pour qu'elle arrête.

— Et toi ? demanda-t-elle en levant les yeux sur lui. Où en es-tu avec Jordane ?

Il y avait beaucoup trop d'anxiété dans la question pour qu'il ne devine pas ce qu'elle cachait.

— Nulle part, reconnut-il.

— Ton frère la détestait, avant… Et c'était réciproque ! Maintenant, je crois qu'ils commencent à s'apprécier… Tu n'as pas eu cette impression ?

Cécile semblait si misérable que Robin fut moins blessé qu'il ne l'avait craint.

— Je ne peux empêcher personne de la regarder. Elle est tellement belle !

Sa propre maladresse le consterna. La phrase était cruelle pour Cécile qu'il voulait pourtant aider. Mais il pensait vraiment qu'aimer Jordane était comme de soupirer après une étoile. Il secoua la tête, navré pour Cécile et pour lui-même. Il ne voulait pas qu'elle l'entraîne dans le camp des vaincus ou qu'elle lui arrache ses dernières illusions.

— Je suis en retard, murmura-t-il, je file à la salle des ventes.

Il laissa un billet sur la table et s'enfuit. Cécile remarqua à peine son départ. Il se passa un bon quart d'heure avant qu'elle consulte sa montre. Elle avait rendez-vous avec Jordane pour déjeuner. Elle l'avait caché à Robin pour ne pas lui faire de peine. Et aussi parce qu'elle avait envie de se retrouver en tête à tête avec son amie. Autant pour se confier que pour lui poser quelques questions.

En remontant le boulevard des Lices, elle se sentait de plus en plus mal. Cent fois au moins, elle avait décroché son téléphone pour appeler Pascal, mais elle n'avait jamais fait le numéro jusqu'au bout. Et s'il était toujours en colère, s'il confirmait leur rupture ? Cette idée la rendait folle.

— Cécile !

Elle sursauta, comme prise en faute. Elle avait dépassé le restaurant devant lequel Jordane l'attendait.

— Tu as l'air d'un zombie, ma parole ! Tu ne m'as pas vue ?

Elles entrèrent ensemble à la Côte d'Adam et s'installèrent au fond de la salle. Elles étaient les premières clientes et un serveur s'empressa.

— Je suis contente d'être là, dit Cécile.

C'était sincère et, malgré une insidieuse jalousie, la présence de Jordane la rassurait parce qu'il y avait longtemps qu'elle la connaissait, qu'elle se confiait à elle, qu'elle la prenait pour modèle.

— Tu as une mine épouvantable, dit Jordane. Tu devrais profiter un peu du soleil. Emporte tes dossiers dans le jardin de Trinquetaille...

— Oh, bronzer ! Si tu savais ce que je m'en fous...

Jordane voulut répondre mais se ravisa. Cécile n'était pas en état d'entendre la moindre critique.

— Je te remercie de m'avoir ramenée, l'autre soir.

— C'est bien normal !

— Je me suis conduite comme une gamine. J'ai fait du scandale pour rien. C'est la fatigue...

Incrédule, Jordane toisa Cécile.

— Pour rien ? Tu plaisantes ? Dis donc, tu ne vas tout de même pas chercher à me faire croire que c'est ta faute, quand même ? Pascal est un sale type, grossier, imbibé d'alcool, avec la suffisance des...

— Pas du tout, pas du tout ! Je l'ai poussé à bout, tu l'as bien vu ! Il est très susceptible dès qu'il s'agit de l'environnement, alors j'en rajoute, je le mets en boîte, et...

— Et comme il n'a aucun humour, il te jette dehors ? Enfin, ma vieille, sois un peu lucide ! Oui, tu t'es conduite en gamine, mais pas en faisant du scandale : en voulant t'excuser ! Heureusement que j'étais là !

— Tu n'aurais pas dû t'en mêler !

Elles avaient cessé de manger pour se quereller, aussi furieuses l'une que l'autre. Jordane se calma la première.

— On ne va pas se disputer, quand même ? Si je t'avais laissée faire, tu te serais traînée à ses pieds et j'en serais morte de honte pour toi. Laisse-le tomber pour de bon, c'est un sale con.

Les deux derniers mots procurèrent un plaisir inouï à Cécile. Jordane les avait prononcés avec une telle conviction ! D'ailleurs Jordane ne mentait jamais, ni par calcul ni par omission. Elle méprisait Pascal et Cécile n'avait rien à craindre d'elle. Elle avait donc rêvé les regards, la complicité, l'intérêt réciproque.

— Non, dit Cécile en souriant. Tu te trompes... Il est parfois un peu ours, mais il est adorable. Et il est sincère. Quand il défend la Camargue, ce n'est pas pour faire du genre. Il se bat contre l'autoroute, contre le tracé du TGV, contre les digues mal conçues, contre ce qu'il appelle les pseudo-écolos ignares ! Il y consacre un temps fou. Et il n'a aucune ambition politique, aucune visée électorale ! Il pense qu'il habite le plus bel endroit du monde et que des technocrates aveugles veulent le lui saccager.

— Si tu l'admires tellement quand il défend son territoire, pourquoi le contredis-tu dès qu'il en parle ? demanda Jordane.

— Par jeu, pour le taquiner, je ne sais pas, moi...

— Si, tu sais ! C'est pour qu'il te voie enfin !

Cécile leva sur Jordane un regard éperdu. Elle ne voulait pas entendre ce genre de vérité.

— Parce qu'il t'ignore, en général, reconnais-le.

— Ah, bien sûr, il n'est pas là, la bouche ouverte comme Robin devant toi ! Ce n'est pas un gamin et c'est pour ça que je l'aime.

— Pas un gamin, peut-être, mais en tout cas un fils à papa !

— Tu as tort de juger tout le monde, d'exécuter les gens en deux phrases ! Pascal se donne un mal de chien pour la manade. Il a transformé, innové... Il gagne de l'argent...

— Qu'il dépense en soirées !

— Mais oui, il aime recevoir, il tient table ouverte, et alors ? Tout l'hiver, il héberge gratuitement des peintres, des photographes, des ornithologues ! Tu n'as pas idée, n'importe qui peut frapper à sa porte, il l'ouvre en grand. Il n'y a pas plus généreux que lui. Son personnel l'adore, ce n'est pas par hasard. Alors même s'il donne des réceptions et s'il boit trop, ce n'est pas bien grave.

Un peu ébranlée par ces arguments, Jordane soupira.

— Eh bien avec toi, il a un sacré avocat... Toute cette énergie dépensée pour défendre un homme qui...

Elle n'osait pas achever. Dire à Cécile que Pascal ne l'aimait pas était de toute façon inutile. Jordane hocha la tête et adressa un sourire affectueux à son amie. Elle prit bien soin de n'y mettre aucune compassion mal venue.

— Qu'est-ce que tu vas faire, Cécile ? Je suppose que tu n'as aucune nouvelle de lui ? Et tu ne peux quand même pas le relancer ! Ce serait... indigne.

Le silence de son amie était éloquent. Elle était prête à n'importe quelle bassesse et Jordane en souffrait pour elle. Le restaurant était plein, à présent, et les conversations bruyantes les avaient obligées à élever la voix peu à peu. Jordane se dit qu'il était trop tard pour parler à Cécile de l'incroyable proposition d'Alice. Elle aurait aimé se confier, en discuter, mais Cécile était hors d'état de penser à autre chose qu'à Pascal.

— J'ai un rendez-vous dans une demi-heure, annonça Cécile. On va commander des cafés...

Un peu plus tard, lorsque Jordane reprit la Rover, elle eut un mal fou à la faire démarrer. Elle s'énerva un moment, faillit noyer le moteur et finit par obtenir quelques hoquets. Depuis deux jours, elle était poursuivie par l'offre d'Alice. Elle était pourtant fermement décidée à refuser, même si elle n'avait pas encore pris la décision de parler à sa belle-mère. Elle regrettait presque de ne pas le lui avoir dit clairement, l'autre soir.

En arrivant au Biloba, elle observa la façade de la maison depuis l'entrée de l'allée, essayant vainement d'imaginer un panneau qui indiquerait : « LA BASTIDE DU BILOBA, RELAIS & CHÂTEAUX ».

Elle se gara à l'ombre des ginkgos, hésita, puis choisit de se rendre directement à l'écurie. Elle n'avait envie de voir personne, et d'ailleurs ils devaient tous faire la sieste. Une fois dans le vaste bâtiment, elle s'approcha du box de Butaban et lui caressa les naseaux en passant ses doigts à travers la grille.

— Sempion lui-même a dit que tu étais beau, mon grand... Et il est difficile, Sempion... Tu veux aller te promener, dis ? Si je te trouve un coin d'ombre... Tiens, une balade dans les bois, ça t'intéresse ?

L'andalou baissa la tête, allongea l'encolure vers son seau et se mit à boire. Jordane dut se hisser sur la pointe des pieds pour continuer à l'observer. Butaban présentait toutes les caractéristiques de l'élevage de François Valence. Membres secs, croupe ronde à souhait, épaule droite.

Le bruit d'une petite toux la fit sursauter tandis que Butaban redressait la tête brusquement.

— Je vous dérange ?

À contre-jour, la silhouette de Pascal lui parut immense.

— Comment êtes-vous entré ?

— En appuyant sur le battant.

206

Elle haussa les épaules. Elle avait la gorge sèche et le cœur qui cognait. Ce n'était pas seulement la surprise. Il fit quelques pas sur le ciment, évitant la rigole centrale.

— Je suis venu m'excuser.

— Ici ? Vous vous trompez d'adresse ! Descendez jusqu'à l'agence, Cécile doit vous attendre.

Sans répondre, Pascal avança encore un peu et s'arrêta devant le box du poulain nouveau-né.

— Oh, l'amour de bébé… Je peux ?

Il ouvrait déjà le loquet et Jordane l'avertit.

— La jument n'est pas commode, méfiez-vous !

Elle le rejoignit en hâte, un peu inquiète, mais il avait trop l'habitude des chevaux pour commettre une erreur. Il resta là près de cinq minutes, flattant la mère d'une main et le petit de l'autre, avant de ressortir.

— Venez avec moi, dit-il soudain à Jordane. S'il vous plaît…

Passant devant Milagro qu'il reconnut aussitôt malgré l'ombre et les grilles, il murmura :

— Alors toi ? La liberté te manque ?

Dehors, il faisait une chaleur accablante. Pascal précéda Jordane jusqu'au 4 × 4 Toyota qu'il avait garé loin de la bastide. Avec difficulté, il en sortit un énorme rouleau de grillage.

— Pour vos clôtures…

— Merci, dit-elle, mais je n'ai rien commandé.

Il n'y prêta pas attention et ouvrit la portière avant.

— Et puis ça aussi, mais je le regrette, il me fera défaut.

Il lui tendait son chemisier bleu ciel, qu'elle lui arracha des mains.

— Montez, demanda-t-il.

— Pourquoi ?

— J'ai deux ou trois choses à vous dire. Vous avez bien un quart d'heure ?

Fronçant les sourcils, elle le dévisagea. Il attendait, impassible, indéchiffrable. Très mal à l'aise, elle s'installa à son côté. Il démarra doucement et s'éloigna du Biloba.

Il conduisait en silence, sans tourner la tête vers elle. Ils roulèrent un moment, s'enfonçant dans les terres, et il ne s'arrêta que lorsqu'il eut atteint l'endroit où il avait retrouvé les andalous. Il coupa le contact et descendit. Après une ultime hésitation, Jordane en fit autant. Il désigna la rizière, au loin, d'un geste vague.

— Je vous écoute, dit Jordane d'une voix sans timbre.

Elle se sentait inquiète. Le soleil écrasait le paysage, lui donnait des tremblements de mirage. Ils avaient la sensation d'être seuls au monde sur l'immense plaine. Un couple de busards passa loin au-dessus d'eux en planant. Après avoir suivi leur vol, une seconde, Pascal se tourna vers Jordane et lui fit face. Ils échangèrent un très long regard. Puis il tendit la main et prit Jordane par la taille. Il l'attira vers lui, se pencha pour respirer son parfum.

— Tubéreuse ? murmura-t-il. Finalement, je garde le chemisier...

La tête vide, rivée aux yeux gris pâle de Pascal, elle ne résistait pas. Lorsqu'il l'embrassa, elle se plaqua contre lui, le surprenant par la violence de son mouvement. Ils furent saisis ensemble du même désir brutal. Pascal passa ses mains sous le tee-shirt, dégrafa le soutien-gorge, enleva le tout d'un seul geste. Il la tint à bout de bras, la détaillant, mais elle s'était déjà attaquée aux boutons de sa chemise à lui. Ils furent entièrement déshabillés en quelques secondes. Il appuya sur les épaules de Jordane, l'obligeant à s'allonger sur le capot brûlant du Toyota. Elle le prit par les hanches, le contraignit à venir tout de suite, enroula ses jambes autour de lui. Ils se conduisaient avec sauvagerie, la respiration haletante, les yeux ouverts, sans prononcer un mot. Elle s'accrocha aux cheveux de Pascal tandis qu'il léchait la sueur qui coulait entre ses seins. Il voulut souffler une seconde, sentant qu'il perdait tout contrôle, mais elle ne le lâchait pas, aussi déchaînée que lui. Ils atteignirent le paroxysme du plaisir presque immédiatement et en même temps.

Il y eut un moment de gêne, d'incompréhension, qui les sépara. Pascal fit un pas en arrière et Jordane se remit debout. Ils n'osaient pas se regarder, aussi déroutés l'un que l'autre et toujours nus. Ils remirent leurs vêtements, observant un mutisme qu'ils ne savaient comment rompre. Pascal n'avait jamais connu une femme aussi flamboyante que Jordane. Elle n'avait, pour sa part, éprouvé la même chose qu'une seule fois, à l'hôtel d'Arlatan, avec un homme qu'elle avait aimé puis épousé.

Ils remontèrent dans la voiture où régnait une chaleur infernale. Tout le temps du retour, Jordane resta appuyée à la portière et Pascal n'osa pas lui adresser la parole. Il freina devant l'allée du Biloba pour la laisser descendre. Là seulement il la regarda, espérant un signe ou un mot qui les libérerait de leur malaise. Aussi intimidée que lui, malgré ce qui venait de se produire, elle ne voulait pas avoir l'air de fuir ou d'avoir honte. Elle se pencha vers la vitre ouverte.

— C'est tout ce que vous vouliez me dire ?

Et elle s'éloigna, très droite, le laissant stupéfait.

Comme prévu, Vincent n'avait laissé travailler Robin qu'une petite heure avant de lui reprendre le marteau des mains. D'autant plus pressé que Robin s'était montré habile, à l'aise. Vincent avait de moins en moins envie que ce jeune commissaire-priseur le supplante. Il reprit sa vente, d'une voix de stentor, tandis que son fils quittait l'estrade.

La salle était bien arrangée, luxueuse, feutrée. On y venait de tout le département. Tandis qu'il menait les enchères pour une table à gibier, Robin avait aperçu Gilbert, dans les premiers rangs. Les antiquaires et les marchands se tenaient volontiers au fond pour avoir tous les acheteurs potentiels devant eux. Ils adressaient de petits gestes au commissaire lorsqu'ils voulaient surenchérir. Parfois, hors vente mais comme partout ailleurs, quelques accords illicites se prenaient entre professionnels et Vincent Peyrolles sacrifiait à la tradition.

En quittant la salle, Robin se dirigea vers le boulevard des Lices. Gilbert lui avait rappelé quelque chose de désagréable. L'autre jour, au Biloba, son étrange expression et ses questions insistantes lorsqu'il avait été question du cambriolage de l'hôtel particulier avaient frappé Robin. Une intuition le poussait vers le magasin de l'antiquaire. Il ne jeta qu'un coup d'œil distrait sur la vitrine avant d'entrer. Gilbert, assis derrière son bureau, l'accueillit avec un large sourire.

— Bravo pour vos débuts chez nous ! lança-t-il cordialement. Vous avez de l'expérience, ça se sent tout de suite…

— La table à gibier ne vous a pas tenté bien longtemps ! dit Robin, très affable.

— Trop chère, beaucoup trop…

Robin surprit le coup d'œil inquiet que Gilbert venait de lancer vers son arrière-boutique. Il demanda, d'un ton léger :

— Auriez-vous quelque chose à boire ? Je meurs de soif…

Brusquement sur la défensive, Gilbert hésitait.

— Bien sûr, je vais vous chercher ça.

Avec un enthousiasme difficile à repousser, Robin le suivit en bavardant.

— Mon père n'a aucune envie de prendre sa retraite, je suis très ennuyé. Évidemment, cette salle des ventes, c'est son œuvre, sa raison de vivre ! Et puis il est comme tout le monde, c'est dur de céder sa place, de se sentir vieux… Je ne veux pas lui sembler trop impatient, mais je piaffe !

Ils avaient pénétré dans la petite pièce du fond et la nervosité de Gilbert devenait évidente. Il fit tomber un verre en voulant s'en saisir trop vite. Robin prit une profonde inspiration et débita, d'une traite :

— Gilbert, j'ai l'impression que vous avez des ennuis. Que vous savez quelque chose au sujet de ce qui s'est passé chez moi.

Livide, Gilbert ouvrit la bouche pour bredouiller :

— Qu'est-ce qui vous fait croire ça ?

Il n'avait pas l'étoffe d'un truand, il ne s'était jamais trouvé dans une situation pareille. Il avait l'habitude de frauder, en toute quiétude, de mener des affaires sans grand risque, de se débrouiller au milieu de petites combines. Devant l'énormité de la situation, il ne trouvait aucune parade. Malgré lui, il ne put s'empêcher de regarder dans la direction du carton de Django qui était posé contre le mur. Robin tourna la tête une seconde puis se remit à fixer l'antiquaire.

— Je ne suis pas flic ! Je ne suis même pas prêt à défendre les intérêts de mon père. Encore moins à vous dire qu'il s'agit de mon héritage !

— Mais enfin, Robin, je ne comprends pas du tout...

— Je crois que si. Et je sais même que c'est à Isabelle que vous pensez en ce moment. Non ? Parce que, moi, c'est à Jordane. C'est *toujours* à Jordane que je pense depuis que je l'ai rencontrée.

— Pourquoi me dites-vous ça ? demanda l'autre d'une voix altérée.

— Parce qu'il me semble que, quelque part, vous détenez une paire de chandeliers, des montres anciennes et surtout un fossile dont vous ne pourrez jamais vous débarrasser.

Gilbert chercha sa respiration, comme un noyé.

— Vous n'êtes vraiment pas fait pour ça, constata Robin

— Ce n'est pas moi qui... C'est un malentendu.

La porte du magasin tinta et l'antiquaire eut un haut-le-corps.

— Allez-y !

Après une brève hésitation, il quitta l'arrière-boutique et Robin s'approcha du carton. Il en déchira un coin pour jeter un coup d'œil. Il entendait la voix de Gilbert qui répondait à son client. Il eut envie de rire. C'était trop bête et trop facile. Sauf que, maintenant, il fallait trouver une solution acceptable.

Lorsqu'il revint, Robin avait posé le carton sur une table.

— J'emporte le tout, déclara-t-il.

Gilbert dut s'asseoir et déboutonner le col de sa chemise.

— Qu'allez-vous faire ?

Il ne cherchait même pas à plaider sa cause, il était résigné au pire. Le sourire de Robin acheva de le désemparer.

— Vous savez quelle est la chose que je souhaite le plus au monde ? demanda Robin. Que vous soyez un jour mon beau-père ! Alors vous imaginez bien qu'on ne va pas se fâcher maintenant ! Je remets tout en place, motus et bouche cousue, mon père va en faire une jaunisse, je trouve ça plutôt drôle...

La gaieté du jeune homme ne rassurait pas Gilbert.

— Oh oui, et vous allez tout raconter à Jordane, l'occasion est belle de lui montrer ce que vous faites pour elle ! Seulement Jordane parlera à sa mère, et Isabelle saura ce que je fais, qui je suis en réalité...

Il était au bord des larmes et Robin fut stupéfait. Le jugement d'Isabelle était la seule chose qu'il redoutait, le reste lui importait peu, il était amoureux comme un collégien. Comme Robin.

— Jordane se taira parce qu'elle aime sa mère... N'importe qui peut constater qu'Isabelle est heureuse en ce moment. Il n'est pas question de gâcher tout ça, voyons, nous ne sommes pas des gamins.

Cette fois, Gilbert le regarda avec attention, apaisé. Il constatait qu'il avait mal jugé Robin, jusque-là, et qu'il n'était sans doute pas le seul. Le fils cadet de Vincent Peyrolles n'était pas un jeune homme sans intérêt, tout juste bon à jouer les chevaliers servants. Il avait du courage, de la délicatesse, et il raisonnait juste.

— Il me semble que nous n'avons pas encore bu, dit Gilbert en reprenant espoir.

Pascal tournait en rond dans la grande salle du mas, incapable de rester en place. Il avait donné leur soirée à tous ses employés, les avait regardés partir avec soulagement. Il ne s'était jamais senti aussi vexé de son existence entière. Il était pourtant responsable de tout ce qui était arrivé, jusqu'au pire. Pour une fois qu'une femme le subjuguait, le fascinait de cette manière, hantait ses nuits, forçait toutes ses défenses, il n'avait rien trouvé de mieux à faire que de se jeter sur elle comme un hussard ! Et de se ridiculiser parce que, finalement, c'est elle qui avait mené la danse, qui l'avait ravalé au rang de petit garçon. À quoi bon son passé de don Juan, ses aventures si tumultueuses, pour se comporter comme un adolescent ?

Voulant se punir de sa maladresse, Pascal imaginait les conséquences les plus désagréables qui soient. Jordane avait pu se consoler sur-le-champ avec son mari ou se venger avec Robin. Elle était sans doute en train de se moquer de lui en racontant cette lamentable histoire. À qui ? La seule phrase qu'elle ait prononcée, après, avait crucifié Pascal. « C'est tout ce que vous aviez à me dire ? » Oui... C'était même la prestation la plus pitoyable de sa vie.

Exaspéré, il alla chercher une bière dans la cuisine. Autant boire pour oublier, il pourrait faire ça toute la nuit, son réfrigérateur était plein. Mais comment oublier, ne serait-ce qu'une minute, la peau brune et soyeuse, les yeux dorés, le parfum entêtant, les boucles en désordre, les jambes musclées ? Et s'il n'y avait eu que ça ! que l'épisode brûlant dans les rizières... Mais il y avait les fous rires de Jordane, sa silhouette à cheval, sa voix rauque, sa jupe plissée virevoltant quand elle s'était essayée au flamenco, la façon dont elle s'était jetée sur le poitrail de Milagro... Est-ce qu'il existait une seule autre femme comparable dans toute la Camargue ? Sûrement pas ! Et c'est à elle que Pascal avait offert son visage le plus ingrat, celui de l'homme qui rompt sans élégance ou, pis encore, celui de l'amant minable.

Revenu dans la grande salle, il regarda autour de lui. La pièce était en désordre et il n'avait aucune intention de la ranger. De toute façon, Jordane ne viendrait jamais plus ici ; voilà, il avait gagné, elle allait le fuir comme la peste désormais ! Et pourtant il avait cru, avait espéré que... Que quoi ? Que sa vie allait changer ? Que cette femme allait tout transformer ?

Entre ses doigts, la boîte de bière s'était tordue et un peu de mousse coulait sur son jean. Le silence du mas avait quelque chose de pesant. Pascal n'aimait plus cette existence solitaire qu'il avait pourtant défendue contre toute incursion depuis des années. Après le départ de sa mère, lorsqu'il avait cinq ans, il avait souffert comme un damné. Robin était trop petit pour avoir les mêmes souvenirs. Pascal n'avait rien voulu montrer de son chagrin, à la grande fierté de son père. Un vrai petit homme ! Robin pleurnichait, il avait besoin d'une affection féminine. Pascal l'avait pris sous sa protection, maudissant leur mère et avec elle toutes les femmes. Vincent l'avait cru solide, il l'avait gâté à outrance, alors que Pascal se barricadait contre la souffrance, l'enfouissait dans sa mémoire. Lorsque Vincent s'était remarié, Pascal s'était moqué de lui. Il l'avait obligé à partager son mépris, son cynisme, à traiter son épouse de haut, jusqu'à ce qu'elle parte elle aussi en leur donnant raison. La suivante avait résisté six mois. Vincent les avait à peine regrettées, tout occupé à regarder grandir son fils aîné, son plus beau motif d'orgueil. Mais dès qu'il avait pu, Pascal lui avait faussé compagnie à son tour. Il n'avait que huit ans lorsqu'il avait surpris une conversation téléphonique, et à peine treize lorsqu'il avait trouvé les lettres suppliantes de leur mère, soigneusement cachées dans un tiroir secret, et compris les mensonges de leur père. Sa haine avait alors englobé ses deux parents, les confondant dans la même amertume. Il n'avait rien dit à Robin, trop jeune et trop fragile. Il avait attendu ses dix-huit ans pour réclamer la manade, pour quitter l'hôtel particulier qu'il considérait comme sa prison. Auprès de toutes celles qu'il avait rencontrées ensuite, il s'était vengé. Il ne voulait plus qu'on l'aime, écœuré par l'affection aveugle de Vincent, pas plus qu'il ne laissait aux femmes le temps de le quitter.

En prenant possession du mas, il n'avait rien changé au décor, conservant même les quelques rares souvenirs de sa mère. Et puisque Vincent n'aimait pas cet endroit, lui s'était mis à l'adorer. Au moins son père ne l'y poursuivait pas. Pour effacer ses années d'éducation bourgeoise, qu'il jugeait malsaines, Pascal avait ouvert sa porte à tous les marginaux. Il avait pris l'habitude d'héberger ou de recueillir des gens bizarres qu'il savait écouter. C'était sa façon de naître au monde, de réparer le désastre de sa jeunesse. Par la suite, pris d'une authentique passion pour la terre et pour le bétail, il y avait trouvé un remède à son penchant pour l'alcoolisme.

Il était sur le point d'aller chercher une autre bière lorsqu'un léger bruit, au-dehors, l'arrêta. Un coup discret, à peine perceptible, qui fut bientôt répété. Pascal retint son souffle, un instant, imaginant que c'était peut-être Jordane. Puis il alla ouvrir, haussant les épaules devant sa propre bêtise. Sans aucun plaisir, à peine surpris, il découvrit Cécile.

— Je ne te dérange pas ?

Elle levait sur lui des yeux cernés mais implorants. Il resta sur le pas de la porte, ne l'invitant pas à entrer.

— Je sais qu'il est un peu tard mais j'ai beaucoup travaillé aujourd'hui...

— Et alors ? interrogea-t-il d'une voix lasse.

Elle eut un petit rire qui sonnait faux, et qui lui rappela la manière dont Vincent acceptait toutes les insolences. Même mauvaise foi et même servilité.

— Eh bien, je crois qu'il faut qu'on parle, tous les deux ! J'ai été plutôt désagréable, l'autre jour ? Je suis désolée...

— Cécile, dit-il patiemment, arrête. C'est inutile.

Elle fit le pas qui les séparait et s'accrocha à lui.

— Oh, Pascal, si tu savais à quel point je t'aime, murmura-t-elle.

Comme un chat, elle se frottait contre lui et il dut l'obliger à lâcher prise en lui tenant les mains.

— S'il te plaît, demanda-t-il, évitons-nous une scène ridicule.

Les yeux fermés, elle secouait la tête. Elle se mit brusquement à crier.

— Je me suis excusée, qu'est-ce que tu veux de plus ?

— Je veux que tu t'en ailles.

Elle essaya de s'approcher mais il la tenait à distance. Avec une force inattendue, elle parvint à se dégager, lui échappa et se rua dans la grande salle. Furieux, il la rattrapa près de la cheminée centrale, et la saisit par la taille tandis qu'elle se débattait.

— Attends, attends ! Écoute-moi !

Elle hurlait, proche de l'hystérie, et il eut envie de la frapper pour la faire taire.

— Tu vas sortir d'ici, tu vas rentrer chez toi !

Elle se laissa tomber, lui glissant entre les mains, et resta recroquevillée au sol, secouée de sanglots. Il hésita un moment et décida d'aller chercher un verre d'eau pour lui laisser le temps de se calmer un peu. Lorsqu'il revint, elle était sur le canapé, en train de se déshabiller.

— Juste cette nuit, chuchota-t-elle, la dernière fois si tu veux...

Consterné pour elle, il s'approcha, ramassa le blouson de toile et le lui tendit.

— Cécile, c'est fini, dit-il. Entre nous, c'est terminé. Tu comprends ?

Son maquillage s'était délayé sous ses yeux, accentuant son expression hagarde. Elle lui faisait pitié mais il était décidé à se débarrasser d'elle.

— Rhabille-toi et va-t'en. D'accord ?

— Non ! Je reste là ! Il y a six mois qu'on s'aime, tu peux bien m'accorder une nuit ! Je te promets que tu ne le regretteras pas...

Il lui en voulut pour cette dernière phrase, prononcée d'un ton qu'elle voulait rendre sensuel mais qui n'était que pathétique.

— Tu ne vois pas qu'il n'y a rien à sauver ? Que je ne t'aime pas ? Que je n'ai pas envie de toi ?

Reculant contre le dossier du canapé, elle refusait de s'avouer vaincue.

— Viens t'asseoir... Tu es en colère... C'est ma faute...

— Tire-toi ! hurla-t-il à bout de patience.

Aussitôt, elle se remit à pleurer, roulée en boule, le dos secoué par les spasmes. Il faillit partir, la laisser là, mais ce n'était pas une solution.

— Reprends-toi, bon sang, c'est vraiment grotesque. On peut se quitter bons amis, non ? Demain tu t'en voudras de t'être laissée aller...

Elle se leva lentement et il crut qu'elle cédait. Elle ramassa son blouson puis s'éloigna d'un pas décidé vers l'escalier. Pascal l'arrêta sur la troisième marche en lui saisissant le bras.

— Tu es sourde, ma parole !

Il la souleva, ignorant les coups de poing qu'elle essayait de lui envoyer. Elle ne pesait rien sur son épaule et il traversa la salle. Dès qu'ils furent dehors, elle s'agita davantage, désespérée, et finit par le mordre. Sans ménagement, il la déposa par terre, devant sa voiture.

— On a assez ri, maintenant tu t'en vas !

Ouvrant la portière d'une main, il la poussa à l'intérieur. Elle se laissait faire, inerte à présent, sachant qu'elle avait perdu.

— Je n'ai pas mon sac..., dit-elle d'une drôle de petite voix.

Il leva les yeux au ciel mais partit le lui chercher. Lorsqu'il revint, avec le sac et le blouson, elle enfila celui-ci avant de chercher ses clefs. Silencieux, il attendait qu'elle démarre.

— Tu en aimes une autre ?

Les yeux de Pascal semblaient encore plus clairs que d'habitude dans l'obscurité. Après une brève hésitation, il se décida pour la vérité. C'était cruel mais c'était aussi mettre un point final, une barrière entre eux, et il le fallait.

Il hocha la tête lentement. Quand il la vit tourner la clef de contact, il eut un scrupule.

— Tu peux conduire ?

Il s'était obligé à le dire froidement, ne laissant aucune ambiguïté, aucune sollicitude dans la question. Sans répondre, elle enclencha la première et il recula.

Jordane se réveilla en sursaut. Lionel, penché au-dessus d'elle, la secouait doucement et la lampe de chevet était allumée.

— Réveille-toi, chérie...

Tout ému de la voir émerger du sommeil, les cheveux en désordre et la mine boudeuse, il lui souriait.

— Téléphone...

— Quelle heure est-il ?

— Cinq heures.

Elle se redressa si brusquement qu'elle lui heurta le front.

— Je t'ai fait mal ? Qui est-ce, à cette heure-là ?

— Aucune idée. Une voix de femme.

Dévalant l'escalier, elle se précipita sur le palier du premier étage en se demandant qui pouvait bien l'appeler avant l'aube. Lorsqu'elle entendit la voix de la mère de Cécile, elle comprit qu'un drame s'était produit. Deux minutes plus tard, elle remontait pour s'habiller.

— Cécile est à l'hôpital, je crois que c'est très grave.

— Un accident ?

— Non. Elle a voulu se foutre en l'air. Tout ça pour...

Au bord des larmes, elle ne put achever.

— Je t'accompagne, décida Lionel.

Ils se retrouvèrent près de la Rover et Lionel se mit au volant, d'autorité. Accablée, Jordane alluma une cigarette, les doigts tremblants. Elle se sentait affreusement coupable. Elle n'avait pas pensé que le désespoir de Cécile puisse aller jusque-là. D'ailleurs, elle n'avait pensé à rien depuis qu'elle avait joui dans les bras de Pascal. Cécile l'avait-elle appris ? Mais comment ? Qu'est-ce qui l'avait poussée à bout ? Et pourquoi cette nuit ?

La main de Lionel se posa sur son genou sans qu'elle réagisse. Après tout, c'était rassurant de le sentir à côté d'elle, tendre et silencieux. Il conduisait vite et il la déposa devant l'entrée des urgences en lui disant qu'il l'attendrait sur le parking tout le temps qu'il faudrait.

8

Milagro avait été embarqué dans le camion de Ramón Carras un beau matin, avec son compagnon d'écurie. Ils partaient pour une lointaine destination, au sud de l'Espagne, et Jordane les vit quitter le Biloba, la gorge serrée. Puis ce fut le tour des moutons de Sempion qui montèrent à bord d'un semi-remorque, pour leur transhumance motorisée vers les alpages.

Jordane n'avait guère le temps de s'apitoyer sur ces séparations successives, même si elle se sentait de plus en plus seule, car elle passait presque toutes ses matinées dans la chambre de Cécile à l'hôpital.

Hors de danger, la jeune femme subissait les conséquences de son geste de folie. Lorsqu'elle avait regagné Trinquetaille, l'horrible nuit où Pascal l'avait chassée, elle avait commencé par vider une bouteille de vodka avant d'avaler tous les médicaments qu'elle avait pu dénicher dans l'armoire à pharmacie familiale. C'est en essayant ensuite de se traîner jusqu'à sa chambre qu'elle était tombée dans l'escalier. Réveillés en sursaut, ses parents l'avaient découverte et avaient appelé les pompiers. Trois côtes cassées, la mâchoire luxée et une vilaine blessure à la tempe étaient les conséquences de la chute. Pour le reste, un lavage d'estomac avait permis d'éviter le pire car le mélange des produits absorbés, ajoutés à l'alcool, avait failli lui être fatal. Elle avait passé les deux premiers jours de son hospitalisation à pleurer, réclamant Pascal dans une demi-inconscience, serrant la main de sa mère ou de Jordane qui se relayaient auprès d'elle. Puis, lorsqu'elle avait eu un peu recouvré ses esprits, elle n'avait plus prononcé un seul mot durant plusieurs heures. Enfin Jordane, à force d'obstination, était parvenue à renouer le contact, à la faire parler et même rire. Alors seulement, Cécile avait pu raconter, à sa manière, ce qui s'était passé chez Pascal. Horrifiée, mais ne voulant rien en laisser voir, Jordane avait écouté le récit de la scène. Pascal avait été odieux, elle l'admettait volontiers, mais lorsque Cécile en était arrivée à l'aveu de son amour pour une autre, et à la manière dont il lui avait asséné cette vérité, Jordane avait failli craquer. C'était un peu à cause d'elle que tout était arrivé, à cause d'un moment de folie partagée. Heureusement il n'avait pas donné de nom, Cécile ne savait rien de plus.

Depuis leur étreinte sauvage, chaque fois que Jordane avait repensé à Pascal, elle avait ressenti le même désir brutal. Elle ne regrettait pas, ne cherchait pas à comprendre, mais elle plaignait Cécile sans pouvoir rien lui avouer. Pascal était-il vraiment un ignoble individu ? Un tel égoïste sous son apparence de séducteur ? Jordane était presque tombée amoureuse de lui parce qu'il était l'un des rares hommes de son entourage à posséder une vraie personnalité, une authentique force de caractère. Mais ce que Cécile lui racontait modifiait de nouveau son jugement. Aussi, chaque fois qu'elle sortait de l'hôpital, elle recommençait à réfléchir à la proposition d'Alice, à Lionel, et parfois même à Robin. Il était grand temps qu'elle prenne une décision, qu'elle fasse quelque chose de sa vie. Elle ne voulait pas se retrouver un jour à la place de Cécile.

Robin se montrait discret, mais il se rendait fréquemment à l'hôpital lui aussi, s'arrangeant pour y croiser Jordane. Avec Cécile, il ne parlait jamais de son frère. En revanche, il s'était proposé pour passer régulièrement à l'agence où il prenait connaissance des messages sur le répondeur, récupérait les fax et le courrier.

Au bout de huit jours, Cécile quitta l'hôpital, fermement décidée à se noyer dans le travail et à rattraper le temps perdu. Le mois de juin était là, les touristes affluaient. Jordane lui proposa de venir s'installer au Biloba mais elle préférait ne pas s'éloigner d'Arles et de son agence qu'elle avait trop négligée. La seule chose qu'elle souhaitait à présent était de ne plus jamais rencontrer Pascal.

Robin avait conservé durant quelques jours la paire de chandeliers, les montres et le fossile, cachés dans sa chambre. Il savait que son père n'y viendrait jamais. Ils vivaient sous le même toit mais comme deux étrangers.

Il décida de profiter d'un jour où Pascal devait venir dîner pour remettre les objets à leur place, dans la vitrine. Il ne craignait rien d'Antoine, le vieux maître d'hôtel que Vincent n'avait jamais très bien traité et qui préférait, de loin, les fils au père. Au milieu de l'après-midi, il réinstalla le tout discrètement, après avoir essuyé chaque pièce. Vers vingt heures, il entendit rentrer Vincent qui alla directement dans son bureau. Un peu plus tard, Pascal sonna et Robin descendit alors les rejoindre.

Les lumières du grand salon éclairaient la vitrine mais Vincent lui tournait le dos. Chaque visite de son fils aîné lui causait un immense plaisir, et il était occupé à le regarder, à lui sourire, à prévenir ses moindres désirs. Robin n'avait pas vu son frère depuis la soirée de la manade. Comme tout le monde, il l'avait trouvé odieux avec Cécile, et la suite lui avait donné raison. Personne n'avait le droit de traiter une jeune femme de cette manière, surtout pas en public. Si les parents de Cécile ne s'étaient pas réveillés ou s'ils avaient été absents cette nuit-là, Pascal porterait à présent une terrible responsabilité. Pourtant Robin avait éprouvé une sorte de soulagement quand Pascal s'était montré détestable ce soir-là. Parce que Jordane s'était dressée contre lui, furieuse, abandonnant cette expression presque complice qu'elle avait eue durant tout le dîner. L'amour ne rendait pas Robin aveugle, au contraire. Rien de ce que disait ou faisait Jordane ne lui échappait. Elle avait bavardé avec Pascal trop longtemps, et en lui jetant de drôles de regards. Son frère s'était sabordé lui-même ? Tant mieux, même si c'était aux dépens de la pauvre Cécile.

— Un peu de champagne ? J'ai un Laurent-Perrier au frais...

Vincent s'adressait à Pascal, bien entendu. Il ne tenait jamais aucun compte des goûts de Robin.

— Je sonne Antoine...

En s'approchant du boîtier qui lui permettait d'appeler l'office, Vincent se trouva face à la vitrine. Il s'arrêta net et poussa une exclamation.

— Qu'est-ce que c'est que cette histoire ?

Il avait ouvert la porte, s'était emparé du fossile.

— Tiens, dit Pascal d'un ton amusé, on dirait qu'ils sont rentrés au bercail...

Vincent fit volte-face et dévisagea ses fils.

— Vous y comprenez quelque chose ? demanda-t-il d'un ton furieux.

Avec un bel ensemble, tous deux secouèrent la tête.

— J'appelle le commissariat !

Traversant le salon d'un pas décidé, Vincent sortit. Pascal attendit quelques instants puis il demanda :

— Tu es au courant ?

— Non ! Comment veux-tu ?

— Tu as pourtant une jolie tête de coupable... Et si c'est toi l'auteur de la plaisanterie, tu as toutes mes félicitations.

Robin haussa les épaules, décidé à se taire.

— À moins qu'il ne s'agisse de ce pauvre Antoine... qui aurait voulu arrondir ses fins de mois... puis qui se serait affolé...

— Non, dit posément Robin. Et tu le sais très bien ! Il en est incapable. Si jamais papa l'accuse...

— Nous le défendrons, bien entendu.

— Tu t'en chargeras tout seul. Parce que moi, ce que je dis ou rien...

Une lueur ironique brillait dans les yeux trop clairs de Pascal. Il sonna lui-même pour demander le champagne. Ils burent leur première coupe en silence.

— Comment va Cécile ? interrogea soudain Pascal.

— Elle est sortie de l'hôpital. Elle a passé un mauvais moment. Sois gentil de l'éviter...

— Compte sur moi ! C'est une hystérique, une pauvre fille...

La rancœur de son frère étonna Robin.

— Tu n'as aucun remords ?

— De quoi ? Je ne lui avais rien promis et rien demandé. C'était une petite aventure en passant. Elle a pris ça pour une grande histoire d'amour ! Je n'y peux rien, j'ai été honnête.

— Tu n'étais pas obligé de te comporter en mufle.

— Mais c'est un vrai pot de colle, cette fille !

— Vous parlez de la petite qui a voulu mourir pour toi ? demanda Vincent qui revenait.

Très agacé, Robin put constater que son père éprouvait une certaine fierté. Les succès féminins de Pascal ou les scandales qu'il suscitait flattaient sa vanité. Il se projetait toujours à travers son fils aîné.

— Bon, la police viendra faire un constat demain matin, annonça-t-il.

Il alla se planter devant la vitrine, examinant attentivement son contenu. Il faillit dire quelque chose puis se ravisa. Il ne voulait porter aucun jugement pour le moment. Mais Robin le connaissait suffisamment pour savoir qu'il n'en resterait pas là. Il se dit que si l'affaire tournait mal, il suffirait que Pascal s'accuse, prétextant une mauvaise blague, pour que leur père enterre l'histoire.

— Ah, tu en fais tourner des têtes ! dit Vincent en souriant.

Indifférent, Pascal haussa les épaules puis il désigna son frère.

— Alors, comment se comporte ton nouveau commissaire-priseur ?

— Mais... très bien...

— Quand fêtons-nous ton départ à la retraite ?

Contrarié, Vincent eut un geste vague qui ne signifiait rien. Robin se sentit gêné, à la fois pour son père qui fuyait toujours devant les questions brutales de Pascal, et aussi pour lui-même. Il ne voulait plus rien devoir à son frère, il souhaitait en finir avec sa protection, sa gentillesse forcée.

— Je crois que papa n'est pas prêt. Puisque sa santé le laisse tranquille, on peut remettre la passation des pouvoirs à plus tard !

— Et toi, pendant ce temps-là ? Tu te croises les bras, tu t'inscris au chômage ? persifla Pascal.

— Je peux retrouver un poste ailleurs, pour quelque temps.

— Tu repars ? Tu quittes Arles ?

La provocation dans la voix de son frère exaspéra Robin.

— Tu aimerais bien avoir le champ libre pour Jordane ?

Sous son hâle, Pascal avait brusquement pâli et Robin en fut le premier surpris. Il en fallait pourtant beaucoup pour déstabiliser son frère.

— Qui est Jordane ? s'enquit Vincent dont ils semblaient avoir oublié la présence.

— La petite-fille de François Valence, répondit Pascal.

— Ah oui, la fille d'Isabelle... qui est toujours en compagnie de l'antiquaire du boulevard des Lices... Je vois très bien... Une jolie brune aux cheveux bouclés ? Un peu garçon manqué ?

Le sourire attendri de Robin exaspéra Pascal.

— Et vous vous battez pour elle ? poursuivait leur père, l'air réjoui.

— Pas avec les mêmes armes, en tout cas ! riposta Robin.

C'était si rare de l'entendre parler sur ce ton que Vincent fronça les sourcils.

— Il en est complètement toqué, dit Pascal dédaigneux. Et il oublie de te dire qu'elle est mariée...

225

— Si peu !

— À l'époque où Cécile me faisait des confidences, ce n'est pas ce que j'avais compris...

Robin luttait pour ne pas suivre Pascal sur son terrain car il avait toujours su comment pousser les gens à bout pour les ridiculiser. Il voyait très bien le piège mais il avait trop envie de répondre.

— Alors pourquoi te mets-tu en quatre pour lui plaire ? Parce que, je n'ai pas rêvé, elle t'a tapé dans l'œil !

— Oh, oui, dit tranquillement Pascal.

Vincent souriait, béat de les voir se disputer.

— Si ton frère est sur les rangs, la partie sera dure !

Ce cri du cœur, cette préférence affichée, mit Robin hors de lui.

— Et pourquoi donc ? Tu crois qu'il plaît à tout le monde autant qu'il te plaît à toi ?

Il posa sa coupe sur un guéridon d'un geste si brutal que le pied cassa net. Son père n'eut pas le temps de protester que la porte du salon claqua violemment. Pascal laissa échapper un soupir.

— Mais qu'est-ce qu'il a ? demanda Vincent à mi-voix.

— Il est amoureux... Et il en a sûrement assez de nous deux...

La tristesse de son fils le surprit alors qu'il s'attendait à le voir triompher.

— Robin ne sait pas ce qu'il veut, dit-il à tout hasard, c'est un enfant gâté.

— Si c'est un enfant gâté, explosa Pascal, toi, tu es un monstre !

Il s'était levé et marchait sur son père, menaçant.

— Tu dis des horreurs, tu fais des horreurs, et tu ne t'en rends même pas compte...

— Pascal, protesta Vincent soudain inquiet, qu'est-ce que je t'ai fait ?

— Tu m'as menti pendant des années.

— À toi ? Jamais je ne...

— Tout le temps ! Tu as prétendu que tu ne savais pas où elle était, qu'elle n'avait jamais donné signe de vie, c'est faux !

— Ta mère ?

— Notre mère ! Cesse d'exclure Robin, de faire comme s'il n'existait pas ! Je lui ai dit la vérité, il y a peu.

— Quelle vérité ? balbutia Vincent.

Tassé dans son fauteuil, il levait un regard misérable vers son fils aîné.

— Je t'ai entendu un jour, il y a plus de vingt ans, mais je n'ai rien oublié ! Pas un mot !

— Quoi, quoi donc ?

— Tu lui as dit qu'elle ne nous reverrait jamais, toi vivant ! Et tu es toujours vivant... Non ?

— Mais, Pascal, elle vous avait abandonnés !

— Elle t'a quitté, ça oui ! Comme toutes les suivantes ! Mais ne me dis pas qu'elle ne voulait pas de nous ! J'ai lu ses lettres...

Il y eut un silence pénible durant lequel seule la respiration oppressée de Vincent fut perceptible. Au bout d'un moment, il mit sa tête dans ses mains pour ne plus voir Pascal.

— C'est toi qu'elle voulait, souffla-t-il. Elle disait que Robin était trop petit pour se souvenir d'elle. Elle prétendait que tu étais malheureux, que tu pleurais. Pas du tout ! C'est la vérité aussi, ça, tu ne pleurais pas, tu te moquais bien d'elle, j'étais là !

Pascal ne quittait pas des yeux la nuque de son père, sa chevelure blanche, le col impeccable de sa chemise. Il se demanda s'il pourrait résister longtemps à l'envie de le frapper.

— Et puis je n'allais pas vous séparer, hein ?

Préférant s'éloigner, Pascal s'adossa à la vitrine. Tout ce qu'il entendait justifiait sa haine comme son mépris, lui donnait pleinement raison d'avoir lutté contre son père et de l'avoir rejeté.

— Si elle t'avait demandé Robin, tu t'en serais débarrassé en vitesse...

— Elle n'avait plus aucun droit ! protesta Vincent. Je vous ai élevés, je vous ai aimés, je...

— Mais tu n'as pas la moindre idée de ce que c'est qu'aimer !

— Toi non plus, Pascal, toi non plus...

Il osa jeter un coup d'œil vers son fils et il se heurta à un regard froid, aussi indéchiffrable que d'habitude. Pascal avait repris le contrôle de lui-même, s'était mis hors de portée. Antoine, depuis la porte, se racla la gorge.

— Monsieur est servi.

Il disparut aussitôt et Vincent se leva péniblement, comme s'il était soudain très fatigué.

— Tu restes quand même dîner ?

Il s'attendait à un refus et il fut très surpris d'entendre Pascal murmurer :

— Je te suis...

Reprenant courage, Vincent se redressa. Il aurait le temps de lui parler, peut-être de le convaincre. Il tenait à l'affection de Pascal par-dessus tout. Même bourrue, même goguenarde. Car il était faux de prétendre qu'il n'aimait personne. Il avait une adoration, excessive mais sincère, pour son fils aîné. Celui que cette créature avait voulu reprendre, comme ça, un beau matin !

— Bon appétit, dit Pascal en allumant un petit cigare.

Ils étaient loin l'un de l'autre, à chaque bout de la grande table. Antoine enlevait discrètement le couvert de Robin. Avec un sourire bienveillant, Vincent alla chercher un cendrier lui-même et le déposa près de Pascal.

Les plans, étalés sur son bureau, avaient fini par mettre Jordane un peu mal à l'aise. Sydney patientait, tandis qu'elle restait la tête penchée sur les dessins trop réalistes. On y voyait la bastide sous plusieurs angles, agrémentée d'une piscine en forme de haricot, avec des transats, des parasols et des clients plus vrais que nature. Les courts de tennis, le parking fleuri aménagé sur le côté, un bassin pour les enfants, des cavaliers dans le lointain : tout y était. L'allée familière était couverte de graviers, de nouveaux arbres ombrageaient la terrasse, les persiennes avaient retrouvé leur couleur rose d'origine. Trop rose.

Repoussant les croquis, Jordane leva enfin la tête.

— C'est... très effrayant, dit-elle.

— Non, c'est superbe !

Il était venu seul, pour une fois, et l'absence de Lionel contrariait Jordane. Il reprenait l'avion le soir même, attendant de Jordane un engagement définitif.

— Le projet de contrat que je vous demande de signer n'est qu'un compromis. Bien entendu, il est lié à certaines obligations mais vous disposez encore d'un délai avant le contrat final. Pour celui-ci, je reviendrai avec les personnes concernées.

— C'est-à-dire ?

— Eh bien... le banquier, qui se déplacera lui-même, notre avocat, un expert, et le représentant de la chaîne, naturellement.

Comme il la sentait hésiter, il se fit très enthousiaste.

— Ce sera magnifique, Jordane ! Magnifique... Ces esquisses ne vous donnent qu'une vague idée du résultat.

Il était lancé et elle devina qu'il pouvait continuer à discourir des heures pour la convaincre. Elle l'interrompit d'un geste.

— Je préférerais pouvoir en parler maintenant avec ma mère et ma sœur. Si vous permettez, Sydney, je vous demande un moment...

Sans cesser de sourire, l'Américain hocha la tête. Il savait que Nora le défendrait et il ne craignait pas grand-chose. D'ailleurs, à présent, il voyait mal comment Jordane pouvait reculer.

Elle ramassa tous les papiers, les fourra dans le dossier et quitta le bureau. Elle n'avait pas mesuré, jusqu'ici, la difficulté du passage à l'acte. Elle alla frapper chez Nora puis elles se rendirent ensemble dans la chambre d'Isabelle. Comme toujours, il y régnait un délicieux désordre d'objets et d'étoffes. Les persiennes étaient à moitié fermées pour éviter la canicule du début d'après-midi. Isabelle était en train d'astiquer un petit bronze lorsque ses filles entrèrent. Jordane étala les dessins sur le lit.

— Voilà où nous en sommes, annonça-t-elle. Vous jetez un coup d'œil là-dessus ?

Isabelle approcha, essuyant ses mains sur un chiffon, et se pencha pour examiner les esquisses.

— C'est chez nous, ça ?

— Non, admit Jordane, ce ne sera plus vraiment chez nous...

— Je reconnais à peine la maison...

Visage tendu, Isabelle se tourna vers Jordane comme pour chercher du secours. Mais elle n'ajouta rien et retourna vers la fenêtre. Machinalement, elle se remit à polir le bronze. Dans le silence de la chambre, Nora se racla la gorge.

— Je trouve ça superbe, dit-elle à mi-voix. J'avais du mal à imaginer mais, là, je vois...

Elle prit l'un des croquis, le tint à bout de bras une seconde avant d'ajouter :

— Ce sera une seconde jeunesse pour le Biloba !

Jordane ne quittait pas sa mère des yeux.

— Si tu n'es pas d'accord, maman, il est encore temps.

— De toute façon, on ne peut rien faire d'autre, c'est toi qui nous l'as expliqué ! s'entêta Nora. En tout cas, moi, ça ne me fait pas peur. Je veux bien partager ma piscine puisqu'on me l'offre !

Avec un petit rire, elle quêtait l'approbation d'Isabelle, toujours silencieuse.

— Partager la piscine..., répéta Jordane en se tournant vers sa sœur.

Nora ne nageait pas, ne se mettait jamais en maillot de bain. Et elle qui avait peur de tout était soudain bien décidée. Dans son enthousiasme, il y avait l'espoir de revoir souvent Sydney, au moins pendant les travaux. Jordane haussa les épaules à cette idée. Une décision pareille ne se prenait pas à la légère, pas en rêvant à d'hypothétiques rencontres.

— Sois sérieuse…, dit-elle gentiment.

— Autant que toi ! Qui a mis ce projet sur pied ? Qui voulait convaincre tout le monde ? Eh bien, c'est fait, je me suis rangée à ton avis. Et maintenant, c'est toi qui hésites ?

— J'ai un peu peur, avoua Jordane, quand je vois tout ça… Réduit à l'échelle d'un guide, ce sera juste l'hôtel, non, la bastide du Biloba, quatre étoiles nouvelles normes, vue panoramique, jardin calme et fleuri, piscine, tennis, promenades à cheval, découverte des environs…

— Et alors ?

— Euh… rien.

Déconcertée, Jordane attendait que sa mère dise quelque chose, prenne parti.

— Maman ?

Isabelle abandonna son bronze pour faire face à ses deux filles.

— Je n'ai pas d'avis…, murmura-t-elle. Ou plutôt j'en ai plusieurs et ils sont contradictoires. C'est une décision très grave que nous allons prendre, toutes les trois…

Elle semblait fragile, à contre-jour, et son visage était dans l'ombre. Seule sa voix trahissait son émotion.

— D'un côté, je ne vous le cache pas, ce projet me hérisse. Le Biloba est la maison de mon enfance, de la vôtre, de celle de mon père aussi… J'ai été très heureuse ici, je n'ai jamais imaginé que je pourrais en partir un jour. Quand ce sera devenu un hôtel, nous ne serons plus chez nous, inutile de se leurrer… Ils ont prévu de nous reloger dans l'ancienne étable, c'est ça ?

Jordane acquiesça d'un simple battement de cils. Sa mère disait « ils » avec autant de morgue que de résignation.

— Si, dans ma vie en ce moment, il n'y avait pas… enfin, si je ne faisais pas certains plans avec… avec Gilbert, je me sentirais peut-être dépossédée. Mais comme il est possible qu'un jour je... parte... il ne faut pas que je vous empêche d'assurer l'avenir. Le vôtre.

Les larmes aux yeux, Jordane avait envie d'aller vers sa mère et de la prendre dans ses bras.

— Vous comprenez, les filles, vous n'êtes pas simples, reprit Isabelle. Arrivées à la trentaine, vous êtes toujours seules et je me sens encore responsable de vous deux. Je ne veux pas faire de l'abandon de poste et vous laisser vous débrouiller sans moi dans la faillite du Biloba. Après tout, j'ai ma part de responsabilité, votre père et moi n'avons pas vraiment tout mis en œuvre pour que l'exploitation prospère !

Cet euphémisme la fit sourire malgré elle. Elle allait continuer lorsque Nora l'interrompit, énervée.

— C'est le passé, maman ! Sois plus claire ! Tu es d'accord ou pas ?

Stupéfaites, Isabelle et Jordane lui jetèrent un regard incrédule. Son enthousiasme avait quelque chose de déroutant et d'artificiel. Nora était une femme d'habitudes, très attachée à son cocon, très facilement effrayée.

— C'est à cause de Sydney que tu t'emballes comme ça ? demanda abruptement Jordane.

— Et quand bien même ? répliqua Nora en se redressant de toute sa taille comme si sa sœur la menaçait.

— Écoute, fais attention, tu...

— Je dois aller de l'avant, tu me le répètes sur tous les tons !

— Oui mais en gardant les pieds sur terre ! Sydney te plaît, bon, mais tu ne le connais presque pas.

— Qu'est-ce que tu en sais ?

Dans les intonations de Nora, dans ses yeux, Jordane devina une provocation. Pourtant elle n'eut pas le temps de prévenir la suite, ahurissante.

— Nous avons passé une nuit ensemble, annonça-t-elle fièrement.

Souffle coupé, Jordane et Isabelle s'entre-regardèrent une seconde.

— C'est vrai ?

— Pourquoi ? C'est si incroyable ?

Cette fois, Nora laissait éclater son orgueil, sa joie d'être enfin devenue comme les autres, de n'être plus laissée pour compte. Elle s'était juré de garder le secret, comme Sydney le lui avait demandé, mais elle n'avait pas pu résister. Elle avait derrière elle trop d'années de frustration pour accepter d'être discrète. Au contraire, elle avait envie de crier son bonheur sur les toits.

— Il a fait ça ? demanda Isabelle, atterrée.

— Il ne m'a pas forcée, tu sais !

La riposte contenait un véritable défi. Nora avait vécu un moment si éblouissant qu'elle était prête à le raconter par le menu. Comment elle avait réussi à garder la lumière éteinte afin que Sydney ne voie pas ses cicatrices, à trouver des gestes mille fois rêvés mais jamais accomplis, à dépasser la peur et la douleur, à ne rien demander pour ne pas mendier. Une heure d'étreinte pour perdre sa virginité, pour être une femme. Et, vite, s'envelopper dans un peignoir avant qu'il n'allume. Fumer une cigarette qui lui avait donné la nausée pour qu'il s'attarde cinq minutes encore. Une victoire totale.

— Oh, mais ça change tout, murmura Jordane.

— Et pourquoi donc ? De quoi te mêles-tu ? cria Nora.

Mille pensées désagréables se bousculaient dans la tête de Jordane. Pourquoi Sydney n'avait-il rien montré de son attirance si elle était innocente ? Pourquoi, arrivé ce matin, reprenait-il déjà l'avion ce soir ? Pourquoi était-il venu sans Lionel ? Lui avait-il avoué quelque chose ? Et Nora ? Pourquoi ne s'était-elle pas confiée plus tôt ? Pourquoi n'avait-elle pas accueilli Sydney en lui sautant au cou ? Pour l'Américain, dans quelle mesure le projet d'hôtel intervenait-il au milieu de cette histoire d'amour ? Parce que, pour sa sœur, c'était bien d'amour qu'il s'agissait.

— Quand est-ce arrivé ? demanda Isabelle comme si elle parlait d'un accident.

233

— Qu'est-ce que ça peut vous faire ? Vous devriez me féliciter au lieu de faire ces têtes d'enterrement. Vous avez vos vies, vous, vos mecs ! Vous pensiez que j'allais rester vieille fille ?

Perdant tout contrôle, Nora trépignait. Un coup bref, frappé à la porte, stoppa net son début de crise de nerfs.

— Entrez ! dit Isabelle d'une voix ferme.

Alice ouvrit, l'air inquiet.

— Excusez-moi, mais vous criez si fort...

Devançant sa mère, Jordane prit Alice par l'épaule pour la faire avancer.

— Vous n'êtes pas de trop, affirma-t-elle.

Elle désigna les dessins, toujours étalés sur le lit.

— Nous en sommes là ! Vous pouvez prendre le train en marche pour vous mêler à la discussion. Quand je vais redescendre, ce sera pour signer le compromis. Ou pas...
À partir de maintenant, une marche arrière commence à coûter de l'argent.

Jordane observait sa belle-mère. Elle ne lui avait jamais reparlé de son offre. Pourtant le marché d'Alice n'était peut-être pas pire que celui de Sydney. Au moment où Jordane prenait conscience de la gravité de la situation, de l'impression de solitude extrême dans laquelle elle se trouvait, malgré les trois femmes autour d'elle, elle sentit les mains de sa mère peser sur ses épaules.

— Nous allons tout reprendre de zéro, déclara Isabelle calmement.

Dans le silence qui suivit, elles entendirent Nora éclater en sanglots.

En fin de journée, Jordane déposa Sydney à l'aéroport. Il emportait, dans sa mallette d'homme d'affaires, les trois signatures des Valence. Une discussion houleuse, ponctuée de cris, en avait décidé ainsi.

Ne sachant plus vers qui se tourner, Jordane avait téléphoné à Robin pour lui demander de dîner avec elle. Ils se retrouvèrent dans une pizzeria d'Arles. Lorsqu'il la vit traverser la salle, Robin se leva précipitamment. Il la trouvait plus belle à chaque rencontre et il était de plus en plus malheureux. Leurs rapports stagnaient dans une prétendue amitié dont il ne pourrait plus se contenter très longtemps, il le savait. Malgré le plaisir intense que lui avait donné jusque-là leur relation platonique, il la désirait de plus en plus. Dès qu'ils étaient ensemble, Robin se mettait à redouter le moment de la séparation. Entre deux rendez-vous, il ne s'intéressait à rien, ne vivait plus. La place de confident privilégié, d'ami dévoué, ne lui procurait plus les satisfactions du début. Il voulait qu'elle l'aime et qu'elle le regarde enfin.

Tandis qu'il commandait deux kirs, il l'observait du coin de l'œil, lui trouvant les traits tirés, le sourire artificiel et le regard morose.

— Tu croules sous les soucis, on dirait...

— Oh, c'est bien pire que ça !

En quelques mots, elle lui raconta son infernal après-midi. Un peu étonné d'apprendre la liaison secrète de Nora, Robin trouvait néanmoins réjouissant que la jeune femme ait franchi le pas.

— En admettant qu'elle n'y laisse pas trop de plumes, protesta Jordane. Le premier amour, à n'importe quel âge, c'est décisif ! Mais ce n'est pas elle qui m'inquiète pour le moment, c'est lui. Je trouve qu'il n'avait pas besoin de se cacher.

— Peut-être ne voulait-il pas avoir l'air de mélanger l'amour et les affaires ? Tu vois bien, maintenant que tu sais, tu le soupçonnes du pire ! Mais regarde les choses froidement, il avait Nora dans son camp, de toute façon. Il n'avait pas besoin d'aller si loin. D'ailleurs elle est jolie et c'est vexant pour elle de croire qu'il n'a agi que par intérêt.

— Quel enfant de chœur tu fais ! Il n'a jamais eu l'attitude d'un homme séduit. Il la remarquait à peine ! Souviens-toi...

— Franchement, je n'y ai pas prêté attention. Quand tu es là, tout le reste devient flou...

Il s'empara de la main de Jordane alors qu'elle allait allumer une cigarette.

— C'est toujours trop tôt, Jordane ? Je dois encore attendre ? Est-ce que j'ai au moins une toute petite chance ?

Navrée, elle dégagea sa main, secoua la tête, chercha ses mots pour adoucir la réponse.

— Robin, je... Ne me demande pas l'impossible...

Les yeux baissés sur la nappe, c'est à Pascal qu'elle venait de penser et elle s'en voulait. Robin était l'homme le plus charmant qui soit. Attentionné, prévenant, sensible et généreux, il avait tout ce qu'il fallait pour retenir une femme et n'y était pourtant pas parvenu. Elle n'avait jamais eu envie de lui, et il n'y avait pas de raison pour que ça change. Avec son frère, dans les rizières, elle avait cédé à une impulsion irrésistible, comme celles qu'elle avait connues autrefois près de Lionel. Elle savait ce qu'aimer voulait dire et comment le désir se manifeste. Il n'en serait pas question avec Robin, ni ce jour-là ni aucun autre.

— Tu es mon seul ami, plaida-t-elle, maladroite. Il n'y a qu'à toi que je puisse parler librement. Mais tu es comme tous les hommes, vous revenez toujours à la même chose.

— Jordane !

— Je suis injuste, reconnut-elle.

— Non, c'est plus grave, tu es de mauvaise foi.

Il lui prit le briquet des doigts pour lui offrir du feu.

— Je vais partir, je crois, annonça-t-il. Je ne dis pas ça par dépit ou pour te faire changer d'avis, bien sûr... Mais Arles ne me vaut rien, on dirait...

Bien plus attristée qu'elle n'aurait pu l'imaginer, Jordane leva ses yeux dorés vers Robin. Il reçut le regard comme un choc, le millième qu'elle lui infligeait.

— Dieu que je t'aime, soupira-t-il, c'est intolérable...

— S'il te plaît, ne t'en va pas !

— Je ne peux pas rester dans la même ville que toi, dans la même région, savoir que tu existes. Ou alors tu n'auras jamais la paix, et moi non plus...

— Pas maintenant, répéta-t-elle, butée. J'ai besoin de toi !

— Non... Besoin non plus. Tu n'es pas seule. Moi, si.

Pour une fois qu'il parlait de lui, qu'il rappelait son existence, il parvenait à l'émouvoir.

— Je n'ai pas envie de croupir chez mon père. Je n'ai pas une seule bonne raison de me lever le matin. Même mon frère m'insupporte ! Il a déjà tout et il te veut, en plus du reste...

Cette simple phrase remit tout en place, procurant à Jordane une bouffée de joie inattendue. Pourtant elle continua d'insister, pour qu'il ne s'aperçoive de rien.

— Attends un peu, un tout petit peu, je te le demande...

Il la dévisagea, ébloui de son entêtement à vouloir le garder, mais toujours malheureux.

— Égoïste..., murmura-t-il.

Lorsqu'il la raccompagna jusqu'à la Rover, elle s'attarda un peu, la tête appuyée sur son épaule. Des gens les croisaient, les prenant pour des amoureux. Juste avant de monter en voiture, elle l'embrassa sur la bouche, d'une manière qu'il n'osait plus espérer. Il crut qu'elle lui offrait un vrai baiser alors qu'elle avait seulement envie de le consoler.

Perplexe, Jordane vérifia une nouvelle fois, sur l'agenda du bureau. Huit jours de retard, c'était très inhabituel. Malgré ses activités sportives, son cycle était toujours régulier, sans surprise. À Paris, au temps où elle vivait avec Lionel, elle prenait la pilule pour lui faire plaisir, puisqu'il préférait différer la venue d'un enfant. Elle l'avait souvent regretté mais elle avait toujours été honnête et n'avait pas cherché à lui mentir. De retour au Biloba, elle avait abandonné ces inutiles précautions. Elle avait pourtant eu des rapports sexuels avec Lionel, depuis, prenant délibérément le risque d'une grossesse qu'elle espérait malgré tout.

Les mois passant lui avaient fait oublier cette vague illusion. Puis elle avait cessé de dormir avec Lionel, lorsqu'il venait passer ses week-ends à la bastide. Leur dernière nuit d'amour remontait à… Envahie d'un doute affreux, elle se mit à parcourir les pages. Elle put constater, grâce aux marques qu'elle faisait systématiquement sur l'agenda, qu'elle avait eu ses règles juste après. Ensuite, il ne s'était plus rien passé, hormis cette parenthèse sauvage avec Pascal Peyrolles, juste au plus mauvais moment.

Prise d'angoisse, Jordane dut s'asseoir. Il fallait descendre à Arles et acheter un test de grossesse de toute urgence, pour savoir. Est-ce que sa malchance pouvait aller jusque-là ? Est-ce que tous les ennuis des mois précédents n'étaient pas suffisants ?

Machinalement, elle continuait à tourner les pages. Un enfant, c'était ce qu'elle avait le plus ardemment souhaité ces huit dernières années. Même lorsqu'elle était adolescente, elle rêvait en secret du jour où elle serait mère. Elle avait dédaigné très tôt les poupées et sa famille en avait déduit qu'elle se conduisait en garçon manqué. C'était faux. Au contraire, elle trouvait les jouets inertes, trop éloignés des vrais bébés qui la fascinaient déjà.

Elle essaya de se raisonner, de se persuader que ce retard inattendu pouvait avoir d'autres causes. Elle avait beau souhaiter un enfant, le moment était particulièrement inopportun. Sans parler du père !

« Oui, mais en ce qui concerne le père, je suis la seule à savoir et c'est moi qui déciderai… », se dit-elle.

Elle se leva, fit quelques pas hésitants. Si, comme le prétendait Cécile, Pascal était un monstre d'indifférence et de brutalité, Lionel, lui, serait aujourd'hui un père parfait. Ce qui remettait tout en cause, une fois de plus. Lors de la pénible séance, dans la chambre d'Isabelle, elle avait fait comprendre à Alice qu'elle ne voulait pas de sa proposition. Mais elle pouvait encore changer d'avis. Sauver le Biloba, l'enfant à venir, sauver Nora des griffes de Sydney, Lionel de son chagrin… À condition de ne rien dire, d'oublier le capot brûlant d'un Toyota noir... Et, beaucoup plus difficile, de ne jamais évoquer certain regard gris pâle.

Mais d'abord, il fallait en être sûre. Elle referma l'agenda d'un geste sec et prit ses clefs de la Rover. Il lui fallut peu de temps pour gagner la première pharmacie, à l'entrée d'Arles. Elle acheta le test et rentra, le pied au plancher, ignorant les hoquets de la vieille voiture de François, toujours perdue dans ses pensées.

Le jour se levait à peine, inondant déjà la plaine camarguaise de lueurs bleutées. Sur le toit du mas, la girouette bougeait légèrement, sous le souffle d'un vent léger qui accompagnait l'aube. Les flamants s'ébrouaient en silence, près de leurs nids de boue. Les insectes étaient encore endormis.

Devant les fenêtres grandes ouvertes, Pascal était assis au pied de son lit. Il ne releva la tête que lorsque les grenouilles commencèrent leur vacarme matinal. Il n'avait pas souvenir qu'une femme l'ait jamais empêché de trouver le sommeil. Pourtant, depuis plus de deux heures, il pensait à Jordane de façon obsessionnelle. Il avait rejeté une à une les idées qui s'étaient succédé. Il n'écrirait pas, non, d'abord parce qu'il n'était pas certain de pouvoir rédiger une lettre d'amour qui ne soit pas ridicule, ensuite parce que le courrier était un moyen trop lent. Il n'enverrait pas non plus de fleurs, persuadé que Robin avait dû multiplier ce genre d'hommage. Il n'irait pas au Biloba parce que, la dernière fois, la rencontre s'était soldée par un désastre. Bien avant le geste malheureux de Cécile, Jordane l'avait quasiment congédié. « C'est tout ce que vous aviez à me dire ! » Cette phrase assassine, Pascal en rougissait encore, comme un gamin.

Il n'avait rien tenté, les jours suivants, se doutant du portrait que Cécile faisait de lui, sur son lit d'hôpital. Jordane devait l'avoir pris en horreur. Et Robin, probablement, se chargeait de l'achever.

239

Il les avait aperçus, tous deux, dans une pizzeria d'Arles, l'avant-veille. Il devait dîner là avec des copains et il s'était arrêté pile sur le trottoir quand il avait découvert, derrière la vitre, son frère et la jeune femme, main dans la main. Il avait alors oublié son rendez-vous, était resté immobile un moment avant de se décider à faire demi-tour et à rentrer chez lui sans manger. D'ailleurs, depuis, il n'avait pas avalé grand-chose. Il n'avait même pas bu, car il ne cherchait pas précisément à oublier.

À quoi lui servait d'avoir déclaré la guerre à Robin, chez leur père, lui qui était déjà tellement démuni ? Il imaginait sans peine de quelle façon Jordane pourrait l'éconduire s'il se mettait sur son chemin. Elle devait avoir un grand sens de l'amitié et se morfondre d'avoir trahi Cécile, surtout pour un homme comme lui et pour cette étreinte bâclée.

Décidément, sa liaison avec Cécile ne lui avait apporté que des ennuis. Il l'avait désirée, parce qu'elle était bien faite et qu'elle se donnait un mal fou pour lui plaire, mais elle l'avait toujours agacé, même au début, et il avait eu tort de laisser durer leur aventure. Heureusement qu'elle s'était ratée ! Il ne ressentait ni compassion, ni haine, ni regrets.

Bien sûr, il pouvait attendre un hypothétique dîner – ou même le provoquer – pour rencontrer Jordane par hasard. Mais il lui aurait fallu une patience qu'il n'avait pas. Qu'il n'avait plus, du moins, étant très perturbé de se découvrir amoureux.

En remontant dans ses souvenirs, il constatait qu'il avait gardé en mémoire chacune des apparitions de Jordane. Même à l'époque où il croyait ne pas la regarder. Chaque fois que Cécile parlait d'elle, il écoutait avec attention sans y prendre garde. Et il ne s'était pas posé de questions sur cet intérêt excessif, n'avait fait aucun rapprochement. Quelle naïveté de sa part ! Il avait une excuse, il n'avait jamais aimé jusque-là. Son père le lui avait dit, d'ailleurs. « Toi non plus, Pascal. » Jamais ? Si, il avait tout de même éprouvé une réelle affection pour son frère cadet. Qui s'estompait, aujourd'hui, derrière la rivalité.

Avec un interminable soupir, il se leva, s'étira, et il s'approcha d'une fenêtre pour respirer l'air parfumé du matin. Un mélange de plantes aromatiques qui poussaient n'importe où, d'air marin, de paille fraîche, avec des relents de bétail et de vase. Une odeur particulière qu'il adorait et qui changeait au long du jour avec la chaleur du soleil.

Un coup d'œil au réveil lui apprit qu'il était sept heures et que c'était peut-être le moment. Au Biloba, Jordane allait bientôt quitter la bastide pour l'écurie. Puisqu'elle était seule pour s'occuper de ses chevaux, elle était forcément matinale. Il l'imagina, dans l'écurie encore fraîche, distribuant les rations d'avoine, câlinant le poulain. Il se dirigea vers le téléphone, souleva le combiné et s'aperçut que son cœur battait très vite et qu'il était décidément comme un collégien dès qu'il s'agissait d'elle. Mieux valait ne pas préparer un discours. Si elle décrochait elle-même, il n'aurait qu'à se jeter à l'eau et improviser.

Il composa le numéro qu'il connaissait par cœur sans savoir quand il l'avait appris. Il n'eut pas le temps de compter deux sonneries qu'elle répondit de sa voix rauque, reconnaissable entre toutes.

— C'est Pascal, réussit-il à dire platement. Bonjour, Jordane...

Il y eut un petit silence puis la réponse arriva, stupéfiante.

— Je suis désolée, elle n'est pas là pour le moment.

Une tonalité continue lui indiqua qu'elle avait raccroché. Il regarda le téléphone, incrédule, comme s'il avait vu un scorpion.

Au Biloba, Jordane avait encore la main sur le combiné. Mais ce qu'elle observait depuis cinq longues minutes, les yeux écarquillés et le cœur battant, c'était le résultat de son test de grossesse. Pour l'appeler, Pascal n'aurait pas pu choisir de pire moment.

9

Alice avait déclaré tout net qu'elle se refusait à faire la cuisine pour tout ce monde. Nora, front buté, s'était installée devant les fourneaux, un livre de recettes à la main. Résignée, Isabelle s'était chargée seule des courses. De son côté, Jordane avait tenu à sortir ses chevaux, tâche quotidienne à laquelle elle ne pouvait pas se soustraire, visiteurs de marque ou pas. Ces divers mouvements de mauvaise humeur laissaient à penser que chacune, au Biloba, avait comme un ultime mouvement de recul avant l'acte définitif.

Lionel avait demandé deux taxis, à l'aéroport. Outre Sydney, il était accompagné d'un banquier, d'un avocat, d'un architecte et du représentant officiel de la chaîne d'hôtels. Les six hommes arrivèrent à la bastide en fin de matinée. Après les présentations d'usage, ils se mirent à aller et venir, sous la conduite de Sydney, furetant partout, prenant possession des lieux.

Sur la terrasse, où avait été ajoutée une longue table à tréteaux, Lionel restait à distance de toute cette activité. Gilbert, convié par Isabelle, lui tenait compagnie en silence, feuilletant distraitement un catalogue de salle des ventes. Jordane vint les rejoindre une demi-heure plus tard, couverte de poussière. Elle s'affala sur une chaise de fer forgé, l'air épuisé.

— Tu vas te changer pour déjeuner, je suppose ? lui demanda Lionel d'un ton amusé.

— Peut-être... Mais c'est le Biloba que je négocie, pas moi ! Ils me prendront comme je suis.

— Je m'inscris en tête de liste ! répliqua-t-il.

Elle lui sourit. Sa présence était réconfortante, tout comme l'était celle de Gilbert pour sa mère.

— Vous êtes gentils d'être venus en renfort, leur dit-elle, sinon je crois que nous nous sentirions très seules... Où sont passés les Dalton ?

— Tu veux parler des messieurs très sérieux que je me suis donné la peine d'amener jusqu'ici ? Eh bien, ils inspectent...

— Je trouve..., commença-t-elle.

Elle dut s'interrompre parce que sa voix tremblait soudain.

— Je trouve ça très triste, acheva-t-elle dans un souffle.

Lionel l'enveloppa d'un regard tendre. Ses moments de faiblesse ou d'abandon étaient si rares qu'il se sentit brusquement très ému.

— Ne t'en fais pas, l'Arlésienne, murmura-t-il. Ce n'est qu'un mauvais moment à passer.

Prise d'une soudaine nausée, Jordane avait pâli. Elle se demanda si c'était son état ou seulement la contrariété qui la rendait malade. Elle quitta sa chaise, traversa la cuisine où Nora continuait de se battre ostensiblement avec les casseroles. L'odeur du poisson qui cuisait lui souleva le cœur et elle n'eut que le temps de gagner les toilettes. Lorsqu'elle en émergea, livide, Isabelle l'attendait dans le vestibule. Elle la prit par le cou, tendrement.

— Tu ne te sens pas bien ? Ce sont ces étrangers, aussi, avec leur sans-gêne... Toute cette histoire nous rendra folles, j'ai hâte qu'on en finisse... Viens prendre un peu de réglisse, ça soulage...

Jordane secoua la tête, incapable de parler. Elle voulait d'abord se doucher, se calmer. Elle fila au second, resta cinq minutes sous l'eau tiède, puis froide, avant de se sentir mieux. Combien de temps allait-elle garder son secret ? Et par la suite, que raconterait-elle ? Quant au

Biloba, elle se demanda si elle avait vraiment décidé elle-même cette invasion ou si elle avait été poussée insensiblement par les événements. Mais n'en est-il pas toujours ainsi, quoi qu'on fasse ?

Par défi, elle choisit une petite robe simple et élégante, elle qui vivait en jean ou même en short à longueur d'année. Elle était sans illusions sur ce qui l'attendait. Il faudrait parler d'avenir posément, donner son accord pour toutes sortes de choses désagréables allant du gérant de l'hôtel à l'aménagement de l'ancienne étable en appartement. Tout en accrochant ses boucles d'oreilles, elle alla jeter un coup d'œil par la fenêtre. Le toit du bâtiment où elles seraient bientôt relogées était en piteux état. D'ailleurs il manquait des tuiles sur toutes les toitures. Elle ferma les yeux et, mentalement, appela son grand-père au secours. C'était la première fois, depuis des semaines, qu'elle s'autorisait à penser à lui.

Lionel empêcha le bouchon du champagne de sauter, pour éviter le bruit. Minuit était passé depuis longtemps mais il faisait encore très doux dehors.

Après avoir servi Jordane, il alla se rasseoir dans son fauteuil favori, au bout de la table.

— Ta maison, pour moi, c'est cette terrasse, dit-il avec nostalgie.

Pourtant ce n'était pas au Biloba qu'il pensait, c'était à sa femme. Sydney avait raccompagné ses acolytes à l'aéroport après avoir décidé de ne repartir que le lendemain, avec Lionel. La signature, définitive cette fois, devait avoir lieu au siège de la banque, à Montpellier, dans le courant du mois de juillet. Ce dernier répit avait apporté à Jordane une bouffée d'oxygène. Volontairement, elle s'était attardée après le dîner froid qu'Alice avait préparé vers sept heures. Chacun était monté se coucher tôt pour fuir une atmosphère mélancolique que Sydney n'était pas parvenu à dissiper malgré sa bonne volonté et les nombreux toasts qu'il avait portés au futur hôtel.

— Depuis combien de temps le connais-tu ? demanda Jordane.

— Sydney ? Dix ans, au moins.

— Et c'est un type bien ?

— Il est bien en affaires, oui, sinon il serait grillé depuis longtemps.

— Mais comme homme ?

— Pourquoi ? Il t'intéresse aussi ?

Le ton aigre fit sourire Jordane.

— Non, pas moi, bien sûr que non...

— Si c'est à ta sœur que tu penses, franchement, elle peut faire une croix sur lui. Il a une femme et trois enfants à Washington.

— Quoi ? Et tu m'apprends ça maintenant ?

Hors d'elle, Jordane avait frappé sur la table, faisant chanceler la bouteille.

— Tu ne me l'as pas demandé ! répliqua-t-il.

— Il s'est tapé Nora, articula Jordane à voix basse.

— Ne sois pas vulgaire. Bon, et alors ? Grand bien lui fasse ! Elle n'allait pas rester pucelle toute sa vie ?

— Il ne s'est pas vanté d'être marié !

— Évidemment !

— Vous êtes vraiment des salauds, tous autant que vous êtes !

— Jordane ! S'il te plaît...

Il changea de place pour venir près d'elle.

— Écoute-moi... Je ne suis pas dans la tête de Sydney. Il est en voyage six mois par an. Peut-être ne tient-il pas tellement à sa famille ? Je n'en sais rien. Je m'en fiche pas mal... Je sais que tu aimes ta sœur mais je n'ai pas envie de parler d'elle. J'ai attendu toute la journée pour pouvoir passer un moment avec toi.

Le bras de Lionel vint entourer les épaules de Jordane. Il l'attira contre lui et se mit à lui caresser les cheveux de sa main libre.

— Tu as tellement de soucis que tu fais un drame de la moindre chose... Laisse-toi aller deux minutes, près de moi tu ne crains rien...

Elle avait oublié à quel point il savait être persuasif. D'ailleurs elle éprouvait une sensation rassurante en reconnaissant l'eau de toilette de Lionel et la douceur de ses mains. Elle accepta la trêve et il sentit qu'elle se détendait enfin.

— Je te connais par cœur, mon amour, chuchota-t-il. Tu es mal dans ta peau. C'est si rare...

Les doigts de Lionel sur sa nuque lui procuraient un réel apaisement. Elle pensa à l'enfant qu'elle attendait et à qui elle pouvait donner un père sur-le-champ, si elle le décidait. Un assez bon père, finalement. Il lui suffisait de parler. Mais il la devança en demandant :

— Tu n'as pas encore eu le temps de consulter un avocat ? Pour nous, je veux dire... Car tu souhaites toujours divorcer, je suppose ? À moins que tu ne nous laisses encore une chance ? Une toute petite ?

C'était une parole malheureuse, mais il ne pouvait pas le savoir. Lionel voulait une chance, exactement comme Robin, et Jordane se dit qu'elle n'était pas une loterie, une tombola. Elle avait beau se sentir bien près de Lionel, elle ne s'imaginait pas vieillissant avec lui. Les trente ou cinquante années qu'il leur restait à vivre n'auraient aucune saveur. Surtout tant qu'il y aurait un certain Pascal Peyrolles quelque part en Camargue.

Ni Lionel ni Jordane ne pouvaient déceler, à cet instant précis, la présence d'Alice, au premier étage. La fenêtre de sa chambre était ouverte et la vieille dame écoutait, dissimulée par ses rideaux. Elle serrait si fort ses mains l'une contre l'autre qu'elle en avait mal aux articulations.

— Nous en avons déjà parlé, Lionel. C'est mieux pour toi et pour moi.

— Pour toi, sûrement ! Tu veux refaire ta vie avec ce Robin ?

— Tu sais bien que non.

246

— Mais tu passes ton temps avec lui !

— C'est sans importance.

— Alors qui ? Quoi ? Quel est l'obstacle ?

Rageur, il s'énervait et il lui faisait mal. Elle se recula.

— Tu n'es pas facile à suivre, tu sais ! Quand tu viens te réfugier contre moi, j'ai l'impression que tu m'aimes encore, même si tu ne veux pas l'admettre, par orgueil.

— Ne recommence pas, Lionel, tu rends les choses très pénibles.

— Comment veux-tu que je fasse ? Il faudrait que j'aie l'air heureux, en plus ?

— Mais non, dit-elle doucement.

Il vida son verre d'un trait et se resservit aussitôt.

— Ne bois pas, ça n'arrange rien.

— Non ? Eh bien pourtant, ce ne sera pas pire !

Il voulut recommencer, mais trop vite cette fois, et il s'étrangla avec les bulles. Elle réprima un fou rire.

— Tu t'amuses bien, on dirait ? Ce qui est formidable, avec toi, c'est que tu es vraiment sans pitié ! Tu décides, tu brises, tu tranches, tu prends, tu rejettes. Tu sais ce que tu es, Jordane ? Une femme froide. Chaude au lit et froide de cœur.

— Je t'en prie, épargne-moi ce couplet !

— Pourquoi ? Tu épargnes quelqu'un, toi ? Et puis, chaude, c'est un compliment. Ne fais pas ta mijaurée, je suis bien placé pour savoir que tu aimes le plaisir. Mais tu ne sais pas donner, tu ne penses qu'à toi. Tout ce qui est sur ta trajectoire, tu l'écartes. Ce qui te gêne, tu le piétines. Tu crois que tu te poses des questions ? Non, tu traces ta route...

— C'est moins con que de ne pas savoir où on va !

Il l'avait mise en colère et il le lui fit remarquer.

— Il n'y a que la vérité qui blesse, après tout... Réfléchis sur toi-même, de temps en temps, tu seras peut-être étonnée.

— Il y a beaucoup de gens auxquels je dois penser avant de regarder mon nombril, imagine-toi ! Des gens, des bêtes, des terres ! Oui, j'avance ! Sinon, je coule, et j'entraîne du monde au fond !

— Ma mère, par exemple ? Qu'est-ce qu'elle devient, dans toutes tes histoires ?

— Tiens, tu te souviens d'elle ? Parce que, en général, tu ne t'en soucies pas beaucoup. Tu l'as installée ici pour t'en débarrasser et pour me surveiller. Tu me prends pour une idiote ?

Ils jetèrent ensemble un coup d'œil machinal vers la façade mais toutes les fenêtres étaient obscures.

— Je m'y suis habituée, à ta mère, reprit Jordane plus bas. Je l'aime bien et je ne la laisserai pas tomber. Tu ne sais pas à quel point tu es important dans sa vie et ce qu'elle est capable de faire pour toi... Moi, je m'incline.

— Devant quoi ? demanda-t-il, intrigué.

— Elle t'en parlera si elle veut. De toute façon, ça ne change plus rien. Je voulais seulement te dire que, hôtel ou pas, je la garde. Je ne pense pas que tu tiennes à l'emmener dans tes bagages ?

Le silence de Lionel était éloquent. Ils se turent un bon moment. Alice pleurait toujours, là-haut, et pour ne pas faire de bruit, elle ne pouvait ni se moucher ni même reprendre son souffle.

— Je ne voulais pas qu'on se dispute ce soir, murmura enfin Lionel.

— Moi non plus, soupira-t-elle.

— C'est terriblement difficile pour moi de réaliser que c'est fini, nous deux...

Jordane pensa que tout ce qui finissait était effroyable, odieux. Elle n'avait plus qu'une idée à laquelle se raccrocher, l'enfant qu'elle attendait, qui commençait à grandir en elle.

— Je vais me coucher, Lionel, je vous accompagnerai demain matin à l'aéroport...

Ils se levèrent ensemble et se prirent la main, par habitude, pour entrer dans la cuisine.

— Je resterai peut-être un petit moment sans venir, dit doucement Lionel. On se parlera de nos avocats respectifs par téléphone... Et puis, si tu as le moindre problème, bien sûr tu m'appelles...

La gorge serrée, elle acquiesça et lui lâcha la main. Ils montèrent l'un derrière l'autre mais il s'arrêta au premier tandis qu'elle continuait vers le second.

Dans sa chambre, Nora écouta les pas de sa sœur décroître dans l'escalier. Elle décida d'attendre encore une demi-heure, le temps que Jordane se soit douchée, couchée et endormie. Elle perçut les allées et venues de Lionel un moment puis le calme revint dans la bastide. Angoissée, elle se répéta encore une demi-douzaine de fois les phrases qu'elle avait préparées pour Sydney. Enfin elle se risqua dans le couloir, sur la pointe des pieds. Les veilleuses, rassurantes, dessinaient des clartés et des ombres familières. Devant la chambre de Sydney, elle eut une dernière hésitation avant d'entrer.

Il dormait sur le dos, les bras en croix, avec un léger ronflement. Elle referma la porte, se dirigea dans l'obscurité et alluma la lampe de chevet. Comme la lumière ne le réveillait pas, elle s'assit au bord du lit qui grinça un peu. Il ouvrit les yeux, la regarda sans surprise mais sans plaisir. Il se redressa, remonta le drap sur lui et étouffa un bâillement.

— Il se passe quelque chose ? La maison brûle ?

Elle adorait son accent, comme tout le reste, amoureuse sans réserve et sans discernement.

— Je ne vais pas te déranger longtemps, je ne suis pas venue pour te faire une scène, dit-elle avec un grand sourire.

Incapable de se souvenir du discours qu'elle avait préparé, elle continuait de l'observer, béate. Un peu gêné, Sydney recula encore vers la tête du lit.

— Je suis tout oreilles, déclara-t-il d'un ton faussement enjoué.

— Tout ouïe...

— Ouïe ?

— Oui. C'est comme ça qu'on dit.

Elle était assez jolie, dans l'éclairage doux de la petite lampe. Elle gardait les mains posées sur ses genoux, comme abandonnées.

— Je t'aime, murmura-t-elle, incapable de trouver autre chose.

— Nora... Ce n'est pas sérieux ?

Clouée par la question et ce qu'elle impliquait, elle lui jeta un regard éperdu.

— Viens là, dit-il.

Il tapotait l'oreiller, à côté de lui, et elle changea de place pour s'installer contre lui. Il réfléchissait, contrarié et impuissant. Il finit par choisir la franchise parce que c'était plus facile.

— L'autre nuit, quand je suis venu te voir, je ne savais pas que... que c'était la première fois pour toi. Sinon je serais resté dans mon lit, bien sagement ! Tu es belle, tu es douce, beaucoup d'hommes vont t'aimer... Moi, je ne fais que passer. Tu comprends ?

— Mais tu es resté, ce soir ! Je croyais que... que...

Elle retint un sanglot, essayant de se raidir contre la vague de chagrin qui l'étouffait brusquement. Elle s'était trompée de bout en bout. Elle avait cru qu'il faisait mine de l'ignorer pour protéger leur secret, par respect pour sa famille. Quand il était revenu de l'aéroport, elle s'était imaginé qu'il voulait passer la nuit avec elle, qu'ils pourraient enfin se retrouver seuls, se parler, se faire des promesses. Dans sa chambre, tout à l'heure, elle avait voulu se persuader que, comme elle, il attendait que les autres soient couchés. En le trouvant endormi, elle avait conclu que sa fatigue avait eu raison de sa patience. Elle s'apprêtait à lui dire des choses raisonnables, à museler sa fougue pour ne pas l'effrayer. Elle voulait lui faire comprendre qu'elle l'attendrait tout le temps nécessaire, qu'elle saurait se montrer discrète lors de ses visites... Or il ne faisait que « passer », il lui demandait d'être « sérieuse » !

Elle fut prise de honte à l'idée de ce qu'elle avait failli lui avouer. Elle aurait voulu pouvoir se lever d'un bond, quitter la pièce en deux enjambées comme Jordane l'aurait fait à sa place. Mais ses jambes ne le lui permettaient pas. Elle prit son temps pour se remettre debout.

— Tu me comprends, Nora ?

Un peu inquiet, il la saisit par la taille et l'obligea à se rasseoir.

— Attends… Veux-tu qu'on se dise au revoir tendrement ?

Bien réveillé à présent, il passa une main sous le peignoir qu'il se mit à relever. Elle aurait sûrement cédé sans la lumière, se serait arrangée pour que les doigts évitent de rencontrer le relief des cicatrices, comme la première fois. Elle le repoussa, se débattit inutilement et tomba du lit. Il se pencha sur elle pour l'aider à se relever tandis qu'elle rabattait d'un geste sec les pans du peignoir qui s'était entièrement ouvert, découvrant les cuisses et leurs marques violacées. Ils se retrouvèrent debout, face à face, horrifiés l'un et l'autre par ce qui venait d'arriver. Elle quitta la chambre les larmes aux yeux, longea le couloir en se tenant au mur d'une main, et s'enferma à clef chez elle.

Bercée par le galop souple et rassemblé de Butaban, Jordane avait réfléchi tout au long de sa promenade. Lionel et Sydney étaient partis, Alice et Nora semblaient bouder, Isabelle avait annoncé qu'elle ne dînait pas là. Pour fuir l'atmosphère affligeante du Biloba, Jordane avait failli appeler Robin mais y avait renoncé. Il y avait plusieurs jours qu'elle pensait à la réunion de propriétaires qui devait se tenir à la manade Peyrolles le soir même. Elle hésitait encore, malgré son envie d'y assister. Les problèmes de la région ne l'avaient pas beaucoup passionnée jusque-là, et c'était Pascal qu'elle souhaitait voir, elle ne se faisait aucune illusion. Elle regrettait de lui avoir raccroché au nez, quelques jours plus tôt, sans lui laisser le temps de dire un mot.

À huit cents mètres de l'écurie, elle remit Butaban au pas. Il y avait toujours beaucoup de monde pour ce genre de débat, chacun croyant avoir son mot à dire. La confrérie des gardians, toute-puissante, serait là au grand complet. Jordane avait une chance de passer inaperçue, de pouvoir regarder sans être vue. Dans son rôle de défenseur de la Camargue, Pascal était plutôt sympathique. Et, inutile de se leurrer davantage, elle mourait d'envie d'y aller.

Elle bouchonna Butaban consciencieusement, puis s'occupa des autres chevaux, avant de regagner la maison. En traversant la cuisine, elle croisa Alice qui lui jeta un drôle de regard mais ne lui adressa pas la parole. Nora jouait du piano, emplissant tout le rez-de-chaussée d'une mélodie lugubre. Jordane monta jusqu'à sa chambre, se changea, prit la peine de se recoiffer et de se parfumer tout en se moquant d'elle-même.

Une demi-heure plus tard, elle arrivait devant le mas de Pascal où une quarantaine de voitures stationnaient déjà. Elle rangea la sienne à l'écart, pour pouvoir partir vite si elle le souhaitait.

À l'intérieur de la grande salle, dont la porte était ouverte, régnait un indescriptible chahut. La réunion devait toucher à sa fin car chacun s'interpellait, s'exclamait, se tapait dans le dos. Des bancs avaient été installés le long des murs et la pièce était saturée de fumée. Jordane se glissa discrètement dans un coin sombre. Près de la grande cheminée centrale, Pascal expliquait quelque chose en criant dans l'oreille d'un très vieux manadier que Jordane avait déjà vu. Elle s'appuya au mur crépi, derrière elle, puis alluma une cigarette. Deux ou trois personnes vinrent lui serrer la main. L'un des gardians de Pascal, la reconnaissant, alla vers elle pour lui proposer à boire. Les gens s'étaient mis à défiler devant une petite table sur laquelle ils se penchaient pour signer quelque chose. Jordane devina qu'il s'agissait de la fameuse pétition. Soudain, la voix de Pascal couvrit le brouhaha.

— Il faut demander aux pêcheurs professionnels du Vaccarès ce qu'ils en pensent !

Un éclat de rire général lui répondit. Jordane regretta de n'avoir pas assisté aux débats. Après tout, elle était concernée aussi. L'exploitation du Biloba en hôtel n'englobait pas les soixante hectares de terres qu'il lui faudrait toujours faire prospérer. Elle décida d'aller signer sans même savoir à quoi elle s'engageait. Mais les gens qui l'entouraient étaient comme elle, des propriétaires en difficulté. En attendant son tour, à deux mètres de la table, elle se demanda tout de même si son grand-père aurait mis son nom au bas d'un texte sans le lire.

— Mademoiselle Valence ! s'exclama quelqu'un.

Pascal sursauta, fit volte-face et découvrit Jordane. Ses yeux gris pâle glissèrent sur elle, se détournèrent, revinrent. Il contourna un groupe qui les séparait et arriva devant elle, la main tendue.

— Je suis très, très content de vous voir, commença-t-il d'une voix altérée.

Obligée de lever la tête pour le regarder en face, Jordane esquissa un sourire.

— Voulez-vous boire quelque chose ?

— Je veux signer, d'abord. On fait la queue, chez vous !

On appelait Pascal, à l'autre bout de la pièce, et il eut un geste d'impatience.

— Je vous en supplie, dit-il très vite, ne partez pas maintenant. Ne disparaissez pas avant que j'aie pu vous parler. Promis ?

Elle fit signe qu'elle acceptait et il s'éloigna. À partir de cet instant, il n'eut de cesse de se débarrasser de ses hôtes. Il allait de l'un à l'autre, prenait congé, plaisantait en poussant son monde vers la sortie. Elle prit le stylo qu'on lui tendait et parapha la feuille sur laquelle ne restait presque plus de place. Les employés de Pascal enlevaient les bancs et vidaient les cendriers. Elle entendit des voitures qui démarraient au-dehors, des rires, et elle se retrouva seule dans la vaste salle. Profitant de ces quelques minutes de répit, elle détailla le décor un peu austère, autour d'elle. Sur le manteau de la cheminée s'alignaient des coupes et des trophées remportés par les cocardiers de la manade.

— C'est fini, ils sont partis !

Pascal ferma la porte et vint prendre Jordane par le bras, gentiment, pour l'entraîner vers la cuisine.

— Je meurs de faim, de soif ! Avez-vous dîné ?

— Euh... non.

— Merveilleux ! Je vais nous préparer quelque chose. Vous allez voir, c'est toujours à mi-chemin entre l'insipide et l'immangeable !

Il s'affairait, ouvrait des placards, sortait des assiettes. Jordane finit par s'asseoir pour le laisser circuler. Elle se contenta de l'observer tandis qu'il cassait des œufs, hachait des fines herbes puis faisait fondre du beurre.

— Vous savez vous servir d'un tire-bouchon ? Alors, ouvrez donc une bouteille de rosé...

Il posa deux verres sur la longue table, frôlant Jordane au passage.

— Ce n'était pas très gentil de raccrocher comme ça, l'autre jour...

Sans lui laisser le temps de protester, il lui tourna le dos et s'absorba dans la cuisson de son omelette. Jordane se demanda combien de fois il avait fait la cuisine pour Cécile. Cette pensée la troubla beaucoup. Le chagrin de Cécile, son désespoir n'étaient pas feints. Elle avait éprouvé un sentiment très profond et très violent pour Pascal. Comment avait-il pu en faire si peu de cas ?

— Vous voulez qu'on parle d'abord de Cécile ?

Étonnée, elle leva les yeux vers lui. Il hésitait, sa poêle à la main, un peu embarrassé. Elle lui tendit un plat et il y fit glisser son mélange d'œufs brouillés.

— Pas terrible, comme présentation, dit-il en s'installant face à elle. Servez-vous quand même... Je n'ai jamais aimé Cécile, je ne lui ai jamais fait la moindre promesse ou la plus petite déclaration. J'ignore ce qu'elle a pu vous raconter, mais je sais ce que vous avez vu, ici, et vous devez me prendre pour le pire des salauds. Alors il faut bien que je me justifie ! J'aurais dû rompre dès le début mais elle est très têtue quand elle veut. Et puis elle finissait par m'apitoyer. En plus, elle est jolie, pas exigeante, elle se faisait à la fois toute petite et très désirable...

Blessée par le dernier mot, Jordane demanda d'un ton ironique :

— Pourquoi me racontez-vous ça ?

— Parce que Cécile est votre amie, d'une part, ensuite parce que vous me jugez mal.

— Comment le savez-vous ?

— Je le vois à votre air distant.

Elle lui adressa un vrai sourire et ils se regardèrent pendant quelques secondes avant de se remettre à manger.

— Je ne devrais pas vous le dire mais vous m'intimidez, c'est très agaçant, déclara-t-il en servant le vin. À la vôtre... Est-ce que j'ai été suffisamment clair sur le chapitre Cécile ? Parce que je voudrais bien passer à la suite tant qu'il me reste un peu de courage.

— La suite ?

— Oui, il va tout de même falloir que je vous présente des excuses pour l'autre jour... Quand je suis venu chez vous, je n'avais pas du tout l'intention de... En tout cas pas comme ça, j'ai été nul, je suis désolé.

Gênée à son tour, Jordane chercha quelque chose de drôle à répondre mais ne trouva rien. Il termina son verre avant de continuer :

— Vous ne m'aidez pas, mais c'est de bonne guerre ! Prétendre que je suis désolé n'est pas très juste, d'ailleurs. En fait je suis ravi de ce qui s'est passé mais aussi très... humilié. Même si on n'est pas macho, il n'est jamais agréable de se ridiculiser à ce point-là.

Il avait gardé les yeux baissés sur le verre vide pour arriver à finir. Lorsqu'il les releva sur Jordane, ils étaient sans ombre, limpides, irrésistibles. Elle eut un petit frisson et il quitta précipitamment son tabouret.

— Vous avez froid ? Vous voulez un pull ? Non, tiens, venez... Je vais faire du feu...

Impatient, il lui tendait la main. Elle le suivit dans la grande salle en protestant.

— La nuit est vraiment tiède, vous n'allez pas allumer la cheminée en juillet, c'est idiot !

Sans l'écouter, il disposait déjà du petit bois et des bûches.

— Pour le plaisir, dit-il en frottant une allumette. Pour vous garder un peu plus longtemps. Installez-vous là...

Il lui désignait un gros fauteuil de cuir, un peu usé, qui semblait très confortable. Il s'assit à même le sol, sur les tomettes, pas trop près d'elle.

— Je peux vous poser une question indiscrète ?

Jordane se demanda où il voulait en venir. Il avait une façon tellement directe d'aborder les choses qu'elle ne savait plus où elle en était. Sinon qu'elle avait envie de rester là.

— Allez-y...

— Où en êtes-vous avec mon frère ?

— Oh, Robin...

Si elle voulait se protéger de Pascal, c'était le moment de tricher. Mais ce n'était pas dans la nature de Jordane. Au contraire, elle était lasse de toutes les compromissions et aussi des mensonges auxquels elle avait été contrainte ces derniers temps.

— Il est gentil, c'est mon ami. Mais je ne raisonne pas comme vous, les femmes sont moins cyniques... Alors je ne me demande pas s'il est désirable et je ne prends pas de récréation avec lui en espérant qu'il se fera « tout petit » ensuite...

Il resta silencieux un moment et elle crut l'avoir vexé jusqu'à ce qu'il réponde, à mi-voix :

— Merci pour la leçon...

Les flammes s'élevaient très haut dans la cheminée, éclairant le profil de Pascal. Jordane eut soudain envie qu'il vienne près d'elle. Immobile dans son fauteuil, elle écoutait les bûches crépiter, savourait la chaleur, attendait qu'il bouge.

— J'ai une seconde question, annonça-t-il.

— Oui ?

— Votre mari.

— Pour Lionel, c'est différent.

Elle avait répondu vite, sans choisir ses mots. C'était vrai, Lionel restait à part dans son existence. Elle vit Pascal se lever, un peu crispé, se pencher pour prendre un tisonnier, arranger le feu. Elle ne savait pas comment s'expliquer et la gêne s'installait de nouveau entre eux. Elle aurait pu parler de son divorce mais elle n'avait rien engagé de concret dans ce sens et elle n'avait aucune preuve de sa bonne foi. Elle s'aperçut qu'elle souhaitait le rassurer, malgré la satisfaction indéniable que lui procurait la jalousie qu'il n'avait pu dissimuler.

— Différent..., répéta-t-il.

— Je sais que je peux compter sur lui. Nous sommes séparés, en principe, mais il vient tous les week-ends. C'est lui qui m'a présenté cet Américain. Pour ce projet d'hôtel...

— Vous êtes engagée définitivement ? Vous n'avez pas changé d'avis ?

— Je dois signer ces jours-ci, à Montpellier. Je n'ai pas le choix.

— Si, on l'a toujours ! Votre bastide en Relais & châteaux, je trouve ça lamentable ! Vraiment... Vous avez assez de cran pour vous en sortir autrement.

— Je ne suis pas seule en cause.

Il revint s'asseoir par terre, mais plus près d'elle cette fois. Elle prit son paquet de cigarettes, dans la poche de sa chemise, et lui en offrit.

— Tout le monde se souvient de votre grand-père. C'était un type hors du commun.

— Autre temps, autre mentalité. Vous savez très bien qu'on est obligé de suivre.

— Pas forcément ! Regardez tous ces gens, ce soir ! Ils ne sont pas décidés à se laisser manger tout crus.

— Petite protestation dans un océan de décisions qui nous dépassent !

— Mais non ! Qui nous concernent ! Je suis prêt à faire un odieux pari avec vous. L'automne prochain, ou le suivant, toutes les cultures seront noyées par ici. Je me bats aussi pour une histoire de digues dont personne ne veut entendre parler aujourd'hui et qui sera le scandale de demain. Je ne veux plus qu'on décide à ma place de ce qui est bon pour moi ! On va d'hérésie en catastrophe dans cette région...

Comme il s'enflammait de nouveau, elle lui fit remarquer, d'une voix calme :

— Le changement est obligatoire, Pascal, même pour vous. La preuve, vous vous êtes adapté...

— Oui, mais j'ai sauvé l'essentiel alors que vous êtes prête à le sacrifier ! Et le pire, c'est que vous n'aurez bientôt plus aucune envie de vivre au Biloba...

Frappée par l'évidence de ce qu'il lui disait, elle se tut. Pascal recula un peu et appuya sa tête contre le genou de Jordane. Ce simple contact la fit tressaillir.

— Vous ne m'avez pas vraiment répondu, en ce qui concerne votre mari...

Obstiné, il y revenait, voulait savoir. Elle pouvait tout lui avouer d'un coup. Qu'elle en avait fini avec Lionel à cause de lui, qu'elle attendait un enfant de lui, et même qu'elle était amoureuse de lui. Mais, bien entendu, elle garda le silence. Elle ne le connaissait pas encore. Il lui avait montré des facettes trop contradictoires pour qu'elle se sente en confiance.

Pascal changea de position pour lui faire face. Il la dévisagea un moment.

— Dans une heure, le jour va se lever sur la mer, murmura-t-il. J'aimerais voir ça avec vous... Si je selle deux chevaux, est-ce que vous accepterez de m'accompagner ?

Il semblait inquiet et grave, presque suppliant soudain. Elle hocha la tête, sans le quitter du regard. Elle avait une folle envie de le toucher, même du bout des doigts, mais elle resta immobile, noyée dans les yeux gris clair. Il rompit le charme en se levant.

— Je fais du café d'abord !

Elle s'extirpa du fauteuil où elle avait passé une partie de la nuit et jeta un coup d'œil vers la porte de la cuisine puis vers l'escalier. Elle décida de monter jusqu'à la salle de bains pour se passer le visage à l'eau froide. Lorsqu'elle redescendit, il l'attendait avec une tasse de café fumant dans une main et un sweat-shirt dans l'autre.

— Mettez ça...

Elle enfila le vêtement douillet sur sa chemise, amusée par toutes ses prévenances. Le café était trop chaud et il la regarda boire en souriant. Dehors, ils furent surpris par la douceur de l'air. Dans l'écurie, elle l'aida à harnacher deux camarguais puis ils se mirent en selle. La nuit cédait la place à des clartés rosâtres qui commençaient d'éclairer le paysage. Après quelques centaines de mètres, ils prirent le petit galop. Botte à botte, ils traversèrent de vastes étendues dont Pascal connaissait tous les reliefs et tous les pièges. Sans fatigue, les chevaux avançaient à travers la sansouire[1] dont la végétation humide bruissait sous leurs sabots. Ils arrivèrent assez vite en vue des montilles, ces hautes dunes qui les séparaient encore de la mer.

— Juste à temps ! cria Pascal en désignant le ciel qui pâlissait.

Ils gravirent une première colline de sable et découvrirent l'eau devant eux, à l'infini. Jordane s'arrêta la première, descendit, jeta ses rênes à Pascal et courut jusqu'à la mer. Il l'observa un moment avant de la rejoindre. Ils s'assirent côte à côte, sur le sable, appuyés l'un contre l'autre et gardant les yeux fixés sur l'horizon.

— Les chevaux ? murmura Jordane.

---

1. Végétation basse et clairsemée qui croît sur les sols salés.

— Ils n'iront pas loin…

Il passa son bras autour d'elle, sans la serrer, et prit une profonde inspiration. Il était décidé à baisser sa garde, à se rendre.

— Je suis éperdument amoureux de vous, et c'est bien la première fois que ça m'arrive, je n'ai aucune idée de ce qu'on fait dans ce cas-là…

Il voulut l'embrasser au coin des lèvres mais elle lui donna sa bouche dans un élan qu'elle ne chercha même pas à contrôler. Ils restèrent longtemps enlacés avant de reprendre leur souffle.

— Je t'aime, répéta-t-il à voix basse. Jordane, je t'aime…

Comme il ne voulait pas se comporter une nouvelle fois comme un sauvage, il n'osait pas bouger et ce fut elle qui s'allongea, l'obligeant à la suivre. Ils avaient tout leur temps, cette fois, pour faire connaissance. Elle enleva le sweat et il lui en fit un oreiller. Appuyé sur un coude, il la regardait, comme un gosse émerveillé devant un trésor. Il ne voulait pas accomplir le premier geste, elle le savait. Il tournait le dos à la mer et au soleil qui faisait enfin son apparition.

— Sois ma femme, chuchota-t-il soudain. Divorce et sois ma femme, s'il te plaît…

Elle lui posa la main sur le visage pour le faire taire. Elle avait une fabuleuse envie de faire l'amour et tout le reste pouvait bien attendre.

Robin arrêta sa voiture près de la Rover. Il descendit et claqua rageusement sa portière. Jordane était à la manade, à six heures du matin ? C'était la dernière chose à laquelle il s'attendait. Il eut l'impression qu'il allait s'étrangler de fureur. Laissant tomber dans l'allée poussiéreuse le sac de croissants qu'il destinait à son frère, il se dirigea vers le mas à grands pas.

Le baiser de Jordane, quelques jours plus tôt, lui avait fait oublier ses angoisses, l'avait installé sur un petit nuage.

Il avait repris courage, s'était persuadé qu'avec un peu de patience encore il finirait par se faire aimer. Si elle acceptait de le laisser pousser son avantage, il saurait bien la rendre heureuse, il en était certain.

Cécile lui avait affirmé, un jour qu'ils bavardaient à l'agence tous les deux, que Jordane ne se faisait aucune illusion sur Pascal, un monstre d'égoïsme et de brutalité. Alors qu'était-elle venue chercher ici à l'aube ?

Frappé par cette idée, il fit demi-tour, alla poser sa main sur le capot de la Rover. Il était froid. Elle était donc là depuis longtemps, la veille peut-être. Pourquoi avait-elle menti, à lui, à Cécile, à tout le monde ? Pourquoi l'avait-elle embrassé, s'était-elle blottie contre lui dans la rue ?

Il repartit vers le mas, ouvrit la porte à la volée, alla droit à l'escalier qu'il se mit à grimper quatre à quatre. Sans frapper, il entra dans la chambre de son frère et considéra, stupéfait, le lit intact. Personne n'avait dormi là, il dut se rendre à l'évidence. Il redescendit, erra un peu dans la grande salle puis dans la cuisine. Deux assiettes sales, deux verres, deux tasses.

Incapable de dominer la vague de colère qui s'était emparée de lui, il se mit à arpenter la pièce, donnant des coups de poing sur les meubles au passage. Pascal lui avait déjà pris trop de choses pour lui enlever également Jordane. Même si elle n'était pas pour lui, il ne pouvait pas supporter l'idée qu'elle soit avec son frère.

Imaginant l'air protecteur et bienveillant de Pascal, il étouffait de colère, d'impuissance. Est-ce qu'ils étaient en train de rire de lui, tous les deux, quelque part ? De le tourner en ridicule, lui l'éternel perdant, le gentil sous-fifre ? Leur père avait raison, avec Pascal la lutte était trop inégale. Ce type séduisant à qui tout réussissait ne pouvait vouloir qu'une femme d'exception, bien sûr, la seule qui lui ait tenu tête ! Et il pouvait renverser la situation à son profit en une nuit, quand Robin mettait des mois à se faire tout juste tolérer.

Il ouvrit la porte de la cuisine d'un coup de pied, fendant le battant. Il alla droit vers l'écurie, espérant rencontrer quelqu'un tant il avait envie de se battre. Mais il n'y avait que les chevaux somnolant sur leurs litières. Il en manquait deux dont les licols pendaient aux anneaux. Robin se figura sans peine la promenade romantique, les deux cavaliers heureux, et Jordane les cheveux au vent. Il fut soulevé par une bouffée de haine, un besoin de revanche qu'il n'avait jamais connu auparavant.

— Ah, c'est comme ça ! s'écria-t-il.

Il se précipita sur le premier des camarguais et le détacha, puis il passa au suivant, et ainsi tout le long de l'écurie. Ensuite il se faufila au milieu des chevaux qui commençaient à se bousculer, et fonça vers le premier corral, juste derrière le mas, dont il ouvrit la barrière. Il continua jusqu'à la barrière suivante qu'il fit sauter elle aussi. Pris de folie, hors d'état de réfléchir, il courait à perdre haleine. Il coupa à travers un pré, aperçut des taureaux et se dirigea vers eux, continuant à tout ouvrir sur son passage. Il se vengeait sur ce qui appartenait à son frère, rendant sa liberté au bétail, semant la panique. Il aperçut une longe, enroulée autour d'un poteau, et il s'en saisit afin de la faire claquer aux oreilles des animaux qui galopaient un peu partout, soulevant des nuages de poussière.

Jordane et Pascal revenaient de la plage, à travers les marais, au pas. Elle ne disait rien, se laissant bercer par le rythme de son cheval, pour préserver la sensation de plénitude et de bien-être qui l'avait envahie. Pascal, afin de se racheter, s'était montré d'une tendresse et d'une patience rares.

— Arrête-toi une seconde, demanda-t-il en se penchant vers elle.

Jusque-là, il n'avait pas voulu rompre son silence mais ils approchaient de la manade et il avait quelque chose de grave à lui dire.

— Dans cinq minutes nous serons à la maison et tu vas vouloir rentrer chez toi... sans m'avoir répondu... Veux-tu m'épouser ? Je suis très sérieux...

Le soleil l'obligeait à cligner les yeux, pourtant il la dévorait du regard. Il était ivre de cette impression toute neuve qui le tenaillait et dont il ne se lassait pas : il aimait. Elle se résigna à prononcer une phrase insensée, qui allait pourtant décider de l'avenir.

— J'attends un enfant.

Elle l'avait déclaré d'une voix posée, presque froide, pour voir quelle allait être sa réaction. Elle prenait un pari dangereux mais elle avait besoin de savoir, d'être sûre de lui et de ce qu'il était en réalité.

— Tu peux me répéter ça ?

— Non. Tu as entendu.

Elle n'espérait rien de précis, elle attendait, curieuse et impatiente. Il fallait qu'il soit différent des autres. Or il était capable de bien des choses, mais pas de se laisser poignarder au moment précis où il tombait enfin amoureux. Il fut ravagé, en une seconde, par l'amertume et la jalousie. Persuadé qu'il s'agissait de Lionel, il se dit qu'il allait le tuer pour s'en débarrasser. Jordane était à lui depuis une heure et il ne la lâcherait jamais plus quoi qu'il arrive.

Tandis qu'il essayait de se dominer, les yeux baissés, qu'il luttait pour retrouver son sang-froid, elle l'observait. Elle avait constaté qu'il s'était décomposé lorsqu'elle avait prononcé ce mot d'enfant.

— C'est ce que tu pouvais me dire de pire, dit-il entre ses dents.

Immédiatement déçue, sur le point d'éclater en sanglots, elle ne lui laissa pas le temps de poursuivre. Elle donna une légère impulsion à son cheval qui prit aussitôt le galop.

— Attends ! cria Pascal derrière elle.

Il venait de réaliser dans quel épouvantable malentendu ils allaient tomber s'il ne s'expliquait pas tout de suite. Le pire, c'était l'idée qu'elle appartienne à un autre, qui avait tous les droits parce qu'il était encore son mari, pas le fait qu'elle attende un enfant. Il s'élança pour la rattraper mais il lui avait confié un petit camarguais très rapide et elle était bien plus légère que lui. Les deux chevaux galopaient à vingt mètres l'un de l'autre, soulevant des gerbes d'eau autour d'eux, lorsque Pascal vit quelque chose d'anormal au loin. Un troupeau arrivait face à eux, dans le plus grand désordre, comme poussé par la panique. Incrédule, il s'arrêta, mit sa main en visière. Il reconnut deux de ses puissants cocardiers, en tête, suivis par un groupe de génisses qui n'auraient jamais dû se trouver là. Des silhouettes de chevaux se mêlaient aux taureaux et Pascal réalisa soudain la gravité de la situation et l'affolement du bétail.

— Jordane ! hurla-t-il. Ne reste pas sur leur route !

Elle n'avait aucune expérience du comportement des taureaux, n'ayant vécu que parmi les chevaux et les moutons. Sentant Pascal derrière elle, décidée à ne pas se laisser rejoindre, elle n'avait même pas ralenti.

Seul, il aurait modifié sa trajectoire, et laissé passer les premiers mâles pour tenter ensuite de donner une direction au bétail. Mais il y avait Jordane, en plein milieu de la plaine, qu'il ne pouvait pas perdre de vue.

Livrés à eux-mêmes, sans les directives habituelles de leurs cavaliers, les chevaux cherchaient à fuir les cornes des bovins mais sans parvenir à se dégager de ce troupeau en folie. À cinquante mètres d'eux, Jordane comprit soudain le danger. Elle décrivit une large courbe pour les éviter et Pascal se retrouva juste devant la ligne de front. Il pouvait encore faire demi-tour sur place et prendre la tête, mais il voulut s'assurer que Jordane était à l'abri et il perdit une ou deux secondes. Son cheval réagit avant lui et pivota trop vite sur un postérieur, terrorisé. Il trébucha et s'effondra au moment où les premiers taureaux arrivaient sur lui.

Dans le nuage de poussière soulevé par les centaines de sabots, Jordane ne distinguait pas grand-chose. Elle vit Pascal disparaître, il y eut un remous à cet endroit-là, des écarts désordonnés, des chutes. Entre les mugissements affolés, le martèlement des galops, les souffles rauques des animaux hors d'haleine, Jordane entendit des cris. Très loin d'elle, à l'horizon, des silhouettes accouraient. Elle devina que les gardians, privés de leurs montures, mettraient un certain temps à arriver. Le troupeau s'éloignait, scindé en deux groupes à présent, dont l'un ralentissait déjà.

Jordane se précipita vers Pascal qui était à plat ventre, immobile dans une flaque de boue, un bras au-dessus de la tête. Elle descendit de son cheval avant même qu'il se soit immobilisé, et s'agenouilla.

— Pascal ? Pascal !

Il bougea un peu, étouffa un gémissement en se mettant sur le côté. Du sang coulait de ses cheveux, maculait sa chemise en se mêlant à la terre.

— Comment te sens-tu ? Où as-tu mal ? Pascal ?

Il réussit à s'asseoir puis à se lever, mais en titubant, le bras droit pendant le long du corps, inerte. Il regarda Jordane, l'air hagard, et parvint à demander :

— Tu n'as rien ?

Comme il vacillait, elle le prit par le bras gauche mais il la repoussa, se détourna et se mit à vomir. Deux gardians arrivaient enfin, à bout de souffle, en sueur.

— C'est ton frère ! cria l'un d'eux. Il est devenu fou, il a fallu qu'on lui tape dessus pour l'arrêter !

L'autre avait détaché son foulard et le tendait à Pascal. Le 4 × 4 vint s'arrêter juste à côté d'eux.

— Pas trop de casse ? demanda le conducteur.

— Pour moi, le bras, répondit Pascal qui était livide. Mais il va y avoir des éclopés dans le troupeau !

Il jeta un coup d'œil à Jordane puis ajouta gentiment :

— Tu voulais les arrêter à toi toute seule ?

Les hommes se mirent à rire, sauf le gardian qui était près de Pascal et qui ne le quittait pas des yeux.

— Tu devrais aller t'asseoir dans la voiture, suggéra-t-il. Je vais te descendre à Arles...

— Pour quoi faire ? s'indigna Pascal.

Jordane intervint, d'un ton sans réplique :

— Au moins pour passer des radios !

Les employés s'attendaient qu'elle soit vertement remise en place mais Pascal ne fit aucun commentaire. Il se sentait mal, il avait le vertige. Il ferma les yeux une seconde mais, lorsqu'il les rouvrit, le monde était toujours aussi flou. Quelqu'un le prit par la taille et l'aida à s'installer sur le siège passager.

— Je ne vais pas vous être d'un grand secours, murmura Pascal, mais remettez-moi de l'ordre là-dedans... Ils ont dû s'arrêter quelque part et les mâles ne vont pas tarder à se battre...

Il cessa de parler pour réprimer une nausée. Le conducteur démarra presque aussitôt, essayant de rouler doucement et d'éviter les trous. Jordane suivit des yeux le véhicule qui s'éloignait. Un homme lui toucha l'épaule.

— Gardez le cheval pour rentrer, mademoiselle Valence... Au point où on en est... On continue à pied !

Robin poussa la porte de l'agence si brutalement que Cécile sursauta. Elle le dévisagea, affolée. Il avait la pommette fendue, une lèvre enflée, l'air d'un fou. Les gardians de Pascal l'avaient à moitié assommé et il s'était traîné jusqu'à sa voiture. Il était à bout de résistance, épuisé par les efforts qu'il avait déployés pour effrayer le bétail. Il avait dû courir derrière eux, les frapper de la longe, crier à tue-tête, courir sur des kilomètres pour ouvrir une bonne vingtaine de barrières. Lorsque les employés lui étaient tombés dessus, il s'était battu de toutes ses forces, sachant qu'il allait prendre une correction, allant au-devant des coups.

Mais ces deux heures de démence ne l'avaient pas calmé, au contraire. Il y avait trop longtemps qu'il se contraignait, qu'il accumulait des rancunes et des frustrations.

Maintenant qu'il lui avait laissé libre cours, il ne parvenait plus à endiguer le flot de colère qui l'électrisait.

— Tu étais au courant ? demanda-t-il en marchant sur Cécile. Tu le savais ? Elle t'avait dit quelque chose ?

Terrorisée, Cécile s'était levée précipitamment. Elle se mit à tourner autour du bureau, refusant de se laisser approcher.

— Robin ! Je ne sais pas de quoi tu parles…

— Elle s'est bien foutue de ma gueule, la garce ! Et de toi aussi ! Mais c'est ta faute, c'est bien fait !

Il renversa le bureau et Cécile fit un bond en arrière.

— Ta faute ! hurla-t-il. Tu n'as même pas été capable de garder Pascal, de le faire tenir tranquille ! C'est toi qui lui as mis Jordane sous le nez !

Les larmes aux yeux, Cécile avait reculé jusqu'au mur. Il fonça sur elle et posa ses mains sur ses épaules, tout près de son cou.

— Si tu étais moins conne, il ne s'en serait pas pris à elle ! Il détruit tout ce qu'il touche ! Tu t'es vue, toi ? Dis ?

Sans même s'en apercevoir, il serrait ses mains convulsivement. Cécile comprit qu'elle avait très peu de temps pour réagir, qu'il était dans un état second et qu'elle n'aurait jamais assez de force pour lutter contre lui.

— Robin, dit-elle d'une voix étranglée, tu me fais mal…

Elle commençait d'étouffer, terrifiée, et elle leva les mains, le prit carrément dans ses bras, l'attira au lieu de chercher à le repousser. S'abattant sur elle, il la lâcha aussitôt et eut un premier sanglot qui ressemblait à un hoquet. Elle le laissa pleurer longtemps, toujours plaquée au mur, se contentant de lui caresser la nuque avec une sorte de tendresse.

— Je suis désolé, finit-il par bafouiller.

Lentement, il s'écarta, fit quelques pas hésitants et alla s'écrouler dans un fauteuil, la tête entre les mains. Elle le regarda un bon moment, recouvrant peu à peu son calme. Parce qu'elle avait connu la même torture,

Robin lui faisait pitié. Elle n'avait pas oublié Pascal mais elle refusait d'y penser à présent, ayant tiré un trait sur leur histoire.

Robin retrouvait ses esprits, peu à peu, écrasé par une incroyable fatigue.

— Je crois bien que j'ai pété les plombs, murmura-t-il.

— Oui, mais ça fait du bien… Veux-tu du café ?

Elle redressait le bureau, ramassait les papiers épars. Il n'avait même plus assez d'énergie pour l'aider.

— Cécile, vraiment… je ne sais pas comment m'excuser… Tu n'y es pour rien, bien sûr ! J'ai dit n'importe quoi… Et j'ai fait n'importe quoi depuis que je suis réveillé… J'ai commencé par acheter des croissants !

Il voulut sourire et grimaça quand sa lèvre se fendit de nouveau.

— C'est Pascal qui t'a arrangé comme ça ?

Elle pointait le doigt vers son visage et il secoua la tête.

— Même pas ! Ses employés, ses chiens de garde…

Dans le mouvement qu'elle fit pour récupérer le cendrier qui avait roulé sur la moquette, il aperçut ses cuisses bronzées. Elle était jolie, bien faite, et les hommes ne savaient pourtant que la tourmenter. Il la suivit des yeux tandis qu'elle préparait le café. Toute la violence de la matinée avait réveillé des choses oubliées, l'avait saturé d'adrénaline, et Robin s'étonna d'éprouver une sorte de désir brusque. Il détourna son regard, un peu honteux, et se mit à raconter ce qui s'était passé.

Isabelle guettait à l'entrée de l'allée quand Jordane arriva au Biloba. Elle freina sèchement et passa la tête à la portière, inquiète. Elle n'imaginait pas qu'une nouvelle catastrophe puisse encore s'abattre sur elle, et pourtant sa mère lui annonça que Nora avait disparu. Croyant avoir mal compris, Jordane descendit de voiture, se fit répéter la phrase. De toute façon, le visage tourmenté d'Isabelle était éloquent. Atterrée, elle posa quelques questions qui

restèrent sans réponse, puis elle fut envahie par un intolérable sentiment de culpabilité. Elle ne s'était pas souciée de
sa sœur, elle n'avait pensé qu'à elle-même depuis quelque
temps, et aussi à Pascal Peyrolles qui l'avait conduite de
déception en déception.

— Maman, murmura Jordane, on va la retrouver...

Puis elle éclata en sanglots convulsifs et dut s'appuyer
contre la Rover.

10

Pascal ne voulait rien entendre et Vincent dut s'incliner. Il ne serait pas question d'hospitalisation. L'interne, ne désirant pas être tenu pour responsable d'une telle inconséquence, demanda alors qu'on lui signe une décharge. Durant la réduction de fracture, brève mais douloureuse, Pascal n'avait pas bougé. Ensuite on lui avait posé de larges bandes élastiques, moins contraignantes qu'un plâtre. En l'examinant, le médecin trouva bon nombre d'hématomes et il voulut pousser ses investigations, ce à quoi Pascal se refusa catégoriquement. Ils étaient en pleine discussion lorsque Vincent fit irruption dans la salle des urgences. Croyant obtenir là un précieux renfort, l'interne exposa une nouvelle fois ses inquiétudes au père du blessé. Ce qui eut pour effet, dès que Vincent voulut ouvrir la bouche, de mettre son fils en colère. L'interne préféra quitter la salle discrètement pour les laisser se quereller.

— Ne t'énerve pas, finit par déclarer Vincent d'un air inquiet. Si tu ne veux pas rester ici, je t'enverrai le Dr Fournier à la manade ce soir. Tu as besoin d'être suivi. Tu as entendu ce qu'a dit le médecin ? Tu as peut-être des lésions internes !

— Je vais très bien !

En réalité, il se sentait plutôt mal mais ne voulait pas en convenir.

— Comment as-tu su que j'étais là ? interrogea-t-il d'un ton las.

— Ton frère a téléphoné à Antoine.

— C'est Robin qui a appelé ? Ah que c'est drôle !

— Pourquoi drôle ? Qu'est-ce qui est arrivé exactement ?

— Un problème avec le bétail. Des taureaux affolés se sont échappés... Je me trouvais au mauvais endroit.

— Toi ?

Incrédule, Vincent fronçait les sourcils. L'habileté de Pascal avec les troupeaux était légendaire. Il savait son fils aîné bon cavalier et bon gardian.

— Et alors tu t'es fait piétiner ? Comme ça ?

— Mon cheval est tombé. C'était une vraie mêlée de rugby, tu aurais dû voir ça !

Pascal se mit debout, vérifia qu'il n'avait plus le vertige et soupira de soulagement.

— Il doit y avoir des animaux blessés, il faut que je rentre...

— Assieds-toi ! lui intima Vincent avec une autorité inattendue.

Franchement amusé, Pascal jeta un coup d'œil à son père. C'était la dernière personne au monde dont il avait envie d'écouter les ordres. Il chercha sa boîte de petits cigares dans ses poches.

— Tu ne vas pas fumer ici ?

Regardant ce qui restait de ses Davidoff, Pascal sourit.

— Non, je ne crois pas. Dommage...

Il avait repris des couleurs depuis que son malaise latent s'était dissipé.

— Si tu ne veux pas rester à l'hôpital, viens au moins passer quelques heures à la maison. Tu pourras me raconter toute cette histoire en détail.

Pascal ne souhaitait pas expliquer quoi que ce soit à son père mais, en revanche, il avait besoin de lui parler et il accepta de le suivre. Il quitta les urgences avec le bras en écharpe et une provision d'antalgiques. Une fois chez eux, Vincent l'obligea à s'installer sur un canapé et lui servit un cognac.

— Il faut que nous ayons une conversation, dit Pascal en devançant les intentions de son père. À propos de Robin...

— Robin ? Pourquoi ?

Perplexe, il observait son fils aîné. Il avait eu tellement peur, en se rendant à l'hôpital, que c'était lui maintenant qui se sentait gagner par une faiblesse très désagréable.

— Nous l'avons toujours pris pour un mou, un gentil, un docile, n'est-ce pas ? Eh bien il est capable de se révolter ! poursuivait Pascal d'une voix réjouie.

— Contre toi ? Mais tu ne lui as rien fait ! Moi non plus...

— Oh que si ! Toi surtout.

Vincent tira une chaise près du canapé et s'assit pesamment.

— Je ne comprends rien de ce que tu dis. Pourquoi est-il question de Robin ? Il était chez toi, ce matin ?

— Chez moi, chez toi... tu vois, le pauvre, il n'est jamais chez lui ! Je comprends qu'il ait fini par se rebiffer ! C'est lui qui a semé la pagaille à la manade.

— Quoi ?

— Tous ces chevaux, tous ces taureaux, tous ces hectares que tu m'as donnés ont dû lui monter à la tête ! Et, le détonateur, c'était la voiture de Jordane... bien sûr...

— La fille Valence ? Et alors ? Explique-toi !

— Tu n'as pas besoin d'explication. Ce qu'il faut, c'est que tu cesses d'être injuste, odieux.

— Pascal ! Voyons...

— Tu vas lui céder la charge et tu vas te reposer. Nous foutre la paix.

— Pascal !

— Et arrête de bêler mon nom ! Tu me regardes depuis trente ans comme si chaque jour était celui de ma communion solennelle ! Je ne suis pas un fils modèle, je ne suis pas ton reflet, tu ne m'as pas fait à ton image, merci mon Dieu !

Tassé sur lui-même, Vincent levait un visage pitoyable vers Pascal. Il encaissait les injures sans répondre, comme chaque fois.

— Tu l'as privé de sa mère, de ton affection, de terres qu'il aimait au moins autant que moi, tu ne vas pas le priver d'avenir, quand même ! Aujourd'hui qu'il montre les dents, je lui donne entièrement raison ! Cède-lui ta charge ou je ne remets plus jamais les pieds ici et tu te retrouves complètement seul...

La menace était claire, Pascal n'avait même pas eu besoin d'élever la voix. Il n'appréciait pas le chantage mais il n'avait pas d'autre moyen pour faire céder son père. Il avait eu tout le temps de réfléchir pendant l'heure où il avait attendu qu'on l'examine, aux urgences. Il avait fini par s'attendrir sur son frère. Ses hommes lui avaient raconté la scène, leur réveil en fanfare, la crise de folie de Robin et de quelle manière ils s'étaient débarrassés de lui. Où s'était-il réfugié, à présent, lui qui n'avait pas d'amis dans cette ville, hormis son frère ? Est-ce qu'il avait fini par se calmer ou est-ce qu'il continuait son expédition punitive ? Il devait être affreusement malheureux, en tout cas. Pas d'avoir lâché quelques chevaux et quelques taureaux, mais de devoir renoncer à la femme qu'il aimait. Car il était fou de Jordane, Pascal le savait depuis le début. Mais, puisque Robin n'était plus son rival, Pascal se sentait de nouveau indulgent, prêt à le protéger comme il l'avait toujours fait, et surtout à le défendre contre leur père. Ce n'était pas Robin qui était l'ennemi, mais ce Lionel qu'il haïssait déjà et contre lequel il était capable de faire bien pis que tout ce que son petit frère pouvait imaginer.

— Pascal ? Tu te sens bien ? Pascal !

La voix de son père lui parut lointaine, étouffée. Il fit un effort pour se redresser, provoquant un élancement dans son bras. Il vit le visage de Vincent qui s'approchait.

— Tu vas lui céder ta charge, répéta-t-il en essayant de s'accrocher à son idée.

— Oui, c'est promis ! D'accord, je vais le faire, mais ne dis plus rien, ne t'agite pas.

Brusquement alarmé, Vincent avait remarqué la pâleur de son fils et surtout son regard trouble. Une angoisse sans nom s'empara de lui et il se saisit du téléphone d'un geste fébrile.

— Tu vas…, recommença Pascal avec difficulté.

— Je te le jure ! Tu me crois ? Tout va bien, ne bouge pas. Pascal ? Antoine ! Antoine !

Pascal perdit connaissance tandis que son père continuait à crier.

Isabelle gardait Jordane serrée contre elle, lui répétant des mots apaisants. Sa fille avait pleuré longtemps sur tous les chagrins accumulés depuis des mois. Réfugiée dans les bras maternels, elle s'était abandonnée au découragement, à une envie de renoncement encore inconnue. Elle avait livré pêle-mêle les secrets qui l'asphyxiaient, avouant qu'elle redoutait l'avenir, elle qui n'avait peur de rien, qu'elle regrettait sa décision pour le Biloba, qu'elle était amoureuse d'un homme dont elle n'était pas sûre, qu'elle attendait un enfant qui n'aurait peut-être jamais de père. Elle s'accusait aussi de n'avoir pas su écouter Nora et prévenir sa fugue. D'avoir négligé sa famille, rendu fou le pauvre Robin, fait souffrir inutilement Lionel.

Impuissante à calmer la détresse de Jordane, sa mère avait laissé passer l'orage. Elle connaissait sa fille et savait que le moment d'abattement serait passager, qu'elle allait le surmonter. La force de Jordane n'était pas un masque, un rôle, mais une réalité de toujours. Même enfant, elle débordait d'énergie et de joie de vivre. Ni les obstacles, ni les malheurs, ni les deuils ne pouvaient la briser. Mais elle avait parfois besoin de souffler, comme tout le monde, et n'avait que l'épaule de sa mère pour pleurer. L'angoisse de la disparition de Nora, ajoutée à la nuit qu'elle venait de vivre et à l'accident de Pascal, avait eu momentanément raison d'elle, et Isabelle attendait sans impatience la réaction qui allait se produire.

Au bout d'une demi-heure, Jordane cessa de renifler et alluma une cigarette.

— Où a-t-elle bien pu aller ? À Paris rejoindre Sydney ?

— J'ai téléphoné à Lionel, à tout hasard, répondit Isabelle. Il n'est au courant de rien. Il va se renseigner…

— Elle a pris de l'argent ? Qu'est-ce qu'elle a emporté ?

— Pas grand-chose. Quelques vêtements, ses affaires de toilette…

— Elle ne connaît presque personne. Elle n'a pas d'amis, elle ne sort jamais d'ici !

— J'ai appelé son professeur de piano mais il ne l'a pas vue depuis deux ans ! Et puis les parents de Cécile, Gilbert évidemment, le kiné…

Jordane laissa errer son regard sur les murs du grand salon. Les meubles vendus avaient laissé des marques claires sur la peinture défraîchie.

— Mais enfin, murmura Jordane, elle est partie à pied ?

— Je ne sais pas. Nous ne nous sommes inquiétées que vers neuf heures, Alice et moi.

Il était midi et les cigales menaient, dehors, leur infernal tapage.

— Il faut que j'aille donner à manger aux chevaux, soupira Jordane.

— Je vais t'aider !

Jordane regarda sa mère d'un air étonné.

— Eh bien quoi ? dit Isabelle. C'est si rare qu'on te donne un coup de main ! Tu culpabilises tout le temps mais je m'aperçois que personne n'a jamais l'idée de te soulager un peu.

— Maman ! Je m'occupe de l'écurie mais je ne fais rien à la maison, rappela Jordane.

— Je t'aide, répéta Isabelle fermement. D'ailleurs, ça me changera les idées.

Elle prit un chapeau de paille qui traînait sur un fauteuil et le posa sur sa tête. Le geste émut Jordane. Sa mère était encore très belle, avec sa déconcertante fragilité, ses yeux de velours, ses mouvements gracieux, sa fantaisie à fleur de peau.

— Et puis tu sais, ma chérie, il faut faire attention au début et à la fin d'une grossesse. Crois-moi !

— Maman…, dit Jordane d'une drôle de voix. Tu seras donc grand-mère ?

Elle découvrait l'évidence, stupéfaite.

— Je vais adorer ça, affirma Isabelle gaiement. Mais peut-être devrais-je épouser Gilbert d'abord ? Pour qu'il ne traîne pas une mamie à la mairie ?

Son regard doux était posé tendrement sur sa fille. Une nouvelle en valait une autre, puisque c'était la matinée des confidences. Pour ne pas céder à l'attendrissement, Isabelle se dirigea soudain vers la porte du salon.

— Allons-y avant que les pauvres chevaux ne soient morts de faim ! Et puis j'aimerais en savoir un peu plus sur ce Pascal Peyrolles, j'en étais restée à l'odieux amant de Cécile, moi…

Avec un pincement au cœur, Jordane se rappela l'attitude de Pascal lorsqu'elle lui avait annoncé qu'elle attendait un enfant. Son silence, ses yeux rivés au sol avaient effacé en une seconde tout ce qu'il avait pu prétendre auparavant. Pourtant, quelle inoubliable nuit…

— Tu rêves ?

— Je pensais à Nora, mentit-elle.

— On ne peut rien faire, de toute façon. Elle a trente ans ! Je ne crois pas que la gendarmerie accepterait de s'en mêler…

Courageuse, Isabelle dissimulait ses craintes pour éviter de décourager encore plus sa fille. Elles quittèrent le salon, traversèrent le hall et la cuisine où s'affairait Alice.

— Je prépare tout de même à déjeuner ? demanda la vieille dame sans lever le nez de ses casseroles.

Jordane eut un élan d'affection irraisonné pour sa belle-mère.

— Bien sûr, Alice ! Merci… Nous n'en avons pas pour longtemps…

À elle aussi il faudrait annoncer un jour la venue du bébé. Qu'elle n'allait pas aimer, sans doute, parce qu'il ne serait pas l'enfant de Lionel. Étouffant un soupir, Jordane quitta la cuisine derrière sa mère. Elles entendirent, de loin, les hennissements impatients de Butaban.

— Je ne veux pas qu'il entre, c'est hors de question !

Robin hocha la tête à plusieurs reprises. Il n'avait aucune envie non plus de voir Vincent.

— Il n'a qu'à retourner chez lui et attendre, cesser de brasser de l'air, d'emmerder tout le personnel médical !

— Tu devrais te tenir tranquille, ou alors la piqûre ne servira à rien...

Agacé, Pascal leva les yeux au ciel. La patience n'avait jamais été son fort.

— Tout va bien se passer, ajouta Robin.

— Pourquoi me dis-tu ça ? Tu crois que j'ai peur ?

— Non ! Mais c'est toujours un peu angoissant...

— C'est *très* angoissant !

La dose de tranquillisants, administrée en préanesthésie, commençait à faire son effet.

— D'ailleurs il y a des accidents, tout le monde le sait, choc opératoire et tout ça...

— Ne dis pas de bêtises ! coupa Robin avec autorité. Tu n'y connais rien, et moi non plus.

— Le chirurgien sera de très mauvaise humeur parce qu'il aura eu papa sur le dos, et il va me rater, tu verras !

— Arrête...

Robin s'assit prudemment sur le bord du lit.

— Tout ce qui est arrivé est de ma faute, dit-il d'une voix lugubre.

— Absolument ! Et si je ne m'en sors pas, tu auras ma mort sur la conscience !

Dévisageant Pascal pour s'assurer qu'il plaisantait, Robin murmura :

— Je suis tellement désolé, si tu savais...

De sa main valide, Pascal lui prit le poignet et le serra.

— Mais non, petit frère... Tu as grandi, c'est bien...

Ils étaient liés par un sentiment puissant dont ils n'avaient que rarement conscience. Leur enfance solitaire les avait d'autant plus rapprochés que Vincent avait voulu les séparer.

— Ils ne vont pas m'autoriser à rester longtemps, chuchota Robin qui avait une boule dans la gorge.

— Attends, attends ! Tu vas m'écouter d'abord, parce que quand même, on ne sait jamais... Dans mon porte-feuille, avec ma carte d'identité, il y a une adresse...

Pascal recommençait à se sentir mal et il se hâta de finir.

— C'est celle de notre mère, je veux que tu lui écrives, si jamais... Et puis non, contacte-la de toute façon... Tu m'entends, Robin ?

— Pascal...

— Fais-le maintenant ! Je n'ai pas eu le courage d'aller au bout mais c'est idiot, les années passent. Nous avons déjà échangé quelques lettres, elle et moi, mais des petites choses, tu vois, très prudentes... C'est ton tour...

Pascal s'interrompit et serra plus fort le poignet de Robin.

— On n'a vraiment pas assez de temps devant nous pour que je te parle... Je me sens bizarre, je te vois tout flou et... et en plus, j'ai la trouille...

Affolé, Robin chercha des yeux une sonnette mais la porte s'ouvrit au même instant.

— Vous êtes encore là ? lui reprocha l'infirmière.

Deux hommes, en blouse blanche, poussèrent un cha-riot près du lit. Pascal lâcha son frère et ferma les yeux. Robin quitta la chambre, complètement bouleversé, après avoir fouillé dans les vêtements de Pascal et pris le porte-feuille. Il descendit jusqu'au rez-de-chaussée où son père faisait les cent pas devant les ascenseurs.

— Il est parti pour le bloc, annonça Robin, laconique.

Vincent lui jeta un coup d'œil furieux mais s'abstint de tout commentaire. Ni le chirurgien ni son propre méde-cin n'avaient pu le rassurer. Ils avaient parlé entre eux dans un jargon incompréhensible, affolant, où il était question d'hémorragie. La décharge signée par Pascal le matin même avait été exhibée comme une curiosité puis soigneusement rangée. S'il avait accepté plus tôt de se soumettre aux examens, il serait déjà en salle de réveil. Vincent se reprochait de ne pas l'avoir convaincu à ce moment-là, de ne pas avoir su imposer sa volonté. Mais il ne l'avait jamais fait, depuis trente ans, et il ne savait même pas comment s'y prendre. Avec le reste du monde, c'était facile. Y compris avec cet imbécile de Robin. Mais devant Pascal, Vincent était démuni.

— Il était conscient ? demanda-t-il soudain.

— Oui...

— Il a dit quelque chose ?

— Non... Allons dehors...

Ils firent quelques pas vers la sortie puis Vincent s'arrêta net.

— Est-ce que tu te rends compte de ce que tu as fait ?

— Oui.

Le visage tuméfié de Robin ne l'inquiétait pas, ne le gênait pas : il n'y prêtait aucune attention. Ce qui le rendait fou, c'était simplement que quelqu'un ait osé s'en prendre à son fils aîné, que celui-ci soit en danger.

— Tu ne...

Il s'interrompit. Il avait juré à Pascal de ne faire aucun reproche, aucune morale à Robin. Il se souvint qu'il avait également promis de lui céder sa charge. À ce crétin ! Néanmoins il décida que si c'était le prix à payer pour que Pascal s'en sorte, c'était vraiment dérisoire.

— Où vas-tu ? demanda-t-il à Robin dès qu'ils eurent descendu les marches.

— On va rentrer, papa. Ils nous appelleront.

— Je ne bouge pas d'ici ! s'écria Vincent d'une voix étranglée.

Robin le regarda un moment, perplexe. Même s'il en faisait les frais, l'amour immodéré de leur père pour Pascal avait quelque chose de poignant. Sans insister, il s'éloigna. Il lui tardait de découvrir une certaine adresse

279

mystérieuse. Il gagna en hâte l'hôtel particulier, s'obligeant à ne pas ouvrir le portefeuille en pleine rue. Il monta dans sa chambre, referma la porte et s'assit à son bureau. Il resta un moment les yeux dans le vague. Pascal correspondait avec leur mère... La nouvelle avait quelque chose d'incroyable, d'irréel. Jamais Robin n'aurait pu croire son frère si sentimental. Et si secret !

Il se décida à chercher, parmi les papiers d'identité, et découvrit une carte de visite. Un nom était gravé, en caractères gothiques : « Caroline Mendoza », suivi d'une adresse à Buenos Aires. Robin relut les trois lignes cinquante fois. Caroline, oui, il se souvenait de ce prénom bien que Vincent ne l'eût plus jamais prononcé devant eux. Le sujet était resté tabou, il était entendu que leur mère était au bout du monde, et n'existait plus pour les Peyrolles.

Puisqu'il avait promis d'écrire, Robin commença par prendre une feuille de papier. Puis il se concentra mais en vain. Aucune phrase ne lui semblait convenir, pour débuter sa lettre. Et pour la continuer non plus. Évoquer l'accident de Pascal ? Non, il valait mieux attendre d'être rassuré sur son sort. Et puis, cette femme s'en souciait-elle ? D'ailleurs, comment la nommer ? Maman ? Madame ?

Robin reprit la carte entre ses doigts. Il y avait aussi un numéro de téléphone. Il se sentit aussitôt envahir par une infernale impatience. Il suffisait de composer les chiffres et il découvrirait une voix inconnue qui serait celle de sa mère. Il essaya de lutter, mais, après vingt-sept années de manque, c'était un combat perdu d'avance.

Au bout de dix heures d'angoisse, Isabelle reçut un appel de Montpellier. Nora s'était rendue directement à l'hôpital, avait attendu une grande partie de la journée pour voir son chirurgien et lui avait annoncé ses intentions. Il avait beau l'avoir connue petite fille, avoir deviné le premier qu'elle était amoureuse, il fut malgré tout interloqué par sa détermination. Son sac de voyage à ses pieds, Nora exigeait de ne plus différer les interventions, d'en finir une bonne fois. Il discuta inutilement, argua que son programme était fixé à l'avance, multiplia les objections en pure perte. Nora, têtue, avait décidé qu'elle voulait vivre comme les autres le plus vite possible. Il s'inclina et la fit admettre dans son service à sept heures du soir. Puis il décida de téléphoner à Isabelle, ayant compris que Nora était en rupture de ban et de famille.

Au Biloba, Jordane se précipita sur la dernière bouteille de champagne qu'elle déboucha sans regret. Elle alla chercher Alice dans sa chambre et elles burent toutes les trois sur la terrasse, heureuses comme des gamines.

Très tôt ce soir-là, Jordane monta se coucher, épuisée. Délivrée de son inquiétude au sujet de sa sœur, elle pouvait enfin penser à elle. Et à Pascal qui n'avait pas donné signe de vie. Qui, malgré son bras cassé, aurait au moins pu appeler.

Trop fatiguée pour trouver le sommeil, elle se retourna longtemps dans son lit. Le silence de Pascal l'humiliait de façon cuisante. Elle aurait peut-être dû lui avouer la vérité, toute la vérité, lui révéler que c'était lui le père. Mais sans doute aurait-il eu la même réaction. S'il ne s'était jamais marié, à trente ans passés, c'est qu'il n'avait aucune envie d'attaches. Il était heureux comme ça, séduisant les filles puis les jetant dehors lorsqu'elles avaient cessé de lui plaire. Jordane regrettait amèrement de s'être montrée si naïve, autant que Cécile, au fond. La tendresse de Pascal ou sa sincérité n'étaient qu'une apparence trompeuse, un moyen de conquérir.

Elle se trouvait ridicule en repensant à la peur qu'elle avait eue le matin même. Lorsque le cheval de Pascal était tombé au milieu des taureaux, elle avait eu l'impression que c'était elle qu'on piétinait. Tout ça pour un égoïste, un lâche, aussi prétentieux que douillet !

Pour la troisième fois de la nuit, elle alluma la lumière et prit une cigarette. Elle se promit d'accompagner sa mère à

281

Montpellier, le lendemain matin. Il fallait se reprendre en main, cesser de se torturer bêtement, penser à son bébé. Elle posa sa main sur son ventre plat. Dans quelques mois, l'enfant bougerait. Cette idée-là était réconfortante, merveilleuse. À cet héritier Valence, fille ou garçon, elles allaient toutes léguer un bel hôtel quatre étoiles au nom étrange et chantant : le Biloba. L'avenir n'était pas si terrible quand on se donnait la peine de le regarder en face.

Jordane éteignit enfin et décida qu'il était vraiment temps de dormir. Sa mère l'avait avertie : il fallait être prudente au début d'une grossesse. Elle se rallongea, fit une boule avec son oreiller, pensa au sweat-shirt que Pascal avait glissé sous sa tête, lorsqu'ils attendaient que le soleil se lève sur la mer.

— Salaud…, murmura-t-elle, enfin gagnée par le sommeil.

Obstiné, Vincent avait passé sa journée dans la salle d'attente. S'il arrivait quelque chose à son fils, sa vie s'arrêterait là, il ne ferait pas un seul pas de plus. Compatissant, un interne vint l'avertir, vers vingt heures, que Pascal avait bien supporté l'opération mais qu'il passait la nuit dans le service de réanimation, par mesure de sûreté, et qu'il ne serait pas possible de le voir avant le lendemain.

Effaré, hagard, ne sachant pas s'il devait se réjouir ou s'inquiéter, Vincent se perdit dans les rues d'Arles en rentrant chez lui. Il trouva Robin en pleine discussion avec une jeune femme qu'il ne connaissait pas et il leur adressa un simple signe de tête avant de se retirer dans son bureau.

Avec l'accord d'Antoine, Robin, décidément en pleine émancipation, avait invité Cécile à dîner. Elle l'avait écouté sans impatience, comprenant qu'il débordait d'envie de se confier à quelqu'un. Ils avaient bien conscience, l'un comme l'autre, de joindre un peu leurs misères et leurs déceptions, mais ils pouvaient parler ensemble de Jordane comme de Pascal. Robin lui avait répété mot pour mot la conversation qu'il avait eue avec Caroline Mendoza. Elle ignorait l'existence de cette mère à laquelle Pascal n'avait pas fait allusion une seule fois en six mois.

À l'époque où elle était sa maîtresse, Cécile n'avait jamais mis les pieds chez les Peyrolles, bien entendu. Elle regardait autour d'elle, intriguée de découvrir ce lieu que Pascal avait prétendu sinistre, détestable, et qui n'était que trop solennel. Elle demanda à visiter et Robin s'exécuta, ravi. Il l'entraîna dans les salons de réception, décrivant les particularités de chaque tableau ou chaque meuble avec brio. Il avait fini par aimer le métier que son père lui avait imposé et qu'il l'empêchait pourtant d'exercer aujourd'hui. Cécile, qui n'appréciait que le moderne, hochait la tête et le laissait parler. Elle refusa pourtant d'entrer dans la chambre que Pascal avait occupée jusqu'à sa majorité. La blessure était trop récente pour qu'elle prenne le risque de s'attendrir.

Alors qu'ils redescendaient le monumental escalier de pierre, ils croisèrent Vincent qui montait se coucher. Robin était en train de commenter une gravure du XVIIIe qui figurait les Alyscamps. Son père s'arrêta sur une marche quelques instants, et Robin s'interrompit au milieu de sa phrase.

— Il y a une vente à quatorze heures, demain. Tu t'en occuperas !

Il ne demandait rien, il imposait. Robin acquiesça, supposant que son père était trop fatigué et trop inquiet pour travailler. Sans regarder Cécile, Vincent ajouta :

— Et ne te couche pas trop tard, tu vas avoir beaucoup à faire dans les jours qui viennent. Il est temps que tu t'intéresses à la salle au lieu de perdre tes journées. En ce qui me concerne, j'en ai assez, je passe la main…

Il empoigna la rampe pour poursuivre son ascension vers l'étage, laissant Robin interdit. Comme il n'était pas croyant, il n'avait pas fait de prières, mais avait néanmoins échafaudé toutes les compromissions possibles avec le ciel. Donner sa charge à Robin faisait partie du marché. D'ailleurs il en avait fait la promesse à Pascal et, même si c'était dans un moment d'affolement, il se devait de la tenir. Son fils aîné ne supporterait pas qu'il manque à sa parole. Et Vincent n'avait qu'une idée en tête : satisfaire Pascal.

Dès qu'il entra dans sa chambre, il alla droit à une photo qu'il adorait. Posé sur sa table de chevet, le cliché agrandi représentait ses deux enfants, Robin de dos et Pascal de face, disputant une partie d'échecs. Vincent s'empara du cadre pour mieux voir. Le regard de Pascal, qui fixait l'objectif, semblait transparent tant il était clair. On ne pouvait pas trahir ce regard-là.

— Tu vas t'en sortir, mon garçon…, murmura Vincent en serrant convulsivement la photo contre lui.

Jordane avait choisi la route de Saint-Gilles et Vauvert pour se rendre à Montpellier. Elle prétendait que la vieille Rover chauffait sur l'autoroute, mais en réalité elle préférait le paysage de la nationale qui traversait la Camargue le long du canal Lamour.

Isabelle avait préparé un sac de livres et de confiseries pour Nora. Exceptionnellement, le ciel était gris, annonciateur d'un orage d'été. Jordane conduisait en silence, sans parvenir à chasser Pascal de sa tête. Elle lui en voulait de plus en plus de son silence et elle se maudissait d'être tombée amoureuse du seul homme qu'elle aurait dû éviter, en toute connaissance de cause.

Pour comble de malheur, elle avait reçu le matin même un courrier d'un avocat parisien qui lui demandait de désigner un confrère afin d'entamer la procédure du divorce. La lettre était accompagnée d'un mot affectueux de Lionel.

— J'ai pris rendez-vous avec Garnier, annonça Jordane.

— L'avocat ? s'étonna Isabelle. Pourquoi ne vas-tu pas voir le notaire de papa ? Il est vieux mais c'est un homme charmant, très délicat…

— Pas pour le Biloba, maman, c'est pour mon divorce.

— Ah oui, bien sûr…

Isabelle baissa le pare-soleil pour se regarder dans le miroir. Elle arrangea quelques mèches de cheveux avant de se tourner vers sa fille.

— Tu sais, ma chérie, il va falloir mentir un peu à Alice...

— Pourquoi ?

— Garnier te l'expliquera mieux que moi, mais il y aura sans doute un petit problème de date avec le bébé.

— Quel problème, grands dieux ? C'est mon enfant, c'est tout !

— Oui, ça, évidemment, c'est le tien ! La question n'est pas là. Seulement la loi prévoit une horrible histoire de « viduité ». Le nom est abominable !

— Enfin, maman, nous ne sommes pas des poulinières ! s'indigna Jordane.

Furieuse, elle fit craquer la boîte de vitesses. Isabelle faillit renoncer à poursuivre, néanmoins elle enchaîna :

— Si Lionel veut revendiquer cet enfant, eh bien la procédure n'était même pas entamée au moment de la conception, n'est-ce pas ?

La pluie commençait à tomber et Jordane mit en route les essuie-glaces.

— Alors, tu comprends, Alice aussi a envie d'être grand-mère, j'imagine... Et Lionel n'est pas précisément indifférent, vis-à-vis de toi. S'il veut garder un pied dans ta vie et ses entrées au Biloba...

— Vraiment, persifla Jordane, cette bonne nouvelle manquait au tableau ! Ah, je suis gâtée en ce moment !

Isabelle dissimula un sourire. Décidément, sa fille avait récupéré toute son énergie.

— Tu crois que Lionel serait capable d'une chose pareille ?

— Je n'en sais rien, ma chérie, mais rappelle-toi de quelle manière il nous a imposé sa mère... Un homme amoureux est capable de n'importe quoi.

— Et un homme qui n'est pas amoureux est capable de pire encore ! répliqua Jordane en pensant à Pascal.

Elles arrivèrent devant l'hôpital au plus fort de l'averse, si bien qu'en entrant dans la chambre de Nora elles étaient aussi trempées l'une que l'autre, les cheveux plaqués et les vêtements ruisselants, ce qui ponctua les retrouvailles de fous rires.

Nora ne regrettait pas sa décision et attendait sereinement l'heure de l'opération. Isabelle ne lui fit aucun reproche mais annonça son intention de rester à Montpellier. Elle avait réservé une chambre d'hôtel pour la nuit et Gilbert viendrait la chercher le lendemain soir. Jordane et Nora échangèrent un coup d'œil complice. Isabelle n'était pas une mère comme les autres mais c'était une bonne mère.

Tenant la main de sa sœur dans les siennes, Jordane resta plus d'une heure assise au bord du lit. Elle avait eu peur pour Nora, la veille, et cette peur s'était ajoutée aux autres. Elle décida que rien au monde n'était plus important que sa famille, que ce clan de femmes qui se soudait autour d'elle et qu'elle devait protéger au lieu de s'apitoyer sur elle-même. Nora, Isabelle, et même Alice avaient donné la preuve de leur courage, elle ne pouvait pas être en reste.

Lorsqu'elle regagna le Biloba, Jordane était plus sereine. Elle était déterminée à tirer un trait sur Pascal Peyrolles, sur toutes les chimères et toutes les angoisses qui l'avaient déstabilisée ces derniers temps. Elle espérait seulement n'avoir pas à rencontrer trop souvent Sydney durant les travaux de l'hôtel. Les confidences de Nora l'avaient hérissée. Elle finissait par se demander si tous les hommes, sans exception, n'étaient pas des monstres.

11

Les quatre jours suivants, Jordane se consacra entièrement aux chevaux, à la propriété, et à ses affaires. Elle rencontra maître Garnier à qui elle confia son divorce et qu'elle saoula de questions, sans jamais évoquer sa grossesse. Elle consulta un gynécologue puis se résigna à prendre rendez-vous avec le notaire de son grand-père, pour lui soumettre le dossier de l'hôtel. Contrairement à son appréhension, le vieux monsieur qui avait été longtemps le conseiller de François Valence ne fit aucun commentaire désagréable. La reconversion du Biloba lui parut, d'un point de vue professionnel, un excellent pari sur l'avenir.

Les andalous, qu'elle avait un peu négligés, se remirent au travail en fin de journée, quand la chaleur tombait. Elle réservait Butaban pour de longues promenades à l'aube, arpentant avec une attention nouvelle les soixante hectares du domaine. S'il n'y avait plus de problèmes financiers, une nouvelle exploitation des terres pouvait être envisagée. Jordane réfléchissait, tirait des plans sur la comète.

Un matin, en rentrant d'une de ses balades, elle eut la surprise de découvrir la voiture de Cécile, garée sous les ginkgos. la jeune femme l'attendait devant l'écurie en faisant les cent pas. Il y avait plus d'une semaine qu'elles ne s'étaient pas vues et elles échangèrent un premier regard embarrassé.

Jordane avait la conviction d'avoir trahi son amie, et pour rien, ce qui était d'autant plus stupide. Elles avaient si longtemps parlé de Pascal, après la tentative de suicide de Cécile, que Jordane ne se trouvait aucune excuse d'avoir été se jeter dans la gueule du loup.

— Tu aurais pu passer à l'agence ! reprocha Cécile tandis que Jordane descendait de cheval. Tu m'en veux de quelque chose ?

— Toi ? Non... Mais moi, je me demande...

Aussi gênées l'une que l'autre, elles s'embrassèrent trop vite. Puis Jordane entra dans l'écurie et Cécile la suivit. Tout en dessellant Butaban, dans son box, Jordane demanda :

— Comment vas-tu ? Tes affaires marchent ?

— Très bien ! J'aurais voulu te parler d'un ou deux projets pour le mois prochain. Et t'inviter à la représentation de *Mireille*, après-demain...

Jordane ferma la grille, glissa le verrou et alla ranger son harnachement dans la sellerie. Ensuite elle vint se planter devant Cécile et lui adressa un vrai sourire franc.

— Bon, tu es au courant de ce qui s'est passé l'autre jour à la manade ?

— Ce serait difficile de l'ignorer ! Robin a débarqué chez moi dans un état second et il a voulu m'étrangler !

Ahurie, Jordane recula d'un pas.

— Pourquoi toi ? Tu es complètement en dehors de tout ça ?

— À l'entendre, c'est ma faute. Du moins c'est ce qu'il croyait à ce moment-là, mais il s'est calmé depuis. Tu l'as rendu fou, le pauvre !

Jordane n'avait pas beaucoup pensé à Robin ces derniers jours. Cécile poursuivit, impitoyable :

— D'après ce qu'il m'a raconté, il a connu un accès de démence ou quelque chose qui y ressemble. Quand il a vu ta voiture chez son frère, il a perdu la boule ! Il se croyait des droits sur toi... Je pense qu'il en a fait son deuil, à présent... Tu sais, c'est quelqu'un de bien, malgré tout, et tu l'as fait tourner en bourrique...

La tête baissée, Jordane semblait absorbée dans la contemplation de ses bottes.

— Mais c'est ton problème, ça ne me regarde pas. Je n'ai pas de leçons à donner.

La sincérité de Cécile toucha Jordane. Leur amitié était trop ancienne pour se briser sur une histoire d'homme.

— Viens boire quelque chose, proposa-t-elle. Allons sur la terrasse...

Elles s'installèrent à l'ombre après avoir été chercher du café à la cuisine. Jordane raconta la fugue de Nora, ses intentions de divorce, la signature définitive qui était prévue pour le Biloba. Cécile exposa en détail les progrès de son festival d'art lyrique. Naturellement, elles retrouvaient leur complicité et leur tendresse mutuelle. Jordane constata avec plaisir que, malgré tout, Pascal n'était pas parvenu à les séparer. Mais elles se gardaient bien de parler de lui, préférant remettre ce sujet à plus tard, beaucoup plus tard, quand chacune aurait pansé ses blessures. Ce fut Cécile qui revint à Robin la première.

— Il s'est fait arranger par les gardians, tu aurais dû voir ça ! Ah, dès qu'on touche à leurs sacro-saints taureaux !

— Il faut les comprendre, dit Jordane sur la défensive, c'est leur gagne-pain.

— D'accord, d'accord, mais ils ont une vénération pour leur patron ! Je t'assure, je l'ai constaté cent fois, ils en sont toqués ! Regarde, chaque fois que Pascal donne une soirée, ils se transforment en serveurs et ils adorent ça !

N'ayant aucune envie d'évoquer les dîners à la manade, Jordane haussa les épaules. Sur sa lancée, Cécile continuait de discourir.

— Évidemment, Robin se sent responsable de ce qui est arrivé à son frère. Maintenant qu'il a retrouvé ses esprits, il regrette. Mais le plus drôle, c'est que son père a été tellement secoué qu'il s'est enfin décidé à prendre sa retraite ! Plus question de départ pour Robin. Sinon, je crois qu'il y était résolu...

— Tout ça pour un bras cassé, répliqua Jordane d'un ton méprisant, ils en font beaucoup, chez les Peyrolles.

— Tu ne connais pas la suite ? s'étonna Cécile.

— Non, et je m'en fous ! De toi à moi, je préférerais qu'on n'en parle plus.

— Comme tu veux... Tu as raison, d'ailleurs...

Elle observait Jordane, un peu intriguée.

— Je voudrais te demander si... oh, envoie-moi sur les roses si je suis trop indiscrète, mais qu'est-ce que tu faisais chez Pascal cette nuit-là ?

— Comme toi, ma vieille, et comme toutes celles d'avant ou d'après ! Je me laissais séduire avec plaisir ! Ben oui ! On peut lui reconnaître au moins ça : il sait y faire ! Moi, je suis impardonnable parce que tu m'avais avertie. Mais comment lui résister ! C'est tout juste s'il ne te passe pas la bague au doigt pour pouvoir te déshabiller. Avec un numéro très réussi où il dose à merveille la timidité et les grands sentiments. C'est bien rodé, c'est au point, c'est craquant !

L'œil rond, la bouche entrouverte, Cécile dévisageait Jordane.

— Timidité et grands sentiments ? répéta-t-elle. Tu es sûre qu'on parle du même ?

Un petit silence contraint suivit sa question. Jordane resservit du café. Elle abandonna peu à peu son expression amère.

— Écoute, dit-elle enfin, on va essayer d'oublier ce type, toi et moi. D'accord ?

— Oh, en ce qui me concerne, je suis sur la bonne voie, murmura Cécile. De toute façon, il est tiré d'affaire.

— Quelle affaire ?

— Son opération en catastrophe, tout ça... Enfin, il n'est plus en danger, quoi ! Il va sortir demain ou après-demain.

— Il est toujours à l'hôpital ?

Ébahie, Jordane considérait Cécile avec stupeur.

— Tu ne le savais pas ?

— Non ! Je n'ai vu personne depuis une semaine. Qu'est-ce qui s'est passé ?

— Hémorragie interne, je crois. Le troupeau a fait office de rouleau compresseur, à ce que j'ai compris. Mais il va bien, ne fais pas cette tête-là !

La dernière phrase était empreinte d'ironie et Jordane avala péniblement sa salive.

— Je m'en moque, dit-elle d'une voix qui sonnait faux.

— Vraiment ? Alors tout est pour le mieux ?

Cécile attendait une réponse, profondément blessée par l'attitude de Jordane.

— Je ne sais pas pourquoi tu me mens, déclara-t-elle avec dépit. Il vaudrait mieux ne pas recommencer les cachotteries ou on va se fâcher pour l'éternité, cette fois ! Va donc le voir, si tu as un doute. Je t'en voudrai moins que si tu continues à me prendre pour une idiote !

Jordane hocha la tête, incapable de répondre tant elle était dévorée par l'envie de foncer à Arles. Cécile se leva et soupira. En passant près de Jordane, elle lui heurta l'épaule familièrement.

— Je vais être honnête avec toi, Pascal ne m'a jamais fait de déclarations d'amour. Mais il a peut-être une tactique différente pour chaque fille ?

Elle s'éloigna, dévala les marches de la terrasse en agitant la main.

— Et n'oublie pas de venir me raconter, cette fois ! s'écria-t-elle.

Comme elle ne tenait pas à croiser Robin ou qui que ce soit d'autre, Jordane patienta, sur le parking de l'hôpital, jusqu'à ce que l'heure des visites soit passée. Ensuite, elle se rendit à l'accueil, parlementa avec une hôtesse et finit par obtenir de pouvoir monter jusqu'à la chambre de Pascal.

Devant la porte, elle prit une profonde inspiration, frappa et entra. Sans avancer, elle enveloppa Pascal d'un regard scrutateur. Elle tenait à la main un bouquet de marguerites, emporté pour servir d'alibi au cas où elle aurait rencontré des infirmières dans les couloirs. Elle le jeta au pied du lit pour s'en débarrasser.

Pascal considéra les fleurs, une seconde, puis leva les yeux vers Jordane.

— Merci de vous être inquiétée si vite, dit-il à mi-voix.

Il avait les joues creuses, il était mal rasé. Il avait eu recours au vouvoiement pour cacher son appréhension.

— J'ignorais, répondit-elle lentement. Vous allez bien ?

— Très.

Aussi empruntés l'un que l'autre, ils ne trouvèrent rien d'autre à dire pendant un long moment. Finalement, Jordane désigna la table de nuit.

— Je vois que vous avez le téléphone ?

La question était suffisamment agressive pour qu'il comprenne ce qu'elle signifiait.

— Vous voyez aussi que je porte un horrible pyjama, d'une propreté douteuse, que je suis couché alors que vous êtes debout... Et encore, ce n'est rien, avant-hier il y avait même des tas de petits flacons dégoûtants, je vous passe les détails. Je hais les hôpitaux, c'est sale, c'est dégradant. Je déteste que vous soyez là. Quand vous ne me prenez pas pour un salaud, vous me découvrez grabataire. C'est très vexant.

Jordane se raidit, posa la main sur la poignée de la porte.

— Vous êtes d'une révoltante prétention, lui déclara-t-elle. Je m'en vais.

— Attendez !

Il avait protesté d'une voix trop autoritaire et Jordane fit volte-face, prête à se mettre en colère.

— Attendez, reprit-il plus doucement.

Elle patienta quelques instants, dansant d'un pied sur l'autre.

— Je sors demain...

— Ce n'est pas un peu tôt ?

— Si, mais c'était pour vous voir plus vite.

— Ben voyons !

— Jordane...

Il avait murmuré son prénom d'une telle façon qu'elle se sentit sur le point de fondre devant lui.

— Viens dîner dimanche à la manade, murmura-t-il.

— Non, vraiment.

— Pourquoi non ?

— Parce que je crois qu'on s'est tout dit. Pas spéciale-ment aujourd'hui, mais la dernière fois.

— Alors que fais-tu là ?

Elle se mordit les lèvres, ne trouvant pas de riposte.

— S'il te plaît, Jordane. C'est important.

— Pour qui ?

— Pour moi, reconnut-il.

D'un mouvement brusque, elle lui tourna le dos et ouvrit la porte sans répondre. Elle avait trop envie d'ac-cepter, elle était obligée de s'enfuir. La voix de Pascal la poursuivit dans le couloir.

— J'aimerais un vase, si tu rencontres quelqu'un ! Pour les fleurs !

Elle se demanda s'il valait mieux rire ou retourner dans la chambre de Pascal pour le gifler.

Caroline Mendoza n'avait plus qu'une heure devant elle, sur le vol Paris-Nîmes, pour se composer un visage avant d'affronter les deux hommes qui devaient déjà l'attendre.

Elle vérifia encore une fois l'état de son maquillage, dans le miroir de son poudrier. Elle avait passé un temps fou à se préparer, dans sa chambre d'hôtel, avant d'être satisfaite du résultat. À cinquante-trois ans, elle était resplendissante.

Arrivée la veille par un vol direct de Buenos Aires, elle n'avait pas voulu aller passer la soirée à Paris, préfé-rant méditer dans le cadre anonyme du Hilton de Roissy. Elle s'était préparée, du mieux possible, à cette terrifiante rencontre après vingt-sept ans d'absence.

Combien de nuits avait-elle passées à pleurer sur ses enfants perdus ? Combien de fois avait-elle tenté de faire fléchir Vincent ? À quel moment avait-elle renoncé, perdu tout espoir ?

Une hôtesse vint lui présenter un plateau qu'elle refusa d'un geste. Il lui était arrivé de croire que la plaie était fermée et, chaque fois, un cauchemar lui avait remis en mémoire les visages des petits.

L'Argentine n'était pas encore assez éloignée de la France pour fuir Vincent Peyrolles. Elle l'avait épousé trop jeune, trop vite, suffisamment naïve pour être flattée de l'intérêt qu'il lui portait. Elle n'avait pas tardé à déchanter, prenant la mesure de ce mari autoritaire, coureur, égoïste et injuste. Il s'était entiché de leur premier-né d'une façon effrayante, le lui arrachant des bras dès qu'il rentrait le soir, fixant durant des heures les étonnants yeux gris pâle du bébé. En revanche, il n'avait prêté que peu d'attention à la naissance du second. Mais, à cette époque-là, il ne regardait plus sa femme non plus. Il avait des maîtresses et il affichait ses liaisons avec une cruauté délibérée. Avait-il cru qu'elle aussi se consolait ailleurs ? Était-ce pour cette raison qu'il n'aimait guère le cadet ? Leurs rapports devinrent empoisonnés. Il voulait qu'elle parte, elle le sentait, comme s'il avait souhaité garder son fils aîné pour lui seul, sans l'encombrante présence de la mère. Elle essaya en vain de lutter contre lui car il l'excluait de plus en plus. Le jour où elle prit enfin un amant, il fit faire un constat d'adultère et obtint sans difficulté la garde de ses enfants car elle n'avait pas de travail, pas de ressources, pas de toit.

Durant des années, elle se reprocha d'avoir cédé, d'avoir fui en laissant ses fils derrière elle. Pourtant la vie lui souriait, elle était belle et enfin libre après avoir été asservie, bafouée. Elle voulut voyager pour oublier et Vincent lui envoya beaucoup d'argent, faisant de vagues promesses au sujet des petits. Elle trouva sans peine une place d'interprète dans un consulat, en Amérique du Sud, où elle finit par s'établir. Remariée avec un homme charmant, elle fit encore quelques tentatives auprès de son ex-mari, sans succès. Aux lettres suppliantes qu'elle lui adressa, il répondit que les enfants l'avaient oubliée et qu'il ne fallait pas les perturber.

Elle ne se souvenait pas du moment précis où elle avait abandonné la partie. Les années avaient recouvert une partie de son chagrin, sans jamais lui apporter la joie d'une autre maternité. Elle s'était résignée, persuadée qu'il s'agissait d'un juste châtiment. Elle s'occupait beaucoup d'elle-même, soignait son apparence en se disant qu'un jour, quelque part, elle croiserait peut-être la route de ceux qui avaient été ses fils et qui avaient perdu tout souvenir d'elle. Au fil du temps, cette idée s'était estompée elle aussi.

Et puis un jour, deux ans plus tôt, elle avait reçu une lettre de France. Quelques lignes prudentes tracées d'une belle écriture et signées d'un prénom qui la poignarda : Pascal. De lui, elle n'avait que deux photos précieusement conservées et prises un jour qu'il jouait dans son parc. De son frère, elle avait les clichés de la clinique qui représentaient un gros bébé joufflu et adorable.

Elle pleura longtemps sur la feuille de papier, mit trois jours à écrire une réponse. Les mots étaient impuissants à effacer sa peine à elle et son ressentiment à lui. Elle attendit, torturée, une réponse qui mit plusieurs mois à venir. Pascal avançait avec la plus extrême prudence et elle dut museler son impatience. Ils se mirent à correspondre à ce rythme lent qu'il souhaitait, faisant connaissance pas à pas. Elle lui avait envoyé son numéro de téléphone à plusieurs reprises mais il ne s'en était jamais servi.

Alors elle avait cru mourir lorsque Robin l'avait appelée, quelques jours plus tôt. Robin ! Un bout de chou qui gazouillait dans ses souvenirs douloureux. Il avait annoncé l'hospitalisation de Pascal et elle avait alors réalisé que peut-être elle ne les reverrait jamais ni l'un ni l'autre. Avec la bénédiction de son mari, elle avait organisé son voyage.

Un coup d'œil à sa montre lui apprit qu'elle n'avait plus que quelques minutes de répit. Très agitée, elle vérifia une dernière fois son reflet dans le miroir et remit un peu de brillant sur ses lèvres. Le steward annonçait l'atterrissage et elle se demanda si elle n'allait pas avoir une défaillance tant son cœur battait vite. Robin, lors de son deuxième et dernier coup de fil, avait juré que Vincent ne serait pas là, qu'elle n'aurait évidemment pas à le rencontrer. Malade d'inquiétude, elle sursauta quand l'appareil toucha le sol. Ses doigts tremblaient en débouclant sa ceinture de sécurité. Elle se laissa pousser vers la passerelle par les autres passagers de première classe. La tête vide, elle parvint à gagner le hall de l'aéroport. Elle serrait convulsivement son sac à main, regardant autour d'elle tout en sachant qu'elle ne reconnaîtrait personne. Rien n'avait été convenu pour cette rencontre. Ce fut par hasard qu'elle croisa le regard de Pascal qui cherchait lui aussi. Le choc de ces yeux gris, reconnaissables entre tous, fut insupportable. Elle dut s'appuyer à un comptoir pour détailler les deux hommes qui étaient à trois mètres d'elle. Elle les trouva incroyablement beaux, séduisants, réussis.

Une nouvelle fois, Pascal regarda dans sa direction, s'attardant sur elle. Elle lui adressa un sourire encourageant et attendit. Ils échangèrent un coup d'œil entre eux avant de s'avancer, hésitants.

— Vous êtes Robin et Pascal ? dit-elle d'une voix inaudible.

Ils étaient livides, statufiés, incapables d'un geste.

— Et vous êtes Caroline, souffla Robin.

Il avait réagi parce qu'elle avait prononcé son prénom avant celui de Pascal, ce qui n'arrivait jamais, mais il ne se décidait pas à l'embrasser ou même à lui tendre la main, effrayé à l'idée de ce premier contact dont il avait trop rêvé. Pascal se décida le premier, se pencha vers elle et lui effleura la joue. Elle le saisit par l'épaule et il fut surpris de sa force.

— C'est toi qui as eu un accident ?

Elle ne jeta qu'un coup d'œil rapide au bras en écharpe avant de scruter le visage de son fils aîné. Puis elle se tourna vers Robin qu'elle détailla avec la même intensité.

— Et c'est toi qui m'as appelée... Tu as peur d'approcher ?

Maladroit, il fit un pas en avant et lui déposa un baiser léger sur l'oreille. Elle n'essaya pas de le toucher.

— Je voudrais boire quelque chose, parce que j'ai les jambes qui tremblent ! Vous me faites affreusement peur, tous les deux, à m'examiner comme ça. Je ne sais pas si vous aviez gardé un quelconque souvenir, mais j'ai beaucoup vieilli, bien sûr...

— Vous êtes magnifique, dit Pascal gravement.

Elle s'aperçut qu'elle le tenait toujours par l'épaule et elle le lâcha.

— Allons au bar, proposa Robin, on récupérera vos bagages après.

Pascal fila commander du champagne au comptoir tandis que son frère installait Caroline à une petite table ronde. Elle resta silencieuse jusqu'à ce que le serveur soit reparti, fixant les bulles, dans son verre, sachant qu'il faudrait qu'elle parle la première.

— J'ai beaucoup répété dans l'avion, hier, mais j'ai oublié mon texte, dit-elle enfin. Il est un peu tard pour les explications, les regrets, les excuses. Je crois qu'il va falloir nous comporter comme des gens qui se rencontrent pour la première fois.

Une larme coulait jusqu'à sa bouche et elle l'arrêta d'un petit coup de langue.

— Alors on va vous faire la cour, répondit doucement Pascal.

Ils étaient surpris qu'elle soit si belle et si jeune encore. Ils ne parvenaient pas à imaginer qu'elle ait pu être la femme de leur père, trente ans plus tôt. Vincent était un vieux monsieur fatigué à présent, alors qu'elle resplendissait.

— Je me laisserais faire volontiers, dit-elle avec un petit rire, vous êtes tellement... tous les deux, vous êtes... oh, mes garçons...

Elle faillit suffoquer sous le coup de l'émotion mais elle se reprit, but deux gorgées, releva la tête.

— Ce n'est pas vraiment l'endroit pour s'attendrir, n'est-ce pas ? Mais je ne sais pas par où commencer.

Ouvrant ses mains dans un geste d'impuissance, elle les regarda tour à tour.

— J'ignore ce que Vincent a pu vous raconter, durant tout ce temps. Mais j'ai peut-être tort de le détester parce que, visiblement, il a bien réussi avec vous... Ce n'était pas la peine d'avoir si peur ! J'étais persuadée qu'il vous détruirait, j'avais tort...

Pascal écoutait chaque mot qu'elle prononçait avec une certaine méfiance. Contrairement à Robin, il n'était pas prêt à accepter cette femme d'emblée, il voulait la juger d'abord. Comme si elle devinait ses réserves, ce fut à lui qu'elle demanda :

— C'est toi qui t'es occupé de ton petit frère ? C'était dur ?

Il ne répondit rien, pris de court. Avec une soudaine fermeté, elle ajouta :

— Tu m'en veux toujours ?

Plus troublé qu'il ne l'avait prévu, Pascal murmura :

— Mon père, c'est une ordure. Vous n'êtes certainement pas responsable.

— Alors dis-moi « tu ».

Il n'eut qu'une infime hésitation avant de répliquer :

— Nous allons à la manade. Est-ce que... tu t'en souviens ?

— Oui ! Très bien !

Pascal se leva pour s'occuper des bagages. Il s'éloigna en quête d'un chariot sans avoir laissé à Robin la possibilité de le suivre. Il avait agi délibérément afin que son frère se retrouve seul avec Caroline. C'était lui, le cadet, qui avait le plus souffert, Pascal le savait très bien. Abandonné par sa mère, il n'avait pas eu droit non plus à l'affection de Vincent. Il aurait grandi dans un désert affectif si Pascal n'avait pas été là. Alors il avait reporté tout son besoin d'amour sur son grand frère, sans jamais vouloir le montrer. Et Pascal l'avait trahi à son tour en lui prenant

Jordane. Il y avait de quoi rendre fou n'importe qui. Ou méchant.

Jetant un coup d'œil par-dessus son épaule, il les observa de loin. Ils parlaient, penchés l'un vers l'autre, indifférents à l'activité de l'aéroport. Il était presque huit heures du soir et Jordane devait déjà attendre, devant le mas. Si toutefois elle s'était résolue à venir. Pascal se crispa à cette idée. Elle ne pouvait pas avoir oublié et, si c'était le cas, il irait la chercher lui-même au Biloba. Caroline Mendoza ne représentait que son passé, mais Jordane était tout son avenir.

Les bras croisés, appuyée au mur de l'écurie, Jordane regarda avec fureur le Toyota qui approchait. Elle avait d'abord pris son mal en patience, avertie par un gardian que « le patron » serait peut-être en retard. Elle avait passé une demi-heure avec les chevaux, pour se distraire, puis s'était installée dans le mas et avait grillé quelques cigarettes. Gagnée par l'exaspération, elle avait fini par entrer dans la cuisine.

Le réfrigérateur était plein, comme si Pascal avait prévu un dîner pour dix personnes. Sans scrupules, elle s'empara d'une bouteille de rosé glacé, la déboucha et se servit un verre. Ensuite elle retourna dans la salle, contourna la cheminée centrale et alla inspecter la table. Quatre couverts étaient dressés et elle passa un moment à s'interroger sur les deux autres invités. Vers neuf heures moins le quart, elle se mit à fouiller la pièce, en quête de musique, et finit par dénicher la chaîne stéréo. Une cassette de flamenco et de paso doble lui tint un peu compagnie. Elle se reprochait d'être là, se sentait idiote d'attendre le bon vouloir du maître de maison, se demandant en vain à quel jeu il jouait. Vingt fois, elle s'arrêta devant un miroir ancien pour s'observer. Elle avait mis une petite robe noir et blanc, moulante, qu'elle trouvait soudain beaucoup trop habillée. Ses cheveux étaient relevés en chignon, pour une fois, mais quelques boucles brunes s'étaient échappées sur son front.

À neuf heures vingt, elle décida que la plaisanterie avait assez duré et elle récupéra son sac, sur le canapé. Dehors, elle perdit encore cinq minutes à observer le crépuscule, à profiter d'un vent tiède qui apportait des odeurs subtiles. Elle était sur le point de regagner sa voiture lorsqu'elle entendit un bruit de moteur. Elle alla s'adosser à l'écurie, préférant rester dehors pour dire à Pascal ce qu'elle pensait de sa goujaterie. Ensuite elle partirait.

Elle constata que Robin était au volant, une femme assise à côté de lui. Celle-ci fut la première à descendre, très élégante dans son ensemble bleu nuit. D'où elle était, Jordane ne voyait pas son visage mais la silhouette était superbe, les jambes fines, la coiffure impeccable. Avec l'impression détestable que son estomac se nouait, Jordane se sentit laide, stupide, complètement déplacée. Les confidences de Cécile lui revinrent brusquement en mémoire : certains affronts de Pascal, toutes les filles qu'il invitait en permanence, son odieuse désinvolture. Elle pensa qu'elle ne pourrait jamais quitter ce mur, derrière elle, pour avancer vers eux d'un air décontracté. D'abord il y avait Robin, qu'elle n'avait aucune envie de voir et que Pascal lui imposait sans préavis. Ensuite il y avait cette femme, qui s'était mise à rire trop fort.

Jordane n'était pas Cécile et personne ne pouvait la traiter de cette manière. Elle se redressa de toute sa taille, soudain folle de rage, et se mit en marche au moment précis où Pascal venait à sa rencontre.

— Bon appétit ! lui lança-t-elle en l'évitant.

Elle fut arrêtée par un bras, autour de la taille, qui lui coupa le souffle.

— Où allez-vous ?

— Chez moi !

— Vous *êtes* chez vous !

Il la retourna sans ménagement, la poussa vers Caroline.

— Voici ma mère, déclara-t-il très vite. Et c'est Jordane Valence, dont je t'ai parlé...

Il ne l'avait pas lâchée pour autant et lui écrasait les côtes pour l'empêcher de bouger. Il avait quelque chose à ajouter, qu'il n'aurait plus le courage de dire s'il ne le faisait pas tout de suite.

— Nous allons nous marier, parce que nous attendons un enfant. Tu vois, à peine revenue en France, tu as droit à une mauvaise nouvelle : te voilà déjà grand-mère...

Un lourd silence s'abattit sur eux quatre. Pascal retira sa main, laissant Jordane libre de s'enfuir si elle le voulait. Il la regardait, elle, sans s'occuper de sa mère ni de Robin. Il ne voulait pas savoir ce que son frère éprouvait.

Les deux femmes s'observaient toujours avec curiosité dans l'obscurité naissante.

— Je ne pouvais rêver mieux, murmura enfin Caroline.

Mais elle avait remarqué l'expression tendue de Pascal, le visage fermé de son frère, l'air stupéfait de Jordane.

— Eh bien, entrons, dit-elle en prenant Robin par le coude.

Tous deux s'éloignèrent à pas lents vers le mas. Lorsqu'ils eurent disparu dans la grande salle, toujours illuminée, Pascal demanda :

— Est-ce que je dois mettre des gants beurre-frais ? Te faire envoyer un camion de fleurs ? Pas des marguerites, rassure-toi...

— Écoute...

— La seule chose que je veuille entendre, c'est un oui ! Tu peux faire ça pour moi ?

— Ce bébé...

— Si tu prononces le prénom de ton mari, je hurle à la mort. Ce bébé sera notre premier enfant, je te promets que je ne ferai jamais aucune différence. Pas moi ! J'ai déjà supporté ça toute mon enfance... Je vais l'adorer. Tu me crois ?

« D'autant plus que c'est le tien... », pensa-t-elle, émerveillée. Elle supposa qu'il faudrait sans doute un certain temps avant qu'il puisse en être persuadé. À moins que ce nouveau-né ne possède les yeux de son père...

— J'ai vu un avocat, commença-t-elle.

Il tendit la main vers le chignon, ôta l'épingle, laissa crouler les cheveux brillants qu'il se mit à caresser.

— Jure-moi que tu ne l'aimes plus, que ce n'est pas « différent » avec lui, je suis malade de jalousie... Oh, Jordane...

Il eut soudain l'air d'un petit garçon, devant elle, inquiet et implorant. Elle éprouva alors quelque chose de nouveau, d'inconnu pour elle, puis elle le prit dans ses bras avec une infinie tendresse.

— On va se bagarrer tout le temps, mon amour, marmonna-t-elle, le nez dans son cou.

— Oui... Ce sera merveilleux ! Dieu que je t'aime... *Vole que demores... Siéu urous... Urous*[1] !

Comme il avait parlé provençal, en signe de reconnaissance, elle le serra un peu plus fort, à l'endroit de la fracture. Il se mordit la joue pour ne rien dire parce qu'il ne voulait pas qu'elle s'éloigne. Surtout pas maintenant et, quoi qu'il arrive, plus jamais.

---

1. Je veux que tu restes. Je suis heureux, heureux !

Vous avez aimé ce livre ?

Partagez vos impressions sur la page Facebook
de Françoise Bourdin
www.facebook.com/Francoise.Bourdin.Officielle

*Vous souhaitez recevoir la newsletter
de Françoise Bourdin ?*

Rendez-vous sur son site
www.francoise-bourdin.com, rubrique « Le Club ».

Éditions Belfond
12, avenue d'Italie
75013 Paris.

Canada :
Interforum Canada, Inc.,
1055, bd René-Lévesque-Est,
Bureau 1100,
Montréal, Québec, H2L 4S5.

ISBN : 978-2-7144-5983-1

Composition : Facompo,
Lisieux

Cet ouvrage a été imprimé en France par

BRODARD & TAUPIN

à La Flèche (Sarthe)
en février 2015

N° d'impression : 3008138
Dépôt légal : mars 2015